湖南省湘学研究院系列成果

推进中国现代化进程的湘学名人丛书

主　编：刘建武　执行主编：刘云波　副主编：郭钦

推进中国科技现代化进程的十大湘学名人

许　康◎主编

中国社会科学出版社

总　序

在五千多年的历史长河中，中华民族以自己的勤劳、勇敢和智慧创造了灿烂的古代文明，为人类社会发展做出了卓越贡献。但18世纪中叶以后，古老的中国却在世界工业革命的浪潮中落伍了。从1840年鸦片战争开始，西方列强的坚船利炮打破了清朝政府"天朝上国"的迷梦，中国逐渐沦为半殖民地半封建社会，中华民族进入了百年苦难时期。也正是从那时起，推进中国现代化进程，实现中华民族伟大复兴，成为无数志士仁人矢志不渝的梦想。

"一本湘人奋斗篇，半部中国近代史。"在百年艰难曲折的中国早期现代化进程中，湖南人做出了突出贡献。在近代史上，涌现了魏源、曾国藩、左宗棠、谭嗣同、黄兴、宋教仁、蔡锷等杰出人物，开启了中国早期现代化的思想闸门和实践进程；近现代以来，又涌现了一大批经济文化和科学教育等领域的杰出人物，比如，民族矿业先驱梁焕奎、民族化学工业之父范旭东、"盐碱大王"李烛尘等实业家，著名工程师宾步程、兵工大师李待琛、医学微生物学家汤飞凡等科学家，画家齐白石、历史学家翦伯赞、剧作家田汉等文化大师；特别是新民主主义革命时期，在争取民族独立和人民解放、推进中国现代化进程中，涌现了以毛泽东、刘少奇、任弼时、蔡和森、彭德怀、贺龙、罗荣桓等为代表的湘籍无产阶级革命家群体，领导中国人民推翻三座大山，建立了社会主义新中国，开辟了中国历史新纪元。这些湘籍杰出人物，都是源远流长的湖湘文化孕育出来的湘学名人，他们以其文韬武略，叱咤风云，对中国的现代化进程产生了巨大推动作用。

如此众多的政治、军事、思想和文化名人，在百余年内高度集中地出自湖湘大地，其勋名之著、业绩之丰、人数之众，全国无出其右，这绝非偶然。可以说，正是湘学所倡导的心忧天下的爱国情怀、敢为人先的进取精神、经世致用的务实学风、兼容并蓄的开放胸襟，激励着湖湘人士为民族独立和人民解放、为国家富强和人民富裕而鞠躬尽瘁、死而后已。"惟楚有才，于斯为盛"，这既是时代大潮呼唤催生的产物，更是千年湘学氤氲荏苒的结果。

为了深入研究和生动揭示中国现代化进程，进一步激发和凝聚实现中华民族伟大复兴中国梦的强大精神力量，湖南省湘学研究院组织专家学者，推出了这套《推进中国现代化进程的湘学名人》丛书。丛书包括思想卷、政治卷、军事卷、经济卷、科技卷五卷，集中展现了我国现代化早期 50 位湘学名人在思想、政治、军事、经济、科技等方面的成就，生动诠释了湖湘文化的精神特质，深刻揭示了湖南在中国近现代独领风骚的历史之谜，为我们传承和弘扬湖湘文化优良传统，增强三湘儿女的文化自觉和文化自信，推动湖南改革发展，提供了难得而宝贵的精神养料。

习近平总书记强调，博大精深的中华优秀传统文化是我们在世界文化激荡中站稳脚跟的根基，要使中华优秀传统文化成为涵养社会主义核心价值观的重要源泉。湘学是中华传统文化百花园中的一朵奇葩。加强湘学研究，努力把湘学研究院打造成为有影响的"湘"字号文化品牌，对传承和发扬中华优秀传统文化，推进湖湘文化的创新和发展，都具有重要意义。丛书的出版，是我省湘学研究的又一有价值的成果，必将有力地推动湘学研究和宣传的进一步深入，引导人们不断弘扬湖湘文化优良传统，为加快富民强省凝聚起更大更强的正能量。

当前，实现国家富强、民族振兴、人民幸福的中国梦，正激励着全体中华儿女为之不懈奋斗。7200 万三湘儿女理当传承湘学名人优秀品质，发扬光大湘学优良传统，自觉担当共筑中国梦的时代责任，为加快我省改革发展，推进中国现代化进程，实现中华民族伟大复兴，做出无愧于历史、无愧于时代的新贡献。

是为序。

许又声

2014 年 6 月

（作者系中共湖南省委常委、宣传部部长，湖南省湘学研究院名誉院长，湖南省湘学研究指导委员会主任）

目　录

汤飞凡 微生物衣原体之发现者

刘敦桢 中华古典营造学之传承者

欧阳翥 捍卫民族"球籍"的神经解剖学家

曾昭抡 中国化学教育与科学研究之主将

参考文献

前　言

　　湖南本土科学技术历经春秋战国青铜—铁器，马王堆汉墓天文、医药帛书，东汉耒阳蔡伦造纸，宋代黑火药（鞭炮、火铳）等高峰之后，长期沉寂，以致二十四史和《四库全书》中很难看到湘籍人士的科技活动与著作。"西学东渐"之初，明末清初的基督教传教士也未选择湖南为基点。但从鸦片战争显示的英法船坚炮利，中日甲午战争北洋舰队全军覆没，第一次世界大战演示的机械战、化学战，还有列强国家商品依仗不平等条约的压倒性优势，令中国知识界应接不暇。先有魏源开眼看世界，"师夷长技以制夷"之号召，中经曾国藩的江南制造局（翻译馆）和左宗棠的船政学堂及派遣留学生，后有维新时期谭嗣同、唐才常的浏阳兴算，以及熊希龄等的时务学堂，总结为"兵战不如商战，商战不如学战"的认识。湘籍士人由"以守旧闻天下"一跃维新敢为天下先。从全国来看，张百熙主持学部（制定壬寅癸卯学制），留日形成高潮；民国初期范源濂（制定壬子癸丑学制）、彭允彝、章士钊等掌教育部时，湘籍留法、留俄学生人数也列全国前茅。

　　再看湖南本地的工作。清末新政，岳麓书院由王先谦开始设置数学、外语课程，经湖南省城大学堂、湖南高等学堂到湖南高等师范学校（即原湖南优级师范学堂），有程颂万、俞蕃同、刘钜等之经营，完成学制的近代化；从梁焕奎到曹典球，湖南实业学堂实现由中等到高等的提升；民国初年，谭延闿授意龙绂瑞、曹典球等成立育群学会，与美国耶鲁大学雅礼会共创湘雅医学专门学校（医学院）。这三家（主要是工专、医专，因湖南高师被并入武昌师专；一度还有雅礼大学）为主体，承担了北伐前湖南省内科学技术教育的重任。普通教育更不用说，胡元倓、龙绂瑞、陈润霖、何炳麟、符定一等分别创办的明德（曾办大学）、长郡、楚怡、岳云、省立第一中学等培养输送予省内外生生不已的壮苗，使得20世纪上半期湘籍科技人才得以大批涌现。

湘学是具有鲜明地域特色的湖南学术思想文化及其精神，上述简要的回顾提到的湘籍人物，虽挂一漏万，无不是深受湖湘文化影响，而又承前启后的导师、园丁。名师出高徒，强将手下无弱兵。加上广大学生自身不同程度的家学渊源或社会熏陶，可以说莘莘学子尤其是出类拔萃之辈，文理兼优，其精神气质、湘人性格和对湘学学理的理解，对经世致用的信奉和具体实践，形成近代百年（1840—1949）在科技历史舞台上的出色表演。他们一波又一波，为推动中华民族伟大复兴的历史进程，丰富湖湘文化的内涵，做出了重大的贡献。

自严复翻译《天演论》，"物竞天择，适者生存"之说，深入那个时代知识分子的心灵，兵战、商战、工战和学战，落实在一个"战"字，其厚实的底气就在竞争力。曾任中国科学院院长的周光召院士说过："国际竞争力是一个国家立足世界之本，其核心竞争力则是知识的运用和创新能力。"所谓创新，指"创造性地获取、传播和运用知识以提升新的经济、社会收益和提高人类认识世界水平的过程"。湖南学人就特别注意在"创"和"力"上下功夫。

本书试图通过对十位具有代表性的湘籍科技专家的生平和言行的研究，总结百年湘人在科技方面的创新成就，以史为鉴，推动当今湖南乃至中国的各项建设事业。由于本书规定的时段绵延百余年（1840—1949），又有名额的限制，经过综合考虑，下列10人入选。

第一次技术革命（蒸汽机）时期，中国接受新技术颇晚，发生了洋务运动和维新运动：丁取忠（1810—1877）、邹代钧（1854—1908）入选。

第二次技术革命（内燃机、电机）时期，中国仍然滞后，接受这些技术时已到了清末新政时期和民国时期：宾步程（1880—

1941)、李待琛（1891—1959）、周凤九（1891—1960）、任理卿（1895—1992）、汤飞凡（1897—1958）、刘敦桢（1897—1968）、欧阳翥（1898—1954）、曾昭抡（1899—1967）入选。其中李待琛、曾昭抡、汤飞凡在其晚期的研究内容已进入第三次技术革命（核能、电子技术等）的初级阶段。

我们的遴选标准：其工作应具有国际水平（或中国特色），全国影响（荣誉声望），不同学科（开创、带头），科技创新（发现、发明及应用，取得显著经济效益或社会效益）和促进民族解放事业（因为百年遭遇空前的民族灾难，大家生于忧患，立志科学救国）等特点。

读者从全书正文可以看到，10 人所专学科，依上述名单顺序，涵盖数学，地学，机械（及矿冶），军工（材料、枪械），土木（路桥），纺织，医学微生物（病原、免疫、抗生素），建筑（史），生理（神经解剖），化学。基本上偏于应用型，有利于国计民生。为科学而科学，为技术而技术的情况极少。这正是中国传统科技的特色。湘籍士人从"师夷长技"到"科学救国"、"教育救国"的认知和实践，形成了一贯对军工（枪炮）、采矿、冶炼（有色金属）、土木（公路、桥梁）的重视，以及对提供资源的地学（地理地质）、生物学，保障民生的纺织、医药等学科的关注，投身到这些领域，较早做出了成绩。这里缺了天文、物理、农学等学科的代表人物，可能是从清末到南京国民政府成立前，湖南没有一所综合性大学，理科教育较弱之故。

10 人均出生于 19 世纪，1890 年之后的占 7/10，故能在少年时即接受新学教育；有 5 人出生在 1895 年之后，读高中时已进入民国初期。这 10 人留学国度分布 5 国：李（留学日、美）、刘（留学日本）、宾（留学德国）、周（留学法、比）、任（留学美国）、汤（留美、访英）、欧阳（留学法、德）、曾（留美、访英）。

就国内政治形势、思想动态而言，在经历了五四新文化运动的洗礼后，民主与科学的观念（信仰）已深植知识界人士心中，上述人物正是在进一步学好科学技术的思想推动下，到国外去接受教育。

于是有李待琛又去留美，周凤九启程赴法，任理卿考取留美的积极行动，以及汤飞凡（从湘雅到协和）、刘敦桢（留日待归）、欧阳翥（入学东南）、曾昭抡（清华卒业）的蓄势待发。更早以前，邹代钧还考察过俄国，丁取忠学派成员黄宗宪随使英、法、西班牙，宾步程遍历欧洲。

同样十分明显的是，传统湘学濡染他们，留下很深浓的印记：7人出身湘学世家（丁、邹、李、周、刘、欧、曾），另外3人也是耕读之家（宾、任、汤，后2人的父亲是教师）；4人属于湘军家族（丁、邹、刘、曾），至少有1人（任理卿）也借助他们（曾国藩女婿、外孙聂氏）提供的发展台阶。10人全都从事过教学工作，连丁取忠也在"精舍"（学校）授徒，他们都发挥了经师、人师的作用。10人中大多数出省工作，将主要精力贡献于全国科技事业。

最后，比较一番并交代一下，水平或许不低于他们的若干科学院院士（学部委员），为何未被选入本书？自1948年中央研究院选出首届院士，自然科学类53人，湖南仅2人（张孝骞和曾昭抡），偏少，该院评选标准似有重理轻工之嫌。新中国在改革开放前仅1955年（1957年稍增）遴选过中国科学院学部委员，自然科学技术类126人中，湖南有10人（曾昭抡、张孝骞、沈其震、汤飞凡、魏曦、田奇璜、刘敦桢、李薰、李文采、雷天觉）入选，比率超1/13，在全国居上游地位，因为共有30个省市；或按人口比例算，湖南占全国1/20，可见1/13这个比率是超出平均水平较多的。为何不将这10人全部收入本书呢？因他们的学科分布太集中，张、沈、汤、魏均属医学领域；二李均属冶金领域而年资较浅（1949年以后回国或回归技术岗位）；而本书清代仅收2人，地学类应确保邹代钧，没法再收民国后的田奇璜。同样的道理，中华民国时期，军工领域李承干与李待琛无分轩轾，纺织行业傅道伸与任理卿难辨高低，工矿部门胡庶华较宾步程未遑多让，等等。这证明湘学科技领域人才济济，备选本书对象的科学家众多，实在令人高兴。"厚此薄彼"，只能再看年资，或比学历，或论出道早迟；必要条件中还有湘学素养、发表文献多寡之权衡，因书稿需要引用传主多方面的文字，读者也想看到直接的第一手材料，不太喜欢旁人的形容转述。这样一来，"述而不作"者，免不了要"吃亏"。在此谨向诸位前贤和广大读者致歉！好在这套丛书还有继续扩张之余地，应可留待下一本解决。

总而言之，在波澜壮阔、丰富多彩的湖湘近代百年画卷上，10位科技将帅率领着一支富于核心竞争力的奇兵，叱咤风云，冲锋陷阵，所向披靡。他们为推进湖南乃至中国的科技现代化，充当了开路先锋。让我们随着本书的文字符号，默念沉思，由表及里，窥探他们内心的世界，感受他们血脉的贲张，灵府的震颤，脑电波的回荡吧。

本卷主编为许康，并为全书统稿；副主编为许峥、章义；本卷各篇人物传编撰者分工如下。

许康：《丁取忠》、《邹代钧》、《宾步程》、《李待琛》。

许峥：《周凤九》、《任理卿》、《刘敦桢》。

章义：《汤飞凡》、《欧阳翥》、《曾昭抡》。

丁取忠 中国算学"长沙学派"的开创者

　　中国传统数学发展很早,独树一帜,宋元时代达到世界的高峰。欧洲文艺复兴以来,与资本主义经济的孕育、发展相适应,西方数学以笛卡尔的解析几何、牛顿—莱布尼茨的微积分为标志,由常量数学跃进到变量数学,中国就瞠乎其后了。明末徐光启、清初康熙帝依靠传教士引进若干天文数学知识,在西方已不算先进,以致鸦片战争之后,又得"师夷长技"。湘学宿儒以丁取忠为代表,在数学领域迎难而上,与李善兰、吴嘉善等省外先进人物合作,探索将中国传统数学推向变量数学阶段的道路。他在长沙荷池精舍引领青年学子黄宗宪、湘军子弟曾纪鸿、左潜等人,组成讨论班,编辑、撰写《白芙堂算学丛书》(共23种),中国数学史界尊之为"长沙学派"。他们的研究成果不但是中国传统数学的闭卷之作,其中反映了机械化算法体系的思想和方法,进入21世纪以后,重又复苏,将与几百年来形成国际数学主流的公理化演绎体系分庭抗礼。

中国古代四大发明中至少有两项（或许是最重要的两项）与湖南相关，那就是造纸术（蔡伦）和黑色火药（鞭炮）；西汉马王堆汉墓文物，则显示了更早时期湖南科学技术成果的世界先进地位。可是现存的古代湖南人的科学著作，以数学（恩格斯指出，天文和数学是古代最先发展的两门科学）[①] 为例，仅能从《永乐大典》中辑录出元末长沙人贾亨的《算法全能集》，从《四库全书》中找到宋元之交的龙阳（常德汉寿）人丁易东的《大衍索隐》，后者有少量内容介绍高阶纵横图（幻方），即组合数学。而明末清初，近代西学第一次传入，湖南几无响应；清代中期，乾嘉学派臻于鼎盛，古代科学著作的奥秘借考据学得以充分揭露，湖南人的贡献很少。这种状况延续到鸦片战争前后。晚清王闿运曾概括当时湘学发展的形势："当道光时，天下学术称盛，而湖南犹习科举词章之末。唐鉴、贺长龄倡宋儒性理之说，魏源言经世，何绍基宗许、郑，皆官于外。而曾国藩、左宗棠游猎其间。"[②] 都与科学技术关系不大。直到同治光绪之交，终于冒出了一个以丁取忠为首的"长沙（数学）学派"。丁取忠的传记在《清史稿》中已见，[③] 但语焉不详，我们对各方面资料做过较多发掘，特整理介绍如下。

① 恩格斯：《自然辩证法》，载《马克思恩格斯选集》第 4 卷，人民出版社 1996 年版，第 279 页。

② 王闿运：《湘绮楼集外文（十四）·三丁先生传》，《中和月刊》1943 年第 4 卷第 4 期。

③《清史稿》卷五百七·列传二百九十四·畴人二。

一 家宗汉宋 绝学拾遗惊楚南

丁取忠（1810—1877），字肃存，号果臣，一号云梧。出生于长沙县（今属望城县）高塘岭镇西南几里处的北湖塘村，丁氏宗祠白芙堂旁，后称丁家老屋。据光绪《长沙县志》介绍，他的父亲丁宏会"性慷慨，急人之急无所吝。尤喜读宋五子书，殚心朴学，教家有法；一门孝友，乡里矜式"。朴学泛称汉学，特指乾嘉学派，重考据、讲逻辑，是具有科学精神的。这句话还点明，他是汉宋兼修，并无门户之见。丁宏会不善治家业，仅为儿辈提供了艰苦的学习环境。据王闿运说，丁宏会有四个儿子，"次子曰叙忠，字秩臣。弟敏忠，逊卿。"丁取忠是满崽。其兄"叙忠少则服习程朱之书，言动必依于礼。然好读史，刺取史事相类者，手录千百卷，藏之箧中。又泛览文词，无所不讲习。年未四十，已为老儒，大布深衣，教授乡里，乡先达皆敬礼之。敏忠恂恂寡言，不以学自名。""取忠善交游，笃好算术。读书蹇滞，不能上口。及其既熟，诵万言琅琅如流，强记者不能敌也。"① 可见丁取忠的思维反应比较迟钝，但学习很刻苦，知识记得很牢固。

丁取忠少年时就"喜步算"，"尝用心于众所不屑之地"。当时数学在湖南仍是绝学（没人传授），直到过了29岁，方才下定决心攻关突进，在"道光壬辰（1832），余始习算。""每持筹凝思，寝食俱废。"但"家贫"且"地僻"，"苦无师承"，"未见之书不可致，欲见之书弗能置"，遇到很大困难。

道光十七年（1837），他在长沙的城南书院结识了邹汉勋、黄朗轩。邹出身于新化罗洪里舆地世家，"于天文、推步（历法）、方舆、沿革、六书、九数"都有所长。他们享受着书院课业的自由，每天"珠、笔、筹（按：都是计算用具）弗离于手，细草图说弗离

---

① 王闿运：《三丁先生传》，《中和月刊》1943年第4卷第4期。

于案，今有、之分（按：两种算法）弗离于心"，终有所进步。在以后的生活中，每当稻粱之谋的余暇，丁取忠便积极收集算书，改善学习条件。失传多年的古典名著《数书九章》、《益古演段》、《测圆海镜》、《算学启蒙》以及近人李潢、张敦仁、李锐、焦循等人的力作，"罔不搜获而赅究之"。他的表弟李锡蕃"幼颖悟"，"有神童之目"，在数学上"思力尤绝"，道光二十四五年（1844—1845）间，年已30多岁的丁取忠与20出头的表弟再入城南书院，一起"讲求勾股开方诸法，孜孜不倦，持牙筹、算盘相推较，声丁丁然"。李锡蕃（1823—1850），字晋夫，世居望城县河西杉木桥。是李寿蓉（字篆仙，进士，1825—1894）的二兄，"屡困童子试"。但对"古人之立天元、西人之借根方，一见辄通晓"，据李寿蓉回忆述及，锡蕃死后家人清点遗物时，牙筹珠盘等项计算工具成捆成束。[①]

丁取忠常常感到中国传统数学中，关于"勾股和较相求诸术，一术驭一题（按：勾股定理将几何问题代数化，所以总要建立式子），鲜有简法。晋夫谓，借根方一术足以了之，乃发例得数十题，皆用借根法"。取忠非常感兴趣，力促锡蕃写完，竟然"未脱稿而殁"，丁取忠"收拾零楮，缉缀为帙"。待机公之于世。

丁取忠数度入城南书院，都不专注科举之业，以致一生没能中举。在科场上有所失，在科学上有所得，这在当时是需要很超卓的见识和很大的定力的。丁取忠参考所购书籍，与算友互相切磋，之所以能获得不少新的知识，是因为清代经过一两百年、六七代畴人（数学家）的努力，对濒临失传的古代典籍《算经十书》（丛书）的奥妙，结合清初掺入西算的《数理精蕴》等新知识，可说已解读十之八九；而宋元数学最高峰的李冶、秦九韶、朱世杰几部代表作，也破解了大部分内容，自学就比较容易。但肉被先登者吃了，剩下难啃的骨头，对于主客观条件相对欠佳的丁取忠来说，机遇并不算好，如何有所发现呢？这时，他"幕游昭陵

---

① 本文以下多处引文，均见该作者之书的序言或跋语，为节省篇幅，恕不一一注出。可参见丁取忠《白芙堂算学丛书》，长沙荷池精舍同治至光绪间版内各书。

（邵阳）"等地，偶然得到一本首尾残缺的抄本算书（据李文铭考证，可能是清代钦天监正、蒙古族天文数学家明安图的《割图密率捷法》），给他一块试金石和敲门砖。

《数学拾遗》刻本封面

这本书讲弧（曲线）与弦矢（直线）互求之法，涉及西方传来的无穷级数。他发愤钻研，明晓有关知识，触类旁通，详细推演出新公式算例，这是他的第一个重大创造。此外，他对古代《张丘建算经》的著名"百鸡术"问题（按：即"公鸡、母鸡、小鸡每只价依次为5元、3元、1/3元，问如何用100元买到100只鸡?"有3组正整数解），构想了"三色贵贱差分解"，这在代数学不定方程领域也是一个重要的发明。真是功夫不负苦心人，比起前面的邹、黄、李诸位学友，他终于后来居上了。他把成果汇刻为《数学拾遗》，于咸丰元年（1851）出版。书名有两层含义，一是类似于梅毅成（梅文鼎之孙，受到康熙隆遇，与法国路易十四皇帝派来的传教士合作，主持《御制数理精蕴》编撰）的《赤水遗珍》的做法，丁氏的补充可说是"遗外求遗"。因为康熙皇帝青少年时，从耶稣会士学过一些西方数学，中年以后又与法国传教士切磋，学得西方的"阿尔热巴拉"（Algebra，代数学），并译名为"借根方"。若干年后，梅毅成领悟到"借根方"与中国失传已久的"天元术"是一致的，遂作《赤水遗珍》（1761 年）一书以阐述其事讲解其理。从此，宋、元天元术又重新显露于世。那么法国传教士杜德美传来的几个无穷级数公式，由于没有说明原理，明安图这本转述公式的书又残缺，一遗再遗，丁氏将该书加以补充解释，当然是遗外求遗了。其价值直逼梅毅成之书；二是介绍这类日常研究心得，意在推广拾遗，"后有所得犹将增入"，即经常寻找宝贵的数学遗产及不完整的成果，加以研究复原和创新。这表明他在鸦片战争震撼之后，知道不能抱残守缺，故步自封，要力求融合中西，先得彰扬中国古法，并借鉴西方的新法。

太平天国起义席卷东南，湘军与之做殊死战，延续 10 多年，民生凋敝，家道艰辛。他已过中年，数学的研究时断时续。好在他们兄弟在同辈士人中颇有声望，堪为经师，与邻县郭、左、胡家等崛起的湘军人物认识很早，可以教书或当幕僚。"叙忠和易而持论严正。观人于本原。不以穷达成败为贤不肖。虽师程朱，有是非未尝假借。至其诱导后进，随其所长，引之于道。弟子彭家玉、李寿蓉传文学，恒琛称良吏，犹未得其一体也。"[①] 取忠"节衣缩食以购算书，馈贻者亦以算书。及其晚岁，中外算书无不备"。那时湖南地方官（清代任官采取回避制，一般只能是外省籍）流动性很大，有些人带来较新的数学知识，如徐有壬（1800—1860），入翰林院、当京官时，就有不少研究心得。来任湖南布政使，丁取忠抓住机会接触，哪怕是太平军进军湖南威逼长沙的紧张形势下，都曾向他请教数学问题。

① 王闿运：《三丁先生传》，《中和月刊》1943 年第 4 卷第 4 期。

二　鄂湘往返　丁吴合著新算书

　　1860 年前后，丁取忠友人胡林翼在湖北巡抚任上，率湘军与太平军周旋，并设立翘材馆，凡"士有志节才名，潜伏不仕，千里招致，务尽其用"。"取忠博交海内通人，尝一出佐胡林翼。"应邀赴鄂，在馆内与江苏嘉定人时曰醇经常讨论数学，他的《数学拾遗》"百鸡术"新解法启发了时曰醇，"谓与二色方程暗合，乃通法也。"时曰醇知道古代甄鸾、李淳风、刘孝孙和本朝焦循，先后继张邱建的解法做过研究，"皆未达术意，不可通"。只有骆腾凤氏《艺游录》用"大衍求一术"，"取径颇巧"，但问题未彻底解决。"别后数月乃得通之"，"因衍方程术为数学拾遗补"，举出算例，"因为广衍，立二十八题，以'旧学商量加邃密，新知培养转深沉'十四字识其上下，为十四耦（按：耦即成双成对）。诸题皆借方程为本术，并述大衍求一术以博其趣"，成《百鸡术衍》一书。

　　胡林翼"究心经世之学"，命人校刻《乾隆舆图》，丁取忠利用这一有利条件，吸取其他专家的学问，充实自己，并购得魏源新版《海国图志》100 卷，请同在胡林翼幕下的邹汉池等人参与，把他1852 年的《舆地经纬度里表》一书加以增补，按照经纬度计算世界各国主要城市至北京的里程，编印成表格，并修改订正原来这本书所载全国和东亚诸国各城市的度里。这一成果是对魏源"睁眼看世界"的学术和政治活动一个直接的补充和赓续，表明丁取忠面向世界的积极态度，他的基础研究也明确地带有为当前形势服务的价值取向。

　　丁取忠兄弟谨守传统道德廉洁诚信，在湘军将领老友圈子里，"伉直敢言，林翼妻买婢至江夏，取忠言以赠闫敬铭，敬铭议不可。而当时盛称林翼有名帅之风。曾国藩取妾，取忠书责其骄满。两兄皆笑其憨。咸丰初元，当举孝廉方正，众望归叙忠。他日人有言湘阴举左宗棠者。叙忠颦蹙曰：左季高为傀儡邪。群议遂止。敏忠号通介，晚尝一涉榷局，梭巡辞去。取忠又尝送友枢之龙泉（按：在浙江西南），经历兵寇间，几濒于危。到丧家，不饭而去。两兄虽不止之，亦弗善也。其家泽之曜，时比之攸县龙襄尧浏阳朱春父，而艺或过之。从子（侄儿）锐谊为名将，阵亡三河。丁氏益显，诸子多有从官者，皆以贫不坠其家声。"①

1861 年，翰林院编修吴嘉善来湘。吴是中国近代科技史上一位奇人，民国《南丰县志》说他"好习外洋文字……虽不通其语言，然竟能翻译，其化学、算术、机械皆得之文字中，不假指导"。后来被郭嵩焘聘为广州同文馆教习，李鸿章还派他到美国任留学幼童监督，当时算是了解西学的难得人才。丁取忠就抓住机会，"举生平疑义往返研究"，吴则"随笔剖示，久之成峡"。取忠将这些草稿整理，对较难的题目加以注解，推出初版本《白芙堂算书十七种》，"首述笔算。次九章翼，曰今有术，曰分法，曰开方，曰平方平圆各术。推演方田者，曰立方立圆术。推演商功者，曰勾股，曰衰分术，曰盈不足术，曰方程术。于勾股术后，次附平三角、弧三角测量高远之术。又次则专述天元四元之书，为天元一术释例，为名式释例，为天元一草，为天元问答，为方程天元合释，为四元名式释例并草，为四元浅释。"把中国古今算学成果及某些西方数学知识梳理在一起，是一套"津逮初学"的好书，几十年内受到数学教育家的赏识："是书虽参新法，实阐古义"，"所谓熔西人之巧入大统之型模，学者毋浅视之也。"这表明丁取忠不满足于出版几本研究性成果，还希望数学能普及到更多的读书人中去，成为他们普遍具有的知识技能。吴嘉善体会："算学至今日，可谓盛矣。古义既彰，新法日出，前此所未有也。余与丁君果臣皆癖此，既忘其癖，更欲以癖导人。"

同治年间已活动于湖南学术界，也算丁氏弟子的黄传祁，长沙人，字少溪，举人，曾任（长江口）崇明（岛）县知县，通数学，得到丁、吴编书一些资料，特别对"分法"一篇有所感悟，也拾遗

补缺，做了若干引申，写了些"札记"，附于丁、吴书后。又收于华蘅芳《开方古义》书后。黄传祁后有《白芙堂丛书札记》稿入其《簏斋杂存》，收入（清）刘铎辑《古今算学丛书》（光绪二十四年）。

丁取忠还将锡蕃遗稿请吴考订，修改了数十字，全书始成。丁"惧其湮没失传"，于同治元年（1862）以活字本印行，书名《借根方勾股细草》。我国代数学源远流长，至十三四世纪登上最高峰，雄视当时全世界，其中天元术就是一项伟大成就，"立天元一为某某"即同现代代数学中"设 X 为某某"一样。李锡蕃关于"借根方"的知识，即吸取中西方代数学的成果。所谓"勾股术"，由勾股定理，若记勾、股、弦为 a，b，c，则还可讨论 a+b，b+c，c+a，b-a，c-a，c-b，或 ab，bc，ca，或 c+a+b，a+b-c，c+b-a，c-b+a 等，由这些条件中知道两件，怎样求出其他各件？这类问题我国从《九章算术》（公元 50—100 年成书）起，陆续加以研究，至清代梅文鼎的《勾股举隅》、项名达《勾股六术》（1825 年）已基本完备，内容之丰富是其他国家不能比拟的。李锡蕃的工作，吴嘉善概括为"勾股和较相求诸术"（按："和"是相加，"较"是相减），便是把梅、项等人的各种具体讨论统一用代数方程处理。丁取忠在初版前还驰函北京任户部主事的表弟李寿蓉征求意见，其时寿蓉刚前两年被肃顺囚禁而出狱，感事伤怀，为此书写了一篇很沉痛的"后序"，同时也流露欣慰之情："留兹一书，其术可以推天文、测地理而核人事，于物理无所不赅。天下不乏留意绝学之人，必将取而观焉，观之而善，必将取而传焉！"

综上可知，《借根方勾股细草》书名，就是"用代数列方程的方法，处理'已知勾股弦加减两个条件求其他未知数问题'的详细演算过程"之意。很明显，这在 19 世纪前半叶的湖南，代数学鲜为人知的情况下，李锡蕃等此举是一项很突出的科学成果。甚至可以说，直至近现代，湖南也未必有人在这方面做得比他更详细和深入。为了做一对比，我们注意到，1979 年美国《数学教师》这份刊物上，还讨论过有关的勾股容圆问题，并得出了 c+a+b，a+b-c，c+b-a，c-b+a 的明确的几何意义，可见此类课题在经历了百多年后国际上还在深入探讨。

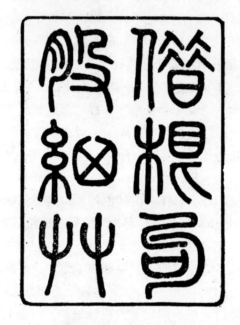

《借根方勾股细草》书影

1872年，丁因刻《算书廿一种》（即《算书十七种》的增订本），又将李锡蕃此书再版，删去了其中（作为基础知识的）加减乘除及正负开方部分，因为这些内容已为《算书廿一种》所收。以上各书还只是《白芙堂算学丛书》的开端。

三 荷池精舍 英才荟萃深研讨

逾年，吴嘉善南下广州，因邹伯奇的介绍又结识钱塘青年夏鸾翔。三人志同道合，相得益彰。邹伯奇（1819—1869），广东南海人。为著名的学海堂学长，同治四年（1865），广东巡抚郭嵩焘聘请他主持测绘《广东沿海地图》。他考虑地球是椭圆形的，应"以椭圆曲率算之"。还绘制过《赤道南恒星图》、《赤道北恒星图》，制作"天球仪"、"太阳系表演仪"，又擅长力学、光学、数学，著有《乘方捷术》。丁取忠因吴嘉善得与邹、夏建立通信联系，对他们的研究参与意见。

　　郭嵩焘在同治五年（1866）上《保举实学人员疏》，推荐邹伯奇、李善兰（字壬叔）两人可"并置之同文馆，以资讨论"。同疏还荐举丁叙忠任北京八旗官学教习。按美国人丁韪良（W. A. P. Matin，1827—1916，同文馆总教习、后京师大学堂总教习）的说法，是恭亲王奕䜣等人在 1865 年"决定把这个译员学校升为专门学校，新加科学一馆"。① 他们"因思洋人制造机器火器等件，无一不自天文算学中来。现在讲求轮船各项，若不从根本上用着实功夫，即学习皮毛，仍无裨于实用"。丁取忠不及这两位沿海学者的物理机械知识之长，却因洋务运动初期，除官营工矿业、交通业以外，民营工商业经济远远落后，丁取忠倒是看出了苗头，如资金的往来流通（借贷、投资、融资等）的本金和利息计算问题。

　　中国古代借贷，利息支付方法比较简单，所以既往数学书中从来未有复利息的计算问题，早已赶不上时代的需要。其实，丁取忠初年习算就遇到"友人罗寅交学博洪宾以难题见询，久无以应。"这指的是"发商生息"方面，首题是"只知原本若干，每次收回若干，历收若干次而本利俱清，求每次 1 文之利，其法若何？"这相当于现代保险公司"年金保险"中的"趸缴保费"的"定（变）额年金"一类问题。按复利公式，解此题涉及复杂的高次代数方程。"同治初元，始获交南丰吴君子登太史，驭以开屡乘方法，余始通其术，然未悉其立法之根也。后吴君游岭表（按：指广东，在五岭之南），余推之他题，及辗转相求，仍多窒碍。又函询李君壬叔，蒙示以廉法表及求总率二术，而其理始显。后吴君又示以指数表及开方式表，李君复为之图解以阐其义。由是三事互求，理归一贯。余因取数题

---

① 丁韪良：《同文馆记》，《教育杂志》1937 年第 27 卷第 4 号。

详为演草，并捷法图解，都为一卷。质之南海邹君特夫，君复为增订开屡乘方法，并另设题演草，补所未备。即算家至精之理，如圜内容各等边形，皆可借发商生息以明之，诚快事也！"丁取忠等合作研究的是《粟布演草》书稿。

这时，湘军大员们与湖南地方官绅决定，为了抚恤湘军阵亡将士家属、培养其遗孤，在长沙荷花池褒忠祠东侧建立求忠书院，聘丁叙忠为山长（院长），丁取忠等人也充教职。丁氏侄儿丁锐义（谊）与李续宾、曾国华、孙守信等湘军悍将同时战殁于惨烈的三河之役。荷花池褒忠祠西侧有荷池精舍，暂未作为学校，丁取忠借来做研究和集体讨论的场所。

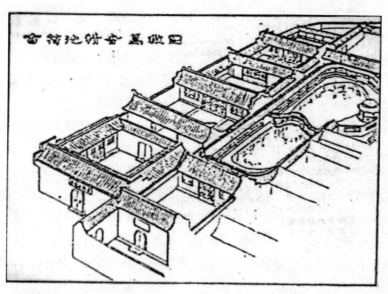

许峥据同治《长沙县志》荷池精舍平面图改绘。精舍是上排房子，图右中有池塘及拱桥，就是荷花池。

于是，丁取忠团结慕名前来请教的青年数学爱好者黄宗宪、左潜（左宗植子）、曾纪鸿（曾国藩子）等，他们以长沙荷池精舍为活动中心，大家与丁订为忘年交，经常在一起切磋数学，这种活动方式很像现代大学研究生的"讨论班"。丁取忠语重心长地对他们说："诸君博闻富藏，师资友益，视吾畴曩（过去），其劳逸有相拾百倍者"，勉励他们珍惜时机，努力学习。先是参加增订《算书十七种》为廿一种的工作，使大家打下较全面的基础；接着又增补《粟布演草》，"余前年与左君壬叟共辑粟布演草，原为商贾之习算者设，盖商贾所习算书，大都详于文而略于式。况代数又古算术所无，宜其卒然览之而不解也。算理既明，则全书各式，可涣然冰释，或兼可为习代数者之先导乎？"曾纪鸿用代数方法，左潜加以变易，黄宗宪又别立一法，至此，这本商业数学书经 10 年研讨，集 7 人（含前文提到的吴嘉善子登、李善兰壬叔、邹伯奇特夫三人）的心血，终于告成。

他知人善任，委托左潜研究徐有壬遗稿；丁、黄也参加讨论，弄清徐氏发明的"缀术"（一种半符号代数，对于推导无穷级数比较方便）诀窍，左潜不但解算增补校订完成了徐氏书稿，自己还写成了另外两本借缀术破解艰深问题的著作。

左潜（约 1846—1874），字壬叔，一作壬叟。其父是左宗棠二兄左宗植，字景乔，生前曾钻研天文历法，校勘出版唐代《开元占经》120 卷（印度来华供职天文台的瞿昙悉达撰，约在 718—726 年之间成书），并自撰《三垣二十八宿中外星官总图序》等。青年左潜中秀才，补县学生。《清史稿》述："（左潜）尝增订徐有壬《割圜缀术》，既成，忽悟通分捷法析分母、分子为极小数，根同者去之，凡多项通分，顷刻立就。因演数草，为《通分捷法》一帙。所撰《缀术补草》四卷，自序曰：'自泰西杜德美创立割圜九术，顾八线互求，尚无通术，未足以尽一圜之变，试取明氏书驭之以缀术，其递降各率，顷刻可求，书为徐君青先生所作，吴君子登成之，顾详于式而略于草。敬考其立法之原，不可遽得，学者难焉，潜因于暇日为补草四卷，因缀数语于简端云。'又撰《缀术释明》二卷，湘乡曾纪鸿为之序，略曰：'（左潜）尝谓方圆之理，乃天地自然之数，吾之宗中宗西，不必分畛域，直以为自得新法也可。曾释君青徐氏缀术，又释戴鄂士求表捷术，兹又释明静庵弧矢捷术，而一贯以天元寄分之式，于圜率一道三致意焉。'" 推崇左潜能举一反三。

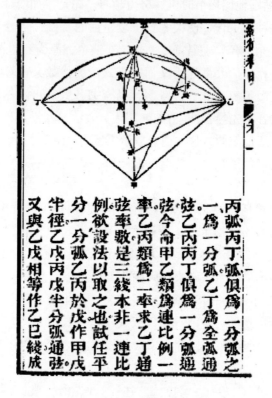

《缀术释明》书影

上面提到的各书，指左潜在校订徐有壬（徐君青）遗著《割圆八线缀术》时，学懂弄通了明安图（明静庵）、董佑诚（董方立）、戴煦（戴鄂士）等人在清朝初年来华的耶稣会教士杜德美传播的"割圜九术，以屡乘屡除通方圜之率"［按：前文介绍丁取忠的《数学拾遗》时已提到，即用无穷级数来表达曲线（弧、圆）与直线（弦、方）的比率关系，实现"以直代曲"。这是由常量数学到变量数学的飞跃，即微积分的关键所在］，把徐有壬的"缀术"这套模式来推演解释明安图等人的算理，而有《缀术释明（安图）》、《缀术释戴（煦）》两书之作。这是左潜受教于丁取忠，受惠于徐有壬著作，得以跻身高等数学研究的标志性成果，不逊于既往明、董、戴诸大师的工作。成稿不久，左潜突患急病，于1874年夏去世。在丁、曾、黄诸人之中，左潜用力甚勤，寿命最短，与其弟左浑（丁叟，郭嵩焘女婿，学习最刻苦而早逝）一样的结局，令人痛惜！

四　发明公式　纪鸿圆率算百位

曾国藩的少子曾纪鸿（1848—1881），因随侍父亲左右，得与幕下科技专家和西方学者交往，学习掌握不少西算知识，他与丁取忠的研讨成果又别具风格。

《清史稿》有曾纪鸿传，[①] 这里稍作补充。1872年曾国藩死于两江总督任上，全家返湘。应当在家守制3年，不能应试做官。这样，曾纪鸿的数学才能得到了发挥的机会。他们住在洪家井，离荷花池很近，得悉老宿丁取忠正与其弟子撰《白芙堂算学丛书》，曾纪鸿积极参加，如鱼得水。一天，丁取忠对曾纪鸿说："子颖悟绝伦，心精力果。何弗用代数式详解对数乎？"曾回答："此夙志也。"遂以数月之力，撰《对数详解》五卷。这本书"始明代数之理"，"中言对数之理"，　"末言对数之用"。书稿是相应于英国华里士（W. Wallace）《代数术》第十八、十九卷（原载《大英百科全书》第8版，由华蘅芳、傅兰雅1873年译刊）内容而发，以代数方法讲解对数原理。内容比现代中学课本高深，例如"讷对"（自然对数）的系统知识。明末清初薛凤祚与传教士穆尼阁合作，在天文计算中引进对数表，将"对数"译为"比例数"或"假数"，并简单解释了把乘除运算化为加减运算的道理。这是对数方法在中国的首次介绍。曾纪鸿见近年李善兰、邹伯奇在对数原理、计算方面"创立新法"，就想到用中国数学形式讲解西方代数而说明对数，这本书完满地达

① 《清史稿》卷五百七列传二百九十四《畴人二》。

到目的，署名"长沙丁取忠撰"，丁氏表示不敢掠美。

同时，丁取忠的《粟布演草》稿，曾纪鸿"见而爱之，因以借根演代数草"，提供了另一种方法，即西方代数解法，用中国传统数学语言表述，还借鉴了某些西算符号。以上是曾纪鸿小试牛刀，为讨论班的白芙堂丛书所做的热身练习。

那几年内曾纪鸿最重大的数学成果则应提到《圆率考真图解》。关于圆周率值的研究，我国古代刘徽、祖冲之都曾有卓越的成绩，居于同期世界超前地位。到了清代，西方发明了微积分，运用无穷级数计数 π 值，就比我国大大领先了。国际知名的科学史家、日本汤浅光朝在其名著《解说科学文化史年表》中，"中国近代科学史"一表内，对 19 世纪的中国数学家，只提到项名达、李善兰、徐有壬、戴煦、华蘅芳等少数几个人的名字，然后明确指出，"1877 年，左潜和曾纪鸿，把圆周率计算到 100 位。"[①] 人们过去普遍认为圆周率的计算标志着一个国家的数学水平，而更重要的是应当找到新的计算方法。

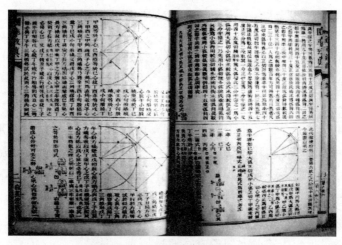

刘铎翻印本《圆率考真图解》书影

① ［日］汤浅光朝：《解说科学文化史年表》，张利华译，科学普及出版社 1984年版。

曾纪鸿先以几何图形证明了李善兰、伟烈亚力合译的《代微积拾级》卷三中的两角之差的正切函数公式，进而将单位圆的圆弧分别作二段和五段的不同划分，利用正切线的相互关系（按：曾纪鸿原图见左图书影），证得"较弧正切"表达式，然后配合"徐君青（徐有壬）术"（实际上应为"李善兰术"）便可计算圆周率 π 值了。以这几个新发现的反正切函数之和的无穷级数展开式来表达 π 值，可称为"曾纪鸿公式"（有两个，如下）：

$$\frac{\pi}{4} = \text{arctg} \frac{1}{2} + \text{arctg} \frac{1}{3} \tag{1}$$

$$\text{和} \quad \frac{\pi}{4} = \text{arctg} \frac{1}{4} + \text{arctg} \frac{1}{13} + \text{arctg} \frac{1}{12} + \text{arctg} \frac{5}{27}$$

$$+ \text{arctg} \frac{1}{5} \tag{2}$$

再分别借用"徐君清术"（展开为无穷级数，如下式）：

$$\text{arctg} x = x - \frac{1}{3}x^3 + \frac{1}{5}x^5 - \frac{1}{7}x^7 + \cdots$$

曾纪鸿要将上式中的 x 分别代以（1/2），（1/3），（1/4），（1/5），（1/12），（1/13），（5/27）等数值，取足够多的项，依次算 x 的奇数（1，3，5，7，9，11…）次幂，取足够的项数，每项算到足够的精度，交替加减，"以月余之力推得圆周率百位"，即将 π 值求到小数点后 99 位，这是继祖冲之（算到 8 位，）、朱鸿（算到 40 余位，但第 25 位以后均错）之后，我国在圆周率计算上的一大飞跃，在当时整个东方世界也是领先的，所以日本学者汤浅光朝将它列为东方科技史一件大事。曾纪鸿成就的可贵之处在于他运用了我国传统的几何直观方法，独创地建立了简捷的公式。由于《圆率考真图解》一书只列出了由（1）式计算到 15 位和由（2）式计算到 24 位的草式，而且其中有几处字误，以致数学史家钱宝琮对于他是否计

算 π 值到一百位表示怀疑。①

　　我们的看法是，第一，当时受刻书条件（每页的高宽度、行数）限制，要将 100 位草式全部印在书中是不可能的；第二，如前所述，曾纪鸿这项成果的价值主要在于得到了新的公式，而不在于是否实施了计算；第三，黄宗宪参加了计算工作，他在 1876 年随郭嵩焘出使英国，1877 年春天在伦敦记有这样的话："于博物院天算书中觅得圆率真数一百五十八位，即翻行箧昔日与曾（纪鸿）、左（潜）两君所推得百位者校之，一一吻合"，至于书中几处字误，很可能是抄写或刻书时产生的，这在今天的印刷条件下尚且很难避免。

　　1867 年，李善兰的数学著作集《则古昔斋算学》13 种共 24 卷也出版了。内中《垛积比类》（四卷）由曾纪泽校算，《四元解》（二卷）由曾纪鸿校算。"四元术"是元初朱世杰关于高次方程组的解法，登上古代世界数学的巅峰。曾纪鸿竟能担负其校算的重任，反映了他当时数学水平很高，能得到全国数学泰斗李善兰的充分信任。他与乃兄都重视向西方学习，两人都懂得英文，并直接向马格里、丁韪良、德约翰等英美人士学习英语。后来"湘乡旧第犹存……治经及算学、英文各本，无不工整绝伦，一笔不苟，英文亦以毛笔楷书，不啻刻缕。"

　　他还著有《炮攻要术》6 册。《电学举隅》1 册。但是没有出版，因为他认为"非发明也。"据郭嵩焘记载，直到 1879 年，傅兰雅还说："上海翻译洋书，已刻者 42 种，……而电学一类，尚无一译成者。"看来，曾纪鸿的《电学举隅》当是我国最早的电学著作。书稿启发了他的外孙聂其杰，后来翻译出版了无线电读本。

　　曾纪鸿也早逝，郭嵩焘氏在日记中有"始知曾栗諴已物故……闻之恻然"，灵柩从北京运回长沙，"乃得登舟一哭栗諴"等语。白发人送黑发人，郭氏是为中国与湖南损失了这样杰出的科学人才而

---

① 钱宝琮：《曾纪鸿"圆率考真图解评述"》，《数学杂志》1939 年第 1 期。

惋惜。

五　剩余定理　终篇求一术通解

美国数学界的一份著名学术研究报告集《今日数学》指出，"中国剩余定理"是"数论中一个最古老的结果"，古代中国人用它来预测几个天文周期的"共同周期"，近年来"在计算机的程序设计中找到新应用"，使得"精确度倍增"。

关于这个定理，我国现代通称为"孙子定理"，因为最早在《孙子算经》（约公元 400 年）卷下第 26 题提出了"今有物，不知其数。三、三数之，剩二；五、五数之，剩三；七、七数之，剩二。问物几何？"这个特例和答案。至南宋秦九韶《数书九章》（1247 年）的"大衍求一术"，才从理论上详细论述其一般方法。清代李锐、焦循，特别是张敦仁的《求一算术》（1803 年）、骆腾凤的《艺游录》（1815 年）、时曰醇的《求一术指》（1861 年），续有发展。最后黄宗宪的《求一术通解》（1874 年）加以完善，"求一术至是大显于世"。

黄宗宪自述："同治辛未（1871 年）亲炙丁果臣先生于星垣（按：即长沙城）古荷池精舍。先生富藏古今算书，获就观，学始进。"他作为丁取忠的入室弟子和主要助手，参加《白芙堂算学丛书》的编辑工作，几年中全力以赴，整套书 23 种数学书籍，经他校订、疏证的就有 16 种。先校吴、丁《算书廿一种》，继校订张作楠《八线对数表》（1874 年刊），李锐《勾股算术细草》（1872 年刊）、《开方说》（1873 年刊），原刻讹误甚多，至此编成为善本。又校订、疏证夏鸾翔《少广缒凿》（1876 年刻成），时曰醇《百鸡术衍》（1873 年刻）。黄宗宪还立术解决了时曰醇生前的两个难题附在书后，把二元一次不定方程化为一次同余式求解，从中体会到"可见求一术不仅能驭孙子题类耳"。黄宗宪与左潜同时（1871 年起）向丁取忠习算，两年后左潜增订徐有壬《割圆八线缀术》(1873 年孟秋刻),"忽悟通分捷法",黄宗宪与他切磋,也由分解素因子"遂悟泛母求定母捷法,继又悟求乘率捷法","于是思索三日,复商榷左君,乃尽为'秦九韶大衍求一术'注释"。"又月余遂成通解二卷",即《求一术通解》(1874 年仲春成书)。

《求一术通解》封面

他在该书中写道,"孙子原题为求一之祖,首录之,取其浅近,为初学者示规矩",然后解决杨辉《续古摘奇算法》(1275 年)中推广新拟的两题(模两两互素),最后对秦书"推土计功"、"程行计及"、"积尺寻源"(模不两两互素)几个更难的问题作了深入浅出的解释,进一步明确了解题程序。由于找到了析为素因数这一"所以然",使得学者终于"了如指掌",比之旧术优越。

值得指出的是,英国来华传教士伟烈亚力(A. Wylie)发表《中国科学札记》(1852 年),向欧洲介绍孙子算题和秦氏解法后,正是在 1874 年,德国马蒂生(L. Martthiessen)在《数学与自然科学教育杂志》上，指出秦氏解法与高斯（C. F，Gauss，德国人，被尊为世界"数学王子"）《算术探究》（1801 年）的发明是一致的。后来数学史家康托（M. Cantor，1829—1920）称发明这一方法的中国数学家是"最幸运的天才"，"中国剩余定理"之名遂为世界所公认。

黄宗宪的《求一术通解》，给清中叶以来对秦九韶大衍求一术的研究和改进画上了一个圆满的句号。他的贡献主要有：一是对模数不两两互素情形，悟泛母求定母（即化元数为定数）捷法，推出简并等价同余式组。二是悟求乘率捷法。三是若衍数小于定母，他增补求反乘率法，开创了解一次同余式组的新途径。四是他的解法本已寓理于算，试图（证明）它们，思路是正确的。五是书中将时曰醇的两个问题，巧妙地化为二元一次不定方程，再归结为解同余式问题，反映了不定分析与求一术的深刻内在联系。

黄宗宪还为丛书校正了李冶的《测圆海镜》（1873 年刻）、《益古演段》（1873 年刻）新版本。不久他们参与曾纪鸿之《圆率考真图解》（1874 年秋刻）的计算工作；3 人还协助丁取忠增补了《粟布演草》（1874 年仲夏刊），到了 1875 年初黄又校正这书清样。对于曾纪鸿的《对数详解》（1873 年春刊），黄也做了辑补。1874 年夏左潜患急病去世，黄为亡友的《缀术释明》（1875 年秋刊）、《缀术释戴》（1875 年刊）做了校正。对于朱世杰的《四元玉鉴》新版（1875 年刊），黄宗宪补正了丁取忠所补的"四象假令细草"篇，这是学习这部中国古代最高水平数学著作的钥匙。综上所列，黄宗宪为《白芙堂算学丛书》这部"著名的中国古代数学著作集"（科学史大师、英国李约瑟语）出力最多，是丁取忠最优秀的传人。

这样，在长沙荷池精舍经过五六年的刻苦砥砺，黄宗宪在数学领域已进入全国先进水平。笔者考证，在我国近代有成就的科学技术专家中，黄宗宪是有机会经政府派遣出洋（赴西欧）开阔眼界的第一人。因为比他稍前，清政府只派出"学童"（如詹天佑）赴美国，以及福州船政学堂的魏瀚、严复等分赴法国、英国。但这些人当时都是学员，不像黄宗宪在中国传统科学研究方面已取得重大成果。

六　格术和算　古义新研引圜理

丁取忠刊刻日本加悦传一郎的《算法圆理括囊》一书入白芙堂丛书，将日本数学成果首次介绍到中国，在中日文化交流史上应占有光荣的一席。"圆理"是"和算"（日本数学）发展到高级阶段的成就，主要研究对象是圆锥曲线、摆线、螺线及其切容关系中的面积计算和各种曲面体的求积问题，已高于同时期中国传统数学的水平。这本书出版于日本嘉永五年（1852），即迟于丁取忠《数学拾遗》初版 1 年。出版地是长崎，那里曾是遣唐使的出发地，从明代以来就是中国日本商业贸易往来的主要港口，华侨商人的驻地。估计丁取忠是从商人带回的书籍中获得的。作者加悦俊兴（传一郎）是长崎人，笔名（别号）"卵壳"（蛋壳），自嘲所从事的研究没有实用价值，像鸡蛋壳一样不能吃，但又不可缺，否则蛋白蛋黄就流散了。他也声明该书不是教科书，而是相当高深的研究性著作，吸收了同时期一些和算家的成果。

原书含 25 题，按现代的数学领域看，超出普通的解析几何与微积分的程度。可是解法未列推算过程和依据，积分计算均用无穷级数表述。① 好在是用汉字刊出的，中国人能认识。这样一本撰著于明治维新之前的"天书"，对中国科学界带来震撼：日本"和算"虽从中国古典数学脱胎，却已推陈出新了，得益于"兰学"（荷兰人传给日本的知识）又有独自的创造。士别三日当刮目相看，丁取忠不问畛域，从善如流，嘱咐黄宗宪为此书"校字"，无

---

① 　徐泽林、张娜：《中国刊刻的第一本和算著作〈算法圆理括囊〉》，《中国科技史杂志》2007 年第 28 卷第 1 期。

须翻译。改刻宋体字版，列入《白芙堂算学丛书》，1874 年刊印，供国人学习。

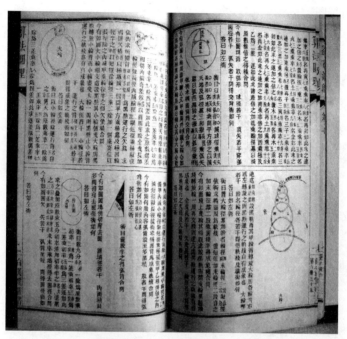

刘铎翻印本《算法圆理括囊》书影

丁取忠尤其喜欢邹伯奇的著作《格术补》，那里面用数学、物理等学科的知识与方法解说各种透镜的成像规律和各种光学仪器的基本原理，与"制造"之学联系更紧密，这反映了当时求富求强的爱国知识分子一种情感，而顽固守旧派是不感兴趣的。邹伯奇一生著作很多，逝世后，广东大儒陈澧以《邹征君存稿》和《邹征君遗书》同时刊出，传播于世。丁取忠给予了资助。

殷家隽，字竹伍，亦作竹坞，湘阴人，候选同知。著《克念斋算草》，1881 年起在郭嵩焘主持的思贤讲舍主讲数学。王闿运曾简介他："（殷氏）音元之旧族也……尤喜制器……以此蠹其家……唯予友丁取忠颇奇竹伍之术，名稍稍闻诸生中"，"湘军兴始务造炮，立长沙公私二厂……竹伍不在选中","长沙黄冕""欲倚以造留防军械",也不见用,"则贾生之流也"。

郭嵩焘赞扬"竹伍通人,湘邑未有也"①。同治年间郭嵩焘编《湘阴县图志》,请他测量地理绘图。殷家隽还与彭玉麟合修《衡阳县志》。由此可见他在湘军诸儒将与高参眼中的地位。但王文韶等抚湘,设军火局制炮,并未请他参与。可能因王文韶氏非湘军系列,对殷缺乏了解。

摄影术是法国人1839年发明的,邹伯奇没有见过照相机,1844年他仅根据有限的文字资料,独自研制出照相机,主要得益于他的光学知识。发挥北宋沈括所谓"格术",即揭示铜制凹镜凸镜成像、缩放、聚焦、正反、顺倒的道理和规律,以扞格、摇橹等做形象的比喻。丁取忠请殷家隽为之校算,绘图,殷氏又出己意有所补充、解说。丁取忠未等到《格术补》书稿校毕就去世了,友人王闿运代出资金,为之刻印出版这本书,是对《墨经》和《梦溪笔谈》"格术"的阐扬。

殷家隽称:"邹君既卒,其友人刊其遗稿,而丁果臣先生,尤喜此《格术补》一书,欲重刊于其(白芙堂)《算学丛书》之中,谬谓余明算理,属为校之。余间以所见,正其伪误,先生甚喜,寓书广州友人,以为宜并《邹氏遗书》中本改正之。于是更属余为之笺,而左君壬叟,黄君玉屏,皆谓算例亦所宜补,故又为之补算与图。图算者,相辅而行者也。故又多引墨子经说傅会笺之。盖所笺已非邹君原作之式,而要为补邹君之所未备。亦犹之邹君所补已非笔谈格术之意,而要为格术之所宜阐者也。因题数语,以志缘起,丙子(按:1876)九月甲子湘阴殷家隽叙。"殷家隽有更高的追求:"足为墨子经术补,非徒为格术补也。"

短短的几年间,丁取忠以其高瞻远瞩的眼光,谦虚谨慎的态度,实事求是的学风,立德立言的榜样,甘当人梯的精神,把弟子们引领到国内科学的前沿阵地;他敢作敢为,心精力果,以课题带动学

---

① 《郭嵩焘日记》(第三册),湖南人民出版社1982年版。

习和研究，以讨论班激发灵感，鼓励竞赛，加速了人才的脱颖而出，科学史家称之为"长沙学派"；他尊重弟子，充分调动每个成员的积极性，同时广泛借重社会人士的助力，从左宗棠、彭嘉玉及已故的胡林翼等处筹措到出版基金，除了刊刻自身研究成果以外，还刻印了十七八种古典数学名著及时人的新作，合题《白芙堂算学丛书》，其中甚至包括日本数学家的著作，为中日科学交流留下一页佳话。据说他与西方传教士（如赫思慎等）也有过交往。因此这部丛书凝结了古今中外几十名专家的心血，到 20 世纪初，在各地至少重印 8 次，"蔚然成艺圃

《白芙堂算学丛书》封面

之巨观，风行海内，遂为畴人家必读之本"。李约瑟《中国科学技术史》称这套丛书为"著名的古代数学著作集"，日本专家编的世界第一部《科学史技术史大事典》列有"丁取忠"条目和将"丛书"列为东方科学技术大事之一，与魏源《海国图志》同为湖南近代科技成果的一双拱璧。

七　文史哲学　思想开放见识高

照友人邹汉勋的说法，丁取忠"于道多所窥，于艺亦未尝遗"。而郭嵩焘 1861 年与他同船由鄂返湘，一路议论风生，郭对丁非常佩服，日记写下丁取忠一些高论：

在哲学方面，丁认为《易经》这部具有辩证观点的哲学著作是"明道之书也。道何在？中正而已矣。易之义变易以求合于中正而已矣。爻也者效此者也，象也者像此者也。故曰《易》之为书也不可远为道也"。关于《老子》，他认为"最善谈兵"。

在历史方面，丁发现"士农工商，四者相代持世"。"（夏商周）三代以上农持世，春秋以后士持世"，"自汉以来商持世"，"今西洋制器之法行，继此持世者必工也。所谓持世者，齐天心之好尚而操人心之用舍者也。"可见丁取忠具有一定的辩证历史观，从生产力发展的角度解释上层建筑与经济基础的适应问题。

在政治方面，丁主张"为政之道，首贵识时。国家初建，制度文为，当规百年久远之计"。胡林翼"以人心为忧"，他上言："公为巡抚，人心之美恶皆系之公"。"末俗人心偷薄，亦失教使然"。"愿公无怨民詈民之心，天下不足平矣"。他认为"古之世，民之秀者升之学"。"今之世，四民所不能容者，乃驱而之官。国家之败，由官邪也，此为乱天下之本"，① 揭露和鞭笞官僚体制是罪恶之源。

在数学方面，丁重视理论，这是超越古代一些算家的。例如认为"苟算理既明，则全书各式亦无不可涣然冰释"。他觉得数学方法具有内在联系，如发现李善兰与邹伯奇的对数新法"与西人近日所推之新法不谋而隐隐合符"。他评论旧算书的利弊，"喜其演数之详，复病其抉理之不显，则虽详如未详也"。他对西方数学也是有分析的。例如"对数一术乃西士所称为至精至简者"；"代数尤为古算书所无"；西法开方"隔位作点之法，人皆便之"，但与中国的天元术相比较（求实数解），它不能解带从的方程，是一缺点（因为3次以上方程已无通解公式）。

同时，丁又注意数学的应用，反对为数学而数学。他的几本著作涉及地理数学、商业数学便是明证。这种"应用"目标表现为更

① 郭嵩焘：《郭嵩焘日记》（第二册），湖南人民出版社1982年版。

高层次的"经世致用"思想。例如，他为魏源的《海国图志》加以数学计算，就反映着先进知识分子"睁开眼睛看世界"的积极行动。他"尤喜《格术补》一书"，因为这里面介绍了几何光学，用数学方法表述了反射镜、透镜、透镜组等成像规律，以及眼镜、望远镜、显微镜等光学仪器的基本原理，与"制造"之学联系更紧密。这是主张富国强兵的知识分子应具备的知识，而且由全球（海国）扩展到宇宙（微观、宏观世界）。

1866年李善兰在南京得曾国藩资助，准备出版自己昔年数学著作汇集：《则古昔斋算学》，将各卷分送海内数学家校正，取忠担任其中《天算或问》一卷的任务，同样反映其宇宙学识。1870年，取忠"游岭表"，在广州得见邹伯奇遗属，得知邹的遗稿甚多，便捐资助金，请学海堂学长陈澧（1810—1882）将稿本刊刻为《邹征君遗书》，"以志生平友朋之益云"。付印前取忠曾复加审校，于1873年印刷成书。该书在我国数学史和物理学史上都具有颇高地位。在广东，他还购得纳兰性德主编的《通志堂经解》大部头书480本，花了相当于当时两石田的代价，亦在所不惜。这部书在望城丁家老屋一直保存到"文革"期间。①

丁取忠并不是一个只知埋头读书的书呆子。他那种"猛勇精进"，办事果决，坚持到底的气概，以及长于交游，知人善任，充分调动成员积极性的组织能力，都是他能办成几件实事的基本条件。他作为一个科学工作的组织领导者的形象，更超出他作为一位科学家的形象。历史证明，这种人才在中国是尤其需要的。

他自家则"费累千金，而兄弟贫益甚"，可谓尽罄薄产，耗尽心血，"老终于家"，"不名一钱也"。兄弟"皆为名诸生以终其身"。他的墓地在白芙塘丁家老屋"门首西岸山内坤山艮向"，现因修公路迁存于附近。

① 许康：《丁取忠传》，《望城文史》1987年第四辑。

八　学派余波　廿一世纪启新猷

随着大将左潜、领袖丁取忠相继逝世，曾纪鸿离湘进京就任兵部武选司员外郎、郎中，继而病故，长沙数学学派的集体活动已戛然而止。不料却余音袅袅，余波漾漾……

大概通过丁取忠的关系，"长沙数学学派"核心人物黄宗宪原已得识郭嵩焘，1876 年初，黄宗宪赴上海，"假馆江南制造局者七阅月，乃尽交中西算友"，与傅兰雅共译《海面测绘》（茫茫大海，谈何容易！稿存制造局翻译馆，未能出版）。郭嵩焘被钦派为第一位驻外公使，随员有"监印官：中书科中书黄宗宪（玉屏）"等。他们从黄浦江码头登轮出发，1877 年 1 月 21 日抵伦敦。二月初九日即往游"卜立地石米由自亚木"（按：British Museum，即不列颠博物院，旧译大英博物馆），"先看藏书处"。黄宗宪称，"于博物院天学书中觅得圆率真数……不但能证旧刻无布算之伪，且从此确知圆率真数已成铁案矣。"[①] 这段话很重要，表明曾纪鸿几年前圆周率的推算是可靠的；还可知黄宗宪能够查阅英文专业书籍。

郭嵩焘罢官回国，在长沙城曾国藩祠设立思贤讲舍，算学一门请殷家隽主讲。

1882 年初，黄宗宪去西班牙清国使馆工作。其时吴嘉善随驻美、西、秘公使陈兰彬去欧、美，任驻"日（按：日斯巴尼亚，即西班牙）秘 [鲁] 两国参赞暨钦使美国总理出洋幼童"监督，黄宗宪得与这位早已神交的前辈数学家"识面于泰西马得力（即日斯巴尼亚国都城——原注）使署，一见辄谈算"，例如讨论过吴的整数勾股捷术等。这里主持使馆工作的黎庶昌记载："黄宗宪携有四寸（望）远镜，用以频测金、木、土三星。木星能见其四月（卫星）。土星形

---

① 黄宗宪：《古琴古砚斋算率》，梅城知足堂清光绪二十二至二十三年版。

如鸡卵，外有光环斜束之，而与星体相离甚远，附月仅见其一。金星有圆缺，由初亏以至一线，与月体无异。……自余至欧土数年，与罗稷臣（即罗丰禄）、严幼陵（即严复）、黄玉屏诸君数数讨论，始知其梗概，而得于玉屏（黄宗宪）者为尤多。"①

黄宗宪偏爱李善兰的《火器真诀》，认为李氏这本小册子是一个重要成果，书中别具一格的图解弹道学"更用平圆驭之又驾过西人远矣"。因为不需解抛物线方程，炮兵临阵只需简单的图上作业。他将原书各法都"附增释例一条"，"列为算式"，"复于卷末补演真数问答六题、测远简法一则"，较原著增加了几倍篇幅。不但保留了李氏发挥的中国传统"量法"优点，又补充了采用三角知识的"算法"长处，使得炮兵临阵更为实用，减少算量的误差。他期望对国防有所裨益，"异日［中华］武备之强，定不让泰西人称绝艺矣，因续名曰《练炮宜知》。"

这时，他还致力于弧线三角形与圆的关系（"容圆"）的研究，并"检旧稿有关制造测绘之用，而为古法所未备者，摘录聚类而编之"，成《容圆七术》前半部书稿。他认为"是编启中西之秘，别成一家言，为三角容圆独树一帜。"《容圆七术》下卷完成于1890年，他创"规绘捷法"11条，"系二次曲线致用之术也"，"能阐古人不传之秘。"因他读过《数理精蕴》、梅文鼎《比例规解》、邹伯奇《对数尺记》诸书之后，深谙"以算法为其体，量法为其用"道理，他的作图法，"取数亦不烦乘除，惟采用圆锥曲线之理，任何三角容圆均能驭以量法。"将我国传统数学中的"量法"推进一步，有6个几何命题是黄宗宪本人的研究成果，都是为了避免采用繁复的代数方法而仅用纯粹的几何作图法解决弧三角形容圆问题所设的。② 可以想见，他还从往年校阅日本加悦传一郎著作时得到了启发。

---

① 黎庶昌：《西洋杂志》，岳麓书社1985年版。
② 李文铭：《清末黄宗宪的〈容圆七术〉初探》，《自然科学史研究》2004年第3期。

在国外，那时丹麦哥本哈根大学教授皮特逊编写的《几何学作图题解法》（1879 年）一书，被译成英、法、德、意、日等国文字出版，书中还没有涉及任何与圆锥曲线轨迹有关的问题。由此可见，黄宗宪即使在国际数学界也是"独树一帜"的。（按：据陕西师范大学李文铭教授研究）

1896 年"清和月"（阴历四月），他将新数学成果集《悯笑不计》编定，与《容圆七术》、《练炮宜知》和《求一术通解》，总称为《古琴古砚斋算率》，以"梅城（按：即新化）知足堂"名义，刻印出版。黄本人称"虽未敢自夸精到，然心思所及不肯多让古人。"从上述他的自我评价："驾过西人"，"定不让泰西人称绝艺矣"，"而为古法所未备者"，"能阐古人不传之秘"，"启中西之秘，别成一家言"，等等，表明他对传统数学的改进仍充满信心，因为《白芙堂算学丛书》和《古琴古砚斋算率》中提供了不少中西会通的范例。然而"回忆昔年师友聚首快谈，惜此编之不复能质正也，噫！"心中至为低回怅惘。

在丁取忠、黄宗宪著作（两套丛书）的影响下，自学成材的青年数学家一时蜂起，吸取部分西算知识的传统数学新成果，在三湘大地如雨后春笋般出现：

丁取忠之友巴陵杜贵墀（举人）曾任湘水校经堂山长。学生中有周采之（广询，湘乡人）著《算学入门》，为陈宝箴招致求贤书院讲课时（1896 年）所作。戊戌维新时谭嗣同、唐才常等倡办浏阳算学社，聘新化晏孝儒任教。溆浦陈棠著两种《四元消法》（四元代数方程组解法，难度很高）；宁乡杨之培著《椭圆正论》、《微积新术》、《玉吟细草》、《算草》等；新化李固松著《算数名数释例》（数理备旨、曲线求幂、数名释例）、《算学识别》；湘乡王宗文著《算法通》；长沙何维臬著《百鸡术演代》；沅陵李玉如著《代数易知录》；湘阴周丰干著《天元开方补表》；湘乡彭聘求著《算法九章解》；长沙黄渌为著《算学正宗》；湘潭黄远植著《算学答记》；新化欧阳俊著《嘉量细草》；湘潭蔡秉钧著《数根简括明便日新表》；桃源聂祖订著《游艺录算术》；溆浦舒鸿钧著《代数纪闻》、《平面几何纪闻》；桃源龙荣著《数理根方启秘》；清泉谭学元著《九章算法适中》、《三角形纲目》等。

"赐同进士出身、记名总理各国事务衙门章京、内阁中书舍人加二级"刘铎（字振愚，善化人，旧居学院街黎加坡）在上海设算学书局，1898 年夏刊印《古今算学丛书》，收书共 97 种，计 1008 卷，是我国数学出版史上空前的巨制。

转瞬到了 20 世纪，由于清末学制改革，西方数学成为新式学堂的法定课程，中国传统数学被迫退出历史舞台。丁取忠领导的长沙数学学派，竟然奉献的是中华古算（融入新法）最后一批代表作。直到 1978 年改革开放，又历经 20 多年，历史车轮进入 21 世纪，现代数学大师吴文俊以"数学机械化"（机器证明）成果荣获中国首届科技大奖，他归因于中国传统数学的"构造性"、"几何代数化"，如"量法"与"算法"的交相为用等思想给他的启发，并提出："在历史的长河中，（中国的）数学机械化算法体系与（希腊的）数学公理化演绎体系，曾多次反复互为消长，交替成为数学发展中的主流"的观点。吴文俊指出：继续发扬中国古代传统数学的机械化特色，实现数学各个不同领域的机械化，是绵亘整个 21 世纪才能大体趋于完成的任务。

然则丁取忠领导的长沙数学学派的创新性工作，经历百年沉寂，竟又开启了 21 世纪数学研究新的重要课题。他们作为推进湘学的数学现代化的先驱，终获历史的肯定。

～～～～～～～～～～～～～～～～～～～～～～～～～～～～

儒家的六艺（礼、乐、射、御、书、数）有数学的一席之地，汉代经师固守一家，董仲舒的神学化儒学加上纬书像数学故弄玄虚，数学在儒学正宗中失去地位。明清科举以八股取士，广大士子们不学数学，以致成为绝学。丁取忠特立独行，借助清初康熙帝御制《数理精蕴》编辑班底梅毂成、明安图等透露的中西数学知识，以及乾嘉学派江永、戴震等整理传统数学的成果，自学成才。

丁取忠进而"以数学导人"，培养年轻学子，形成了将中国传统数学融合西方数学的"长沙学派"。丁取忠及弟子们的思想和工作，离不开时代潮流的激荡。洋务运动大员们的"洋人制器，出于算学"，弄通数学方能"明夫用器与制器之所以然"。也是他们的认识。从而有所发现，有所发明，催生了湖南科学技术现代化的第一批幼苗。

丁取忠及弟子们向变量数学的跨越，表现在从魏晋刘徽割圆术"以直代曲"计算弧弦比率，到用三角函数和反三角函数表达弧弦关系，同样还有对数函数蕴含的超越运算；从惠施"一尺之棰，日取其半，万世不竭"的极限思想，到用无穷数列和无穷级数表述无限过程；从张邱建的百鸡术到一般三元不定方程组正整数解和无数组解，等等，都含有从有限运算飞跃到无限运算的意思。还有左潜的缀术，曾纪鸿的圆率考真法，黄宗宪的曲线形"容圆术"及大衍求一术机械化算法等，都居于国内同时期数学家的领先地位乃至世界水平（如"大衍求一术"即国际尊崇的"中国剩余定理"解法），把湘学的数学分支提升到全新的发展阶段。

邹代钧　地理学"新化派"之发扬光大者

　　清代道光年间，林则徐、魏源最先开眼看世界，综合性的代表作乃是《海国图志》。如果说，林、魏是因为出仕在沿海地区而能得风气之先，那么湘中山区腹地就闭塞落后得多了。尤其是新化，意即"最近才开化（或归化）"，外人怎知那里卧虎藏龙！正是在沅湘耆旧学术氛围中，由士人吴兰柴的女儿吴瑚珊、女婿邹文苏创立的"邹氏地理学"，经他们的六个儿子汉纪、汉潢、汉勋、汉嘉、汉章、汉池张大门户，在内地学术界率先突围跨入近代。长孙邹代钧承前启后，于光绪年间大放异彩，形成中国地理学的"新化派"。代钧远赴欧俄，勘验实测；借重文献，考证古今；出谋献策，维护主权。他创立舆地学会，绘印多种外国地图，开阔国人视野。得邹氏后人永煊、新垓等赓续，执全国地图出版业之牛耳。邹氏"新化派"总计传承 7 代 40 余人，在世界科技史上堪比瑞士伯努利（数学物理）家族之盛况。

　　1973 年在长沙马王堆 3 号汉墓出土了绘在帛上的地形图、驻军图和城邑图，是中国发现的最早的（公元前 168 年以前）地图，它们为湖南本土的测量、绘图水平在古代世界达到的高度，提供了铁证。以往巴比伦泥版、埃及纸莎草上的示意地图，其粗糙简陋无法与之相比。著名英国学者李约瑟认为，古希腊罗马的地学成就曾居世界领先地位，到了欧洲天主教统治下的中世纪，地学成了神学的宗教寰宇说，而东方的中国发展了科学的地学，从《禹贡》和《山海经》到魏晋裴秀、唐代贾耽，长时间雄视世界。①西方科学近代化以来，中国渐渐落伍，"西学东渐"第一人利玛窦绘制的《坤舆万国全图》，给中国士人的震撼和启示，超过火炮、自鸣钟甚至《几何原本》。为着国计民生起衰振弱，中国地理学也要急起直追。湖南新化（今属隆回）邹氏地理学家族就是这支部队的先锋，披荆斩棘，奋勇前进。

_____

① ［英］李约瑟：《中国科学技术史·地学卷》，中华书局 1978 年版。

一 地理世家 绵延七代成佳话

湖湘大儒邓湘皋（1777—1851，梁启超称其为"湘学复兴导师"）这样描绘邹氏家族所居环境和先祖情况：

"距新化县治南八十里，曰罗洪村（按：今隆回县罗洪乡罗洪村），是为首望山麓。其下有君子儒焉，姓邹氏，名文苏，字望之，景山其自号也。邹氏自五代时有瓒者仕于杨氏，徐温秉国，弃官来湖南，自以杨氏臣，不愿仕马氏，窜入梅山谿洞中为客户。宋熙宁间开梅山，置新化县，为新化人。君高祖懋极，县学生，祖养蒙，父睿，三世皆以行谊载府县志。"① 可知邹氏世代书香，早已闻名于沅湘地域。

邹代钧的家世和学术渊源说来话长，关于自其曾祖邹文苏（望之，1769—1831）开始的几辈先人情况的最简明的叙述，见湘学史研究大师李肖聃80年前的几段文字：

> 新化学者，世称邹邓。邓氏自湘皋及其兄子瑶子琮外无著者，而邹氏自望之先生文苏，以笃学受知钱学使南园，绝意仕进，建古经堂以教其子。
>
> 有子六人，长曰汉纪，字伯申，长于小学，著五音表、典均、二十二字母考、幼雅、字谱、重音连语诸书。自神珙守温作三十六字母后，戴震节为二十字，汉纪以广韵较之，省为二十二字，考其音变，世称精审。其字谱博考古文奇字，辨正伪俗，有益学者。又著左氏春秋地图说，于顾氏栋高春秋地理表、江氏慎修春秋地理考，多所订正。
>
> 次曰汉潢，字仲辰。学长于易，著有《周易卦气解》、《归藏序卦解》、《稽览图》、《序卦解》。以阴阳家言，阐明古说。

---

① 邓湘皋：《例授修职郎岁贡生邹君墓志铭》。

三曰叔绩先生，字汉勋。死三河之难，天下号为烈士。其学见于《邹叔子遗书》。

四曰汉嘉，字叔申，精于舆地。以早逝、名稍逊于兄弟。

五曰汉章，字叔明，亦精舆地。著《宝庆疆里记》二十卷。《山川记》八卷。《险要记》六卷，《湖湘水地记》四卷。《黔滇楚粤水道考》二十卷。《皇舆图记》十六卷。兵书小说诗文集各若干卷。其著地记，尝裹粮日走百里，亲历山川，以求证验。

六曰汉池，字季深，精于天算。所著《度里表》，长沙丁氏取忠为刊行之。胡文忠修《一统图》，据之以定方位。又精研历法，为《西周至朔考》、《两汉月表》，以正朔晦月见玄望满亏。凡著书二十余种。①

这里先稍许补充上文内关于长子、次子、四子、五子的生平与舆地学成果：

邹汉纪（1795—1825），字一中，少聪颖，仰观乾象，指示经纬，有过目成诵之才。通晓音韵、天文、舆地之学，勤于著述。还有《天官书》、《古今舆地图说》等，享年仅 30 岁。

邹汉潢（1803—1851），字二序，号仲辰，又号罗谷。汉潢著述颇多，于医著更甚，此外有《山经类谱》、《明季湖湘乱离志》等，共 19 种，凡 174 卷。

邹汉章（1813—1861），字五津，号叔明，文苏第五子。府学生员。募勇前往江西，配合江忠源防堵太平军。后在湘军水师充营官。曾国藩派他潜入武昌侦察。咸丰九年（1859），石达开军入湘，围攻宝庆（邵阳）。邹汉章率兵船及兵勇 500 人往援，用炮船助战。宝庆围解，叙加运同衔（盐官）。咸丰十一年（1861）升长沙府教授。广西巡抚刘长佑檄调其率水军赴广西镇压太平军。年底病死于军营。邹汉章平日留心地图与兵制，还著有《纸上谈兵》、《谈天谱》、《梦授记》及《文抄》、《诗存》等书。前述《宝庆疆里记》、《宝庆山川

---

① 李肖聃：《近数十年湘学叙录·新化诸邹著述考》。

记》、《宝庆险要记》等篇均收入道光《宝庆府志》。他属于能文能武、有勇有谋、有实用技术的人才。

邹汉嘉（1898—1854），字四冠，号叔升。县学生员。诗文渊雅，尤好舆地之学。对关津要隘，常依据《读史方舆论纪要》与各史书地理志互相参证校订。惜所著多散佚。

关于邹文苏本人，他的好友邓湘皋对其学问概括为："君考证典礼，力尊汉学，而于心性之说，确守宋儒。"可知邹文苏与本书第一篇介绍的三丁先生之父丁宏会颇相类似（汉宋兼修）；而丁取忠兄弟与邹汉勋兄弟也有较多学术交往，这是值得科学史家注意的。尤其是邹文苏的学风，邓湘皋转述，"（邹）尝曰：'里巷迂生，抱学究一经，不知郑（玄）、贾（逵）为何人。近时儒硕，又厌薄程朱，务争胜于名物，拾末而遗本，语细而昧大。学术所关，非细故也。'"他对于浅薄与浮躁的歪风的时评，在今天难道不是还有着现实意义么！

李肖聃进一步揭示："吾读邓湘皋文，知邹氏之学，自于其先姚吴夫人。夫人，诗人吴兰柴之女也。明于经学，尤精禹贡。邹氏地理之学，母教使然也。叔绩（邹汉勋）兄弟六人，而名最显闻。岂非以身殉国难，得曾左为之表扬哉。"然则邹文苏传的主要是学习态度，而妻吴瑚珊（1777—1831）传的是地理学术，尤精《禹贡》，部分源自其父吴建轩（櫺，兰柴），兰柴"精心考核，著有《地理今释》10卷。吴夫人随父编校，耳濡目染，积累了丰富的地理知识，尤详于中国地理沿革，郡县四至"①。再则，他们家与湘军将帅也有着文治武功的关联，个人研究工作的起承转合乃至盛衰存亡与之多少也有干系，邹代钧之祖邹汉勋就是一个典型。

李肖聃然后说到邹代钧的父辈，由地理到工艺技术，也有几位代表："伯申子世琦，叔绩子世緜，叔申子世青，皆学有渊源。世琦字伯韩，精于工艺，洪杨之役，长沙宝庆各巨炮，多为所制。"邹代

---

① 文士员：《近代中国新化邹氏地学与武昌亚新地学社》，《湖南文史》1998年第38辑。

钧的父亲邹世繇，是邹汉勋的长子，博学精研，可惜著述出版不多。

邹代钧的同辈，突出的是三剑客，"伯申之孙代过改之，仲辰之孙代蕃价人，叔绩之孙代钧沅帆，最为显名，湖外称为三邹。改之校勘魏默深《元史新编》。补隙溽漏，具见学力。沅帆精于舆地，随使欧洲，慕效西法，绘制地图。归设舆地学会于武昌，其弟子多为大师。著有《西征纪程》及《湖北府县志》。价人博究群书，尤嗜为古文词，中出游于日本。讲学于麓山，老而治易，未成书而卒。所著唯《宁冈县志》刊行，余均藏其女家。"

新化邹氏地学自清代嘉庆道光年间绵延至 1949 年，已传 7 世（从邹代钧的曾祖辈到他的曾孙辈），约 150 年，其中前 4 代有 9 人，著作达 100 多种，数百卷，邹氏历代比较著名的学者有 46 人，而邹门弟子尚不计在其内。由于多年积累，多士发挥，贯通古今，兼采西学，得以独步一时，绝非偶然。①

在世界科学史上，瑞士的伯努利家族（17—18 世纪，Bernoulli family），前 3 代人中产生了 8 位科学家，出类拔萃的至少有 3 位；而在他们一代又一代的众多子孙中，至少有一半相继成为杰出人物。伯努利家族的后裔有不少于 120 位被人们系统地追溯过，他们在数学、科学、技术、工程乃至法律、管理、文学、艺术等方面享有名望，有的甚至声名显赫。

这真是中西辉映，绵延近今，互展雄长的一双佳话。

二 祖父两辈 勋池繇诒陶冶深

邹代钧的祖父邹汉勋，叔祖父邹汉池、父亲邹世繇，叔父邹世诒，对他的成长和成就有着重要影响，必须先做交代。

湘军儒将李元度（1821—1887）撰《国朝先正事略》60 卷，写邹汉勋的传记，比《清史稿》等书翔实，这里根据其文并掺入其他

---

① 邹永敷：《邹氏地学源流记》，亚新舆地学社 1946 年版。

资料以补李肖聃上文。

邹汉勋（1805—1854），字三杰，又字叔绩，号绩父，小名克勋。在孩提时吴氏即口授《毛诗》及历代兴废得失，又往往聚灰画《禹贡》山川图形，指授州郡形势。故邹汉勋十六七岁，便协助仲兄汉潢编著《群经百物谱》、《山经本草百物类谱》等；十八九岁，自己着手编著《六国春秋》一书。兄弟"常联床共被，论古今治乱得失，达旦不寐"。道光十一年（1831），汉勋独"居高平山中，穷年兀兀，静对一编，不与世俗接，心精一缕，独追古初"[1]。后于长沙城南书院师事贺熙龄，与丁取忠等研究算学。1839 年乡试未中，应乡前辈邓显鹤（号湘皋）之约，在省校刊《船山遗书》，卷帙浩繁，难度极高，遂知名于世。1845 年邹汉勋再应邓显鹤之邀，修《宝庆府志》，强调当仿《禹贡》、《汉书》例，凡府、州、县、乡里、村落计其四至八到，山川、津梁、关隘、渠堰、市集、寺观，注其位置和距治所里至，山川详其脉络、流向和流域。府志所绘各图，均出自汉勋兄弟及子侄之手，于乡村界址、山水原委以及居民氏族"缕述无遗"，梁启超评其为清代名志。邹汉勋然后应贵州大吏贺长龄、罗绕典邀赴贵州，5 年之中修成贵阳、大定、兴义、安顺诸府志，成书 236 卷，占了清代全国 27 种名府志中七分之一。

邹汉勋为学，于经史、训诂、音韵、历算、地理，靡不研讨，潜心考据之学，尤重历史、地理学。终成《读书偶识》36 卷，后被王先谦编入《皇清经解续编》。生平于易、诗、礼、春秋、论语、说文、水经皆有撰述，凡 30 余种，合 200 余卷。同治二年（1863），土匪火烧其旧居，遗存的稿本多半被焚毁。

他被士林目为"古之郑贾，今之江戴"。乾嘉学派江永（1681—1762，清经学家、音韵学家）、戴震（1724—1777，清代考据学家，思想家）的朴学方法确实与他颇多相通之处，都长于考据。但他植根湖湘（沅湘），地方特色鲜明，又能放眼全局，不囿于一隅。他的舆地学与当时驰名京都魏源的经史、何绍基的书法并称为"湘中三

---

[1]　左宗棠：《邹叔子遗书序》，载《邹叔子遗书七种》，岳麓书社 2011 年版。

杰"。乡谚赞曰:"记不全,问魏源;记不清,问汉勋。"咸丰元年(1851),邹汉勋中举。翌年春,赴礼部会试,未考上。绕道江苏往访高邮知州魏源,互出所著相参证,与魏共撰《尧典释天》一卷,又为魏源《书古微》一书绘"唐虞天象"、"璇玑内外"、"玉衡三建"诸天文(星象)图。

1853 年初夏,邹汉勋由高邮回到长沙,因胞弟邹汉章随湘军将领江忠源被困江西南昌,于是与忠源弟江忠淑一同往解南昌之围,受知于江忠源,留幕参赞军务。1854 年 1 月 14 日,太平军由石达开督率胡以晃、曾天养攻克安徽庐州(合肥),次日晨,汉勋与庐州守将江忠源被杀于大西门,尸骨未收。

《邹叔子遗书七种》书影

邹汉勋一生著述火后的残余,其子世緜嘱邹代均收集整理,刊为《邹叔子遗书》7 种传世(《读书偶识》仅 8 卷,《五均论》2 卷,《颛顼历考》2 卷,《敩艺斋文》3 卷、《敩艺斋诗》1 卷,《红崖石刻释文》1 卷,《南高平物产记》2 卷)。

在舆地学方面,他全面总结了前人以经纬度绘制地图的经验,丰富了西晋裴秀"制图六体"的理论和方法。只要测算当地的"极高(按:'极'指北极星,'高'指仰角,即观测者看到北极星与地平面所成的夹角。各地可据这仰角推知当地的纬度,即当地的地球半径与赤道平面的夹角)、偏度(按:指经度)",就可以在地图上定出其位置(经度和纬度)。他提出绘制地图的基本原则：1. 明分率（比例）；2. 分准望（方位）；3. 定中宫（基点、坐标）；4. 测日量（明纬度及相对距离）。他对前人绘制地图的标志还有所改进，如山用"叠人"；水用"双线"；道路用"叠点"（虚线）等。汉勋胞弟汉池、侄世诒（字子翼）、孙代钧对此原理更加发挥，使"邹氏舆地学，遂屹然为天下重"。

邹汉池（1817—1871），字六卫，县学生员（秀才）。清咸丰七年至九年（1857—1859），佐办湖北洪湖郡城军务，保国子监典籍（从九品京官）。同治四年（1865），加五品衔（正五品）。汉池通经史，善舆图、晓音律、天文历数，口才流利，幽默诙谐。著作有《篆文论语》、《新六国表》、《战国年表》、《宝庆藩封表》、《永历劫迁日表》、《宝庆氏族表》、《邹氏受姓考》、《度里表》、《流讫章首》、《西周王朝考》、《日食录》、《滨竹山房文存》、《后邹氏春秋》、《春秋说》、《春秋纪元甲子表》、《春秋地名人名表》等16种，共42卷。

1852年丁取忠"幕游昭陵（按：即邵阳）"，得邹汉章、汉池兄弟相助，研究国内各城市的经纬度和与北京的距离；另请唐显间"对图核算"，"按度推里"。"孟春（正月）持筹"，"阅八月而蒇事"，编成一本实用的地理著作《舆地经纬度里表》，刊刻于长沙。

1860年，丁取忠在湖北武昌胡林翼抚署，与邹汉池及其侄子邹世诒、里人晏启镇（圭斋）4人通力合作，修订增补《度里表》。1861年夏回湘后，继续"考校海国（按：即海外各国）凡三阅月"，"而旧刻之谬误亦校改若干处"。新表于中秋节前大功告成。该表几乎包括了当时世界上所有主要城市的经纬度，及与北京（假设零度经线）之距离。

丁取忠、邹汉池等人编制的这本《度里表》，我们分析至少必须具备和运用下列知识：

1. 地球是球形的，因而由赤道向两极，纬线圈长度递减至零；各经线等长但均交于两极，因而两经线越近两极，则之间距离越小。

2. 经线圈上每度弧长、赤道（最大纬线圈）上每度弧长，均为200里，其他纬线圈上每度弧长则等于纬度余弦值乘以200里。即

$s = 200 \times \cos\alpha$。例如长沙所在纬线圈上每度里数为 $200 \times \cos 28°10' = 200 \times 0.8815782 = 176.3156$ 里。3. 如已知经度（本以伦敦格林尼治天文台为零度，丁书以北京为零度即"中线"），设某地经度为 β，则该地与中线距离（设为 D）公式为：$D = d \cdot \beta$。以长沙为例，长沙与北京经度分别为东经 $113°$ 和东经 $116°25'$，长沙在北京以西 $116°25' - 113° = 3°25'$，则长沙距北京所在经线（即中线）距离为 $176.3156 \times (3+25/60) = 602.41$（里）。丁氏原文将北京的格林尼治经度定为 $116°40'$，多了 $15'$，所以他的答案是"646 里"。

《度里表》中关于长沙与北京横直里程的计算

丁氏、邹氏等人运用上述知识，求得很多城市的"偏东（或偏西）里数"，今摘要列表如下，并加上我们的订正值（经度有算式推演）于各该下行（有下画线）表格内（注：距北京假设零度的偏东、西里数，原单位均为清营造里）：

城市名	纬度	经度	偏东（西）里
比特革	60°24	西 87°40′	西 8662
（圣彼得堡）	59°55′	西 116°25′−30°25′=86°	西 8621
兰顿	52°39′	西 127°10′	西 15430
（伦敦）	51°30′	西 116°25′+0°10′=116°35′	西 14515
纽育	40°28′	西 204°46′	西 30210
（纽约）	40°40′	西 116°25′+73°50′=190°15′	西 28861
麦西哥	18°18′	西 228°50′	西 43452
（墨西哥）	19°25′	西 116°25′+99°10′=215°35′	西 40664
悉尼	南 33°55′	东 34°16′	东 5691
（悉尼）	南 33°55′	东 151°10′−116°25′=34°45′	东 5767

现代所知地球尺寸：赤道半径 OA＝6378.2 公里，极半径 6356.8 公里，平均半径 6371 公里，赤道周长 L＝40075.5 公里，经线圈周长 L＝40008 公里。则赤道上或子午线（即经线）上每度弧长应为 L/360＝111.13 公里。

为什么清代自康熙进行全国大地测量（1708—1718，成《皇舆全图》）以来，都定地球面赤道上或子午线（即经线）上 1 度弧长为 200 里呢？这是因为清代"康熙御制"营造尺 1 尺为 0.32 米，乾隆三十二年（1767）及光绪三十四年（1908）都重颁。而清 1 里合 1800 尺，200 清营造里＝0.32×1800×200＝115.2 公里，这与现在的标准数值 111.13 公里很接近。

由以上数据资料可看出，表格内有些外国城市的经度差异较大

（如上例中就有五个城市经度误差在十度以上）。我们认为主要原因是丁取忠等人只能靠《海国图志》上小小的地图（其海国图从英国香港公司出版的《大宪图》临摹刻印），魏源书刻画得欠准确，邹汉池、邹世诒等人从图上用尺量，数据又增添误差。

邹代钧的叔父邹世诒（1838—1908），字子翼，咸丰八年（1858年）应湖北巡抚胡林翼之聘，至江夏（今武昌）参与编纂《大清（皇朝）一统舆图》。随邹汉池推算里程、经纬度，核对校订，舆图由邹世诒、晏启镇等绘制。图成，胡林翼死，严树森继任巡抚，又请李廷箫、汪士铎校订，于同治二年（1863）刊行。它除吸收《皇舆全览图》、《乾隆内府舆图》的长处外，还参照了1851年（咸丰元年）由谭光祖、李兆洛编的《皇朝一统舆地全图》的画法，将经纬网与画方融于一图之中，内容比李兆洛图详细，增加了一些山川城邑及重要镇堡地名；区域范围也比李兆洛图大，北抵北冰洋，西及里海，东达日本，南至越南，远超出本国范围，故又名《皇朝中外一统舆图》。此图采用书本形式，冠以总图，下分31卷，以南北400里为1卷，每卷包括纬差2度。这样印刷很多部（每部30多卷），便于携带，流传较广。例如清楚地标出以姑米山为琉球国界，钓鱼台（岛）、黄尾屿、赤尾屿归中国版图，伸张了钓鱼岛的主权。邹世诒还曾绘制《直隶通志图》、《贵州通志图》、《湖南通志图》、《新宁县志图》等。其子代立也曾随父在湖北佐其事。

邹代钧之父邹世縠，字子由，曾佐邹汉勋修《贵州府志》。从叔邹世琦著《新宁疆里图记》、《贵阳府疆里图记》、邹世可著《亚洲北段图》、邹世咸与邹世縠续编《中国历代沿革险要图》、《历代战争沿革图》等。

以上是邹氏地理学前三代的大致情况。

三　沅帆继起　随使英俄维国权

邹代钧（1854—1908），名君甫，字伯陶，又字甄伯，号沅帆。

将出生时，叔祖父邹汉章在军营梦见毕沅（秋帆）来访，后得知此日代钧正好呱呱坠地，回信告知家里这件巧事，于是补了沅帆这个别号。从小濡染家学，但认为经籍辞章之学都比较空疏，"切于经世之用者，莫史家地理若也。"故致力于舆地学，贯通历代疆域沿革和地图测绘。光绪五年（1879），补县学博士弟子员。

因左宗棠对地理学研究很深，尝言"以史印图，以图绳史"。观点与邹汉勋契合，两人曾有密切交往。这时左宗棠督师酒泉，26岁的邹代钧，取出家中箧藏的祖父遗著，从罗洪乡出发，"负之走千里"，远赴甘肃酒泉谒左宗棠于军旅，左氏见到故人之孙，与谈，十分赏识，以参谋军事保县丞，并资助他付梓（出版）所需经费。代钧回湘，和龙汝霖、赵之谦已整理的版本互补，成《邹叔子遗书》出版。为了题写书名和序言事，光绪八年（1882），邹代钧（当时29岁）到了南京。时任两江总督兼充办理南洋通商事务大臣、71岁高龄的左宗棠，又一次接见他，并亲笔为《邹叔子遗书》作序，深情回忆早年邹汉勋"居高平山中，穷年兀兀，静对一编，不与世俗接……心精一缕，独追古初"的读书生涯。①

光绪十二年（1886），经两江总督曾国荃的推荐，邹代钧充任随员，跟从刘瑞芬出使英俄等国。按编制随员限20人，他与刘非亲非故，被列为最末一位，也是唯一的湘人，他不以为意。大家乘法国轮船"沙驾林号"由上海出发，走的是10年前郭嵩焘首次出使的同一条路线，经东海、南海，过马六甲海峡，进印度洋，绕亚丁湾、红海，经苏伊士运河入地中海，至法国马赛，改乘火车、渡轮至英国伦敦。历时41昼夜，旅行3万余里。邹代钧写旅行日记《西征纪程》，对沿途经过的国家和地区的天度（经纬度）、地势、疆域、山川、海洋、历史、风俗、物产、时事等有详细的记述，还对沿途各地的历史地理做了不少考证。重要的有：

西沙群岛，自古便有琼州渔民至岛中捕鱼，因为他们缺少文化，

---

① 罗正钧：《左宗棠年谱》，岳麓书社1983年版。

未能做出引人注目的记载，但岛上和海底遗有大量这些先民的文物。重臣郭嵩焘西使欧洲，道经南海，记述其隶属中国，有充分文献依据，也是对国外的明确表态宣示；10 年后邹代钧《西征经程》谓《海国闻见录》所载之千里石塘即西沙群岛，又加重这种表述的分量。当时尚系荒岛。无长年民居。到了 1907 年，日本人侵略东沙群岛时，国人因郭、邹的考证与提醒，注目到西沙群岛，促使清廷采取防卫对策。

《西征纪程》订正了魏源《海国图志》、徐继畬《瀛寰志略》和古书中的错误。例如徐书说埃塞俄比亚即《元史》中的马八尔，努比亚即《元史》中的俱兰；魏书则谓马八尔即今埃及，俱兰即今埃塞俄比亚。邹代钧过红海埃塞俄比亚海岸时，发现实际路程与魏、徐的臆测都相差太远，指出徐、魏都弄错了。他查到印度马德拉斯邦有地名马拉巴尔，与锡兰只隔一道海峡，《元史》中的马八尔应即此地，俱兰亦应相去不远，可能即《宋史》的注輦，《明史》的小葛兰等。

从调研记述的角度来比较，尽管在邹代钧之前已有一些商民、外交人员的出国游记，但他是以地理学家谈地理，内行观察自有独到之处、独得之秘。

邹代钧在驻英馆署，"不以官卑自囿，长图大念"。他纵观欧亚全势，见俄国侵略东方的西伯利亚大铁路已经建成（按：其终点站海参崴原属中国，即被改名"弗拉基沃斯托克"，俄文意为"统治东方"城，可谓不加掩饰），即陈议：应赶紧"修铁路起东三省，亘蒙古以达新疆，与俄起中亚细亚以横贯西伯利亚之铁路并行，而移民殖边，通商惠工，我不视之为瓯脱（按：瓯脱本义是领地，转义为两国间缓冲地，误为弃地），俄自不敢起戎心。"又言："高丽介日俄两大之间，势不能自保，而我又无力以相保，狡焉启衅，何国蔑有？不如联东西友邦，公保其国为永久中立，比如欧洲之瑞士、比利时、卢森堡焉。"说动了刘瑞芬，邹并为之草拟奏稿。奏入，留中（不置可否），"十九人者目笑存之，而代钧心独忧之，叹曰：

'吾谋适不用，异日必有噬脐之悔，何嗟及矣！'"①果不其然，甲午中日战争、日俄战争接踵而来，中国深受其害，中华民族进一步陷入水深火热之中。

锡金从7世纪到1890年的1200多年是中国的藩属国，中国古籍中名为哲孟雄。尼泊尔人移居于此称之为"新地方"，早期西藏移民称之为登疆，意为稻米之谷。7世纪时哲孟雄是吐蕃（西藏）的一部分。9世纪时，哲孟雄成为独立的部落（世袭制），但其境内的寺院仍隶属于西藏各大寺。1835年英国人割据大吉岭和兰吉德河以南的地区，1861年迫使锡金签订条约，将锡金置于英国的控制之下，硬说锡金属于印度。1887年，英军强占锡金，并派驻专员。1888年，英国从这里出兵西藏，攻占隆吐山、亚东等要隘，形势紧张。

清政府命刘瑞芬与英人交涉，"瑞芬集随员议，相顾莫发一言。代钧独侃侃而陈，谓：'哲属西藏，非印度属也。'援古证今，退而具议以献。"刘瑞芬素来倚任秘书方某，召之研究邹代钧写的抗议稿，"方厉声曰：'书生泥古，而昧于时务，何知大计？我天朝泱泱大国，岂在此七十里之小部落哉？英之所欲，不如与之以为好焉。'（使馆）参赞马格里者，英人也，顾折之曰：'邹君，舆地家也，其说凿凿有据，苟以译复英外部，何必不得当也？'方乃龟缩，而瑞芬从之。英外部果无辞，照租借例定议。自是交涉无不咨谋，而意气稍稍发舒矣。"② 这段是说邹代钧雄辩哲孟雄与我西藏的历史渊源，引用了包括印度自绘国家地图在内的资料，驳斥了哲孟雄为"印属小国"的谎言，使英方无以辩驳。邹代钧的地理学才华在外交舞台崭露头角。但清廷一意妥协，速令驻藏帮办大臣升泰前去议和。1890年2月27日，升泰与英国驻印度总督兰斯顿在加尔各答签订了《中英会议藏印条约》，共8款。主要内容为：清廷承认锡金归英国保护；划定中国和锡金的边界；游牧、通商等问题，留待日后再议。由此锡金沦为英国的"保护国"。第二次世界大战后印度独立，继承

① 钱基博：《近百年湖南学风》，岳麓书社2010年版。
② 同上。

英国对锡金的"保护"身份，采取从内部党争、议会、公决等系列手段，最终于1975年将其吞并，成为印度的一个邦。

刘瑞芬（1827—1892）是安徽贵池人，曾入李鸿章幕，主管水陆军械转运、代理两淮盐运使、苏松太道，出使英俄等国，被授为太常寺卿，迁大理寺，仍留任为大使，改驻英、法、意、比等国家。光绪十五年（1889），刘被召回国任广东巡抚。光绪十八年（1892）卒于任所。驻外和在国内任职时，酷爱阅读，不离书籍，购藏图书数万卷，思想言行不太颟顸，常能听取邹代钧意见。邹代钧撰著《中俄界记》，是对龚自珍、左宗棠等重视"塞防"、保卫陆地边疆等主张的支持。重点是研究中俄边界线的走向，及边界线所经之地理形势，沿边内外山川形势险要，卡伦、牌博，道里方位，都做了比较精确的考订和论述，特别强调中国必须加强边境设施和国防建设。全书分上下两编。

上编叙恰克图以东。第一章概论，第二章自恰克图至阿巴海图（东一段），第三章自阿巴海图至额尔古讷、石勒喀二河会口（东二段），附记康熙旧界，第四章自额尔古讷、石勒喀二河会口至乌苏里江口（东三段）。

下编叙恰克图以西。第一章自恰克图至沙宾达巴哈（西一段），第二章自沙宾达巴哈至哈巴尔阿苏（西二段、西三段、西四段、西五段），第三章自哈巴尔阿苏至纳林廓勒（西六段、西七段），第四章自纳林廓勒至乌仔别里（西八段、西九段）。

这本书是根据他继曾纪泽之后勘测中俄边界的亲历，加上广为搜集中外图籍，融会新旧约章而写成的。书中对中俄外交的失败，订约的原委，用事实揭露了沙俄是何年何月用何种手段侵占了我国多少土地，翔实记载了中俄边界的变迁历史。同时还深刻剖析了50年来（1840—1886）历次我国领土丧失的原因，强调要加强边疆的防守，指出国民了解边疆地理的重要性。

光绪十五年（1889），邹代钧随刘瑞芬任职期满回国，叙劳报升知县。

四　测量绘图　建社宣导舆地学

邹代钧作为第一个到欧洲接触西方近代地图学的中国人，怀着"科学救国"的心愿，在外国期间，潜心学习和研究西方测绘地图新法。"一日闭户，潜推度里相差之所以而憬然有悟，谓：'以尺量地，尺有差，地亦随之而差。以地定尺，地有准，尺亦随之而准。'"指的是法国公制 1 米"为 4000 万分地周子午圈之一，以吾华一尺与迈特（米突）比，为 1296 万分与 4000 万分之比，华之一尺，适等于 100000 分迈特之 308642。""遂以此率制中国舆地尺，而图绘乃有准绳。"他的根据是子午圈 360 度，中国定每度合 200 里，每里合 1800 尺，三相乘得 1296 万。今天我国定 1 尺相当于 1 米的 1/3，更为简单。今 1 尺 = 1.06 邹尺。

他从英国返国，带回欧美诸国各种地理图册书籍。光绪十五年（1889），34 岁的邹代钧受命任"会典馆纂修官"。他上奏专言地理的《上德宗皇帝书》，陈说"舆图""亟宜重绘"。而重绘的原则是：地图的经纬度标识、依全国省府厅县的次序增详绘图。恳请皇上：重视"新疆建省、台湾驻扎巡抚"后边疆省份地理，并"择派明习地理算学数人，携带算生画手，分循新界、旧界履勘采访，测绘详记呈（会典）馆……可佐筹边之用，亦不致贻他族口实"，以维护领土主权。

1891 年，朝廷会典馆计划测量、绘制《大清会典舆图》。他上书建议兼采中西地图测绘法，"其要有三：一测天度，二测地面，三依率成图。而其论测天度，原本经术，熔冶欧法，尤发前人所未发，而阐扬家学。"家学指邹汉勋为魏源《书古微》绘《唐虞天象总图》等图的理论依据："善言地者必合于天。地之合于天者，惟北极高度与东西偏度为最著。地图而不合天度，势必少准而多差。"邹代钧根据祖父的学说，还上征于《周官》（《周礼》），以地球、天球解释"浑天说"："地体浑圆，其南北二点，正当天空之南北两极，其中腰大圈，亦与天空赤道相当。"意思是把天上众多星星都视为在同一个天球面上，天球与地球是同心的球，半径不同而已。又依《考工记》："匠人建国，水地以县，置槷以县，视以景，为规识日出之景与日入之景，昼参诸日中之景，夜考之极星。"是讲匠人修筑城池，应于夏至日定其城的经度。"水地"即水平地，"县"即"悬"，指铅垂线，"景"是"影"，即太阳下物体在地平面上的投影（长）。"槷"，是测日影的标杆。由日出日入之"景"端点的连线段取中点，连接杆底，这就是本地的经线，又正午时杆影最短，也与这经线（午线）重合。"夜考之极星"的理论较繁，这里不征引和解释了。邹代钧还说了《周官》大司徒测日高（当地纬度）的方法。再说西方运用几种仪器测经纬度的方法。"古今中外，若合符节。善言地者必合于天，是不可不先务也。"读者要注意，所谓"天球"并非实体，上述解释是牵强的。

关于"测地面"，指测地面平形（图形），地面高形（高程），介绍三角法（勾股，卧矩、偃矩），及中外仪器（经纬仪、罗盘；纪限仪、水准仪等）的功用与用法、测法、算法。其科学性、精密性为以往的测算方法所不及。

关于"依率成图"，即实地与图形的比率，还有地点（经纬度）、方位、角度、距离、高程、关系等要素，以及地形的表现方法；从地球面上的图形到纸平面上的地图，有圆柱投影法（经纬线变成直线，垂直相交，适用于低纬度地域）、圆锥投影法（经线直，纬线曲，彼此斜交，适用于高纬度地域）等等。地势（高度）的表现方法，用一层一层（一圈一圈）的等高线，等等。会典馆总裁王大臣赞赏他的建议，奏充会典馆纂修（总纂）。该馆总纂不止一人，人浮于事。而会典馆催各省提供省内府、厅、州、县地图，张之洞遂设置湖北舆图总局，借聘邹代钧兼该局总纂，回鄂主修湖北全省地图。历时4年，于1894年完成测绘任务，绘制的地图为当时各省舆图中最好的之一。张之洞又设湖北译书局，他任总海国地理编辑员。后来朝廷会典馆汇聚全国各省分图，1898年出版了邹代钧总编纂的《大清会典舆图》44册。

甲午战争，中国海陆军战败。在时代潮流推动下，在好友陈三立、汪康年、吴德潇等维新派人士的赞助下，他们于光绪二十一年（1895）在武昌创办"译图公会"（或称地图公会），"天下有志舆地学会者，均可入社，共相切磋。"在上海《时务报》刊登章程、告白。称"蒙所见华文地球各国舆图，有《瀛寰志略》本、《海国图志》本、《制造局地球》本，皆照西人原图译出……蒙昔年随使英法，购得德意志人所作图本，方尺之幅百纸，精绝冠泰西……得俄人所作中亚细亚、西比利亚二图，英人所作印度、缅甸、暹罗，及北亚美利加、南阿非利加等图，法人所作越南图，德人所作南洋群岛图、阿非利加州图，均称精详，足补图本之缺……尽行译绘，付之石印。比例略归一律，以中尺2寸为一度，合一百八十万分地周之一……以京师为中线为起数，市镇满500人者载之……约南北一尺、东西一尺四寸之幅400余纸，又内地直省拟用胡文忠全图为底本，而以本公会所藏近今中外测定各种新图，如……湖南通志本湖南地图……湖北新测会典本湖北地图……幅数殆200纸，合计600幅，于天下山川险要道路远近海口形势可一览无余，似为当今切要。惟工程浩大，需费颇巨，非一人之力所能办。""三君子极力怂恿，为设法招股，以期必成……又引"王秉应、志钧为之助，"藉诸君之力，使600幅地图尽出，亦古今大观也。"经匡算，绘制印刷1000

份，需洋 31100 元，招股 400 股，每股 50 元，作为开印之资。每份售价 81 元，继续重印。① 实际共 660 幅，3 年告成。购股票者只收成本费 50 元（分期付完）②。这种招股组会印图办法，巧妙地将学术与实利结合起来。光绪二十四年（1898）改名为武昌"舆地学会"。继续编译出版中外名图，以推进地理学的研究和普及地理教育。

自光绪二十三年（1897），首次出版西伯利亚、中亚、西亚地图 94 幅后，该组织共出版了中外总图分图千余幅，这些图有以下几大特点：

第一，取材于中外名图，因不可能都去自行实测，必须择善而从。原始资料都是各国最新测绘成果，在一定程度上反映了当时世界地图测绘水平。除上文告白所提各图，还有洪钧的中俄交界图，薛福成的中缅定界图，邓承修的中越定界图等等。这是邹代钧刊行的地图能被推崇为国内第一的重要原因。

第二，采用新法编制，对制图根据的各种材料均进行了仔细审核修订。中国人绘制的国内地图，有些是计里画方绘法。邹代钧根据经纬网和方里网之间的相互推算方法，将图上计里画方绘法转化为地图投影法。外国人绘制的地图，因各国方法不同，又须仔细审核修订，相互推算，转化绘法。邹代钧在编译时，对外文译成汉文，经纬度改为以中国京都子午线为起始子午线，比例尺改为自制的中国舆地尺（1 尺 = 0.308642 米）。他还综合中外地图特点，详附图例和注记，以便辨识阅览，使国人看得懂。例如堂叔邹世可任学会编辑，将俄文原本《亚洲北段图》74 幅译成中文出版，受到英国舆地学家傅兰雅的赞赏。

第三，引进多种投影法。因为各国处于不同纬度，其地图采用不同投影法（以减少失真）绘制，这样就把多种投影法引进到中国。

第四，初版还是石印本（德国发明利用化学药剂腐蚀石板，比木刻雕版细腻，先进方便，单色版）；以后改进为铜版（化学腐蚀

---

① 《译印西文地图招股章程》，《时务报》1896 年第 3 册。
② 同上。

法）彩印（套色版）。为此通过黄遵宪派人赴日本学习铜版腐蚀雕版和套印技术，并引进了西方的印刷机器。堂弟邹代辉，留学日本，专心学习采用西法印图，开中国西法印图之先河。

五　变法新政　绝意仕进重教研

甲午战争爆发，邹代钧向清政府建言：把全国分为 5 个镇，交替派兵出战，各个镇集中在北京与天津之间，用新的训练方法进行训练，然后调往防守辽阳、牛庄（营口）、海（城）盖（州）等战地，可以用车轮战法与日本人进行长期的战争。同时他还提议，将南北洋水师与福建广东的兵船汇合，巡逻海上，打击日本的运输船队，截断日本的后勤补给。邹代钧写了数万字的建议书，各方面都设计了十分周全的措施，但都没有被采纳。

甲午议和后，邹代钧对清廷非常失望，对仕途进取完全失去了兴趣。光绪皇帝下诏开经济特科，张之洞、刘坤一、张百熙、陈宝箴、按察使曾广镕，敦促他应试，他都以有病为由推辞。1895 年，陈宝箴由湖北藩台晋升湖南巡抚，向他咨询方略。邹代钧建议开采常宁水口山铅锌矿，建学堂，兴教育。陈宝箴就设立湖南矿务总局，任命邹代钧为该局提调（相当于总工程师），全面负责开矿之事。戊戌变法，湖南成为维新运动最有生气的省份，邹代钧积极参加。1897 年创办的《湘学报》，邹代钧是舆地专栏撰稿人，并任时务学堂舆地教习。与梁、谭、唐、熊等同列《湘报》馆董事。1898 年邹代钧在熊希龄、谭嗣同等成立的政治学术团体南学会为"讲论会友"，主讲舆地，[1] 从经纬度知识说起。他在家乡新化创办实学学堂，日后培养了陈天华、杨源浚、罗元鲲等人才。

———————

① 《邹沅帆大令南学会第二次讲义》，《湘报》1898 年第十号。

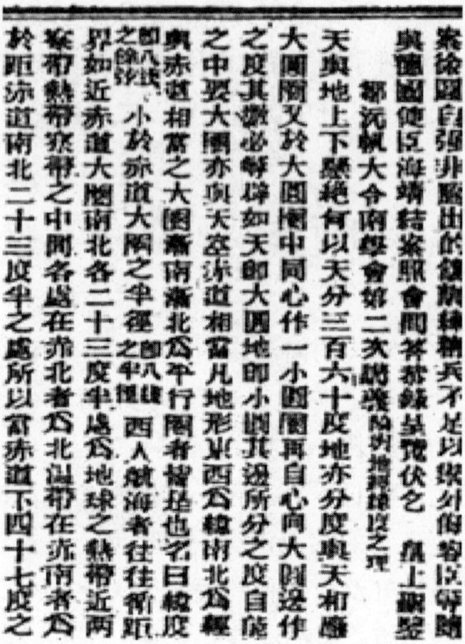
案後國自强非職出的鐵艦練精兵不足以禦外侮帑臣等謹
與德國使臣海靖結案照會問答恭錄呈覽伏乞 皇上聖鑒
鄒沅帆大令南學會第二次講義論地球經緯度之理
天與地上下懸絶何以天分三百六十度地亦分度與天相應
大圜間又於大圜圈中同心作一小圜圈再自心向大圜邊作
之度其數必等譬如天即大圜地即小圜其邊所分之度自應
之中要大圈亦與天空赤道相當凡地形以西爲經南北爲緯
與赤道相當之大圈爲南爲北爲平行圈者皆是也名曰緯度
即八綫之餘弦小於赤道大圈之半徑即八綫之半徑西人航海者往往衡距
界如近赤道大圈南北各二十三度半處爲地球之熱帶近兩
寒帶熱帶寒帶之中間各處在赤北者爲北温帶在赤南者爲
於距赤道南北二十三度半之處所以當赤道下四十七度之

发表于《湘报》上邹代钧在南学会的讲义，局部

戊戌变法失败，他辞去湖南矿务总局的职位，应湖广总督张之洞之邀，主讲两湖书院。编写的《（两湖书院）地理讲义》，含亚细亚洲疆域总说，朝鲜、安南（越南）国、暹罗王国（泰国）、缅甸国地、野人山地、印度地理，葡萄牙、法兰西二国所领印度地，锡兰岛（斯里兰卡）、尼泊尔、不丹、阿富汗王国等章节。还编撰了两湖书院的《日本舆地讲义》等。

新政时期，管学大臣张百熙启奏朝廷起用邹代钧。他于光绪二十八年（1902）入京，任编书局总纂兼学务处提调官。翌年任《钦定书经图说》纂修兼校对官。书成，升任分省补用直隶州知州。还出版了由其主编的《中外舆地全图》，这是我国公开出版的最早的一本教学地图集。1906 年学部成立，邹代钧补学部员外郎，迁参事厅行走，因病未就。光绪三十三年（1907），邹代钧为京师大学堂（今北京大学）总教习，主讲舆地。将任山东提督学政，圣旨还未下，突患偏枯（脑溢血或脑栓塞中风，半身不遂），不久病卒于武昌平湖门古月楼舆地学会。

邹代钧勤于著述，为我们留下了丰富而珍贵的文化遗产，重要的有：《上德宗皇帝书》、《上会典馆书》、《湖北测绘地图章程》、《光绪湖北地纪》、《京师大学堂中国地理讲义》、《直隶水道记》、《中国海岸记》、《会城道里记》、《中俄界记》、《蒙古地记》、《日本地记》、《西域沿革考》、《西图译略》、《英国大地志》、《西征纪程》、《中外舆图》、《湖北全省分图》、《湖南全省分图》、《江苏全省分图》、《西藏全图》、《皇朝直省图［舆图］》（1903）（1907）等。尤其是边防地理著作《中俄界记》、《中国海岸记》、《西域沿革考》等，由于当年及以后极端严重的边疆危机，更为学界和社会所推重。此外，还有《乘桴日记》、《测量要法》、《入藏道里记略》、《亚洲疆域》、《元史新编》、《西伯利亚地志》、《西人所考元代疆域所及地名》、《论舆地经纬之理》、《元绪王卓心封地考》、《阿富汗王国地记》、《汉西域考证误》、《里鞑事略》、《美利坚、加拿大、纽芳兰、麦西哥等各国讲义》等书稿现存美国。① 其著作之丰，不仅在"邹氏舆地世家"中，"集前贤之大成，为千古之巨制"，即使在中国近现代地理学家中，也罕有其匹。

他"为翻印地图，倾家荡产，炊烟几绝"。去世后，舆地学会无形解散。

"沅帆晚主京师大学，弟子多为闻人。而沅帆终已不遇。身殒之后，家人检其遗箧，凡官文书，皆未启封。桐城姚永概，记先贤遗事，为之太息。"挚友陈三立写有挽诗，赞扬他才华绝伦和特立独行的高风亮节：

> 沅帆汝岂伴狂死，腰腹槃槃此土无；增写图经萌国学，自浇酒盏避尘汙。
> 小儿德祖甯为伍，大侠朱家欲共呼；后世重编独行传，应怜一往落江湖。

---

① 张晗：《一代风流　驰名中外——记"罗洪舆地世家"第四代传人》，《中国文物报·遗产周刊》2009 年 3 月 1 日。

中华民国元年，有学者在中国地学会的《地学杂志》上，对于既往的中国地学史，做一初步的梳理称："世界地理发明，我国最早。世界地理学派，亦我国最盛。于古有五家。于今亦得区为五家。总括之，为禹贡、山海二派。禹贡传于班固，前有黄宗羲、顾炎武、顾祖禹诸家，而近人则有龚柴、屠寄、张相文、马晋羲、姚奎。山海流传于邹衍、东方朔，中兴于艾儒略、南怀仁，近有龚柴、谢洪赉。更兼有二派之混合家，如邹代钧、龚柴、张相文、姚奎，是皆翘然于地理学者。且地理为史学要领，国（清）朝史家皆精于此。顾祖禹、胡渭、齐召南、戴震、徐松、李兆洛、张穆，尤号专门名家。龚自珍之于地理，更有特色。"

邹代钧先是五家之一的"游记家"，"是家专志旅行，以扩见闻，兼及山川形势，凡涉舆地，备极搜罗。为《禹贡》、《山海（经）》二派之混合家。南清河王氏锡祺，著《小方壶斋舆地丛钞》为开创之始。……元元本本，殚见洽闻，如数掌螺，如睹聚米。无陆轮水楫，一开卷间如身亲其境，怳然而不觉……"

邹代钧更是作为五家之一的"新化家（派）"的代表，学术特色分明："我国言山脉，固有山经专家，然多限于内部，且界限不甚明显。是派（新化家）崛起，一洗旧习，界以江河，分内部山脉为三大干，深得《禹贡》之意。其创始伟人，即新化邹代钧。故学者以新化家称之……"① 此文尚未能全面突出邹氏之贡献。

19 世纪，西方各国的地理学会开始陆续建立，1871 年在比利时安特卫普召开了第一届国际地理大会，1922 年成立了国际地理联合会（International Geographical Union，简称 IGU）。可见邹代钧的舆地学会（1895 年）并不算迟。我国在五四前夜，又有邝荣光（留美）、章鸿钊（日）、丁文江（日、英）、翁文灏（比）、李四光（日、英）等一批叱咤风云的人物脱颖而出，连鲁迅都曾介入（1903 年在《浙江潮》上发表《中国地质略论》）。中国地学会 1909 年成立于天津，1950 年与中国地理学会（1934—）合并重组为现在的中国地理

---

① 陈学熙：《中国地理学家派》，《地学杂志》1912 年第 2 卷第 17 期。

学会。

"美哉，我国地理学！盛哉，我国地理学派！家数之多，学理之明，图籍之繁，大地世界，雄飞突步；东西二洋，奚多让焉？"①

六　邹氏族裔　亚新地学续家声

受到邹代钧直接教诲并在舆地学上有所成就的，还有其胞弟代铨（幼权）和族弟代粹（文群），族侄永彝（彦卿）、从侄永至（履祥）。幼权曾帮助他修订湖北会典馆图，负责测量蕲水；永炽（昌炽，泽民），都曾任舆地学会的测绘。履祥性格敦厚诚笃，喜欢帮助人，北京译学馆毕业，精通舆地学和数学。还有永质、永江、永修、永良和永煊（暄），侄辈共 8 人。邹永煊是邹汉潢的曾孙，勇担重任，日后发挥的作用最大。②

邹永煊（1858—1952），字焕廷，佐从叔父邹代钧创办"舆地学会"于武昌，并协助修《湖北全省舆图》和《大清会典图》。邹代钧去世学会瓦解，邹永煊奋起继续其事业，利用保存的邹代钧主持绘制的部分地图印版，创建亚新地学社于武昌察院陂 18 号（今民主路），成为一家编辑、印刷和发行地图及史地书刊的企业。该社初始仅有两部石印机，全由家人操作，经 20 年惨淡经营，搜求编辑刻绘铜版 7 色套印地图 30 余种行世，邹氏世业，得以光大。

该社是我国近代史上成立最早、出版地图最多、社会流传最广的一家私营专业地图出版社，代表作如光绪三十四年（1908）的《五洲总图》、《皇朝直省地图》，1915 年出版的 8 开本《大中华京省道县详图》，20 年代有《（华英对照）新世界列国地图（附说）》。

邹永煊年 60 时，以图学事业移交其子兴巨主持。武昌沦陷，亚新地学社迁往邹氏故乡湖南新化，在战火中艰难支撑。抗战胜利后，

---

① 陈学熙：《中国地理学家派》，《地学杂志》1912 年第 2 卷第 17 期。
② 邹永敷：《邹氏地源流记》，亚新地学社 1946 年版。

亚新地学社重新迁回武昌，继续供应全国地理学界用户和广大的大中学生及各行业读者之所需。

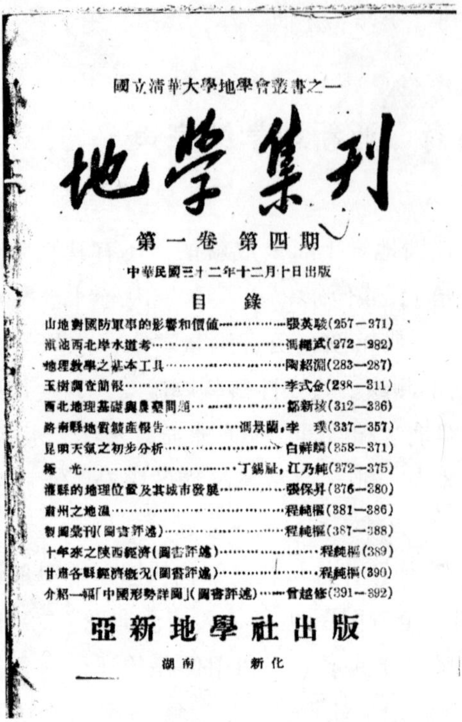
國立清華大學地學會叢書之一

地學集刊

第一卷 第四期

中華民國三十二年十二月十日出版

目錄

亞新地學社出版

湖南 新化

《地学集刊》封面

邹新垓（1915—1975），1939 年毕业于清华大学（西南联合大学）地学系，留校任助理研究员，后随张印堂在滇缅区域进行地理考察。学校拟派他赴美深造，因父邹兴巨病故，受乃祖邹永煊之召，回新化主持亚新社务。先后主编《中国析类分省图解》、《世界列国图集》，主持编制二百万分之一的东亚和日本航空地图和《中国、日本、中印半岛、南洋群岛航空图》（供抗战时军用）。还有《世界地理纲要》等，以及出版一般参考书和教学用地图，同时兼任清华大学地学会主办的《地学集刊》主编，由亚新地学社印刷出版。今人难以想象这份清华季刊竟出自湘中乡村。

亚新地学社的邹义和、邹肇恒、罗古纯、罗治中、罗肇辖、罗寿林、刘勇民等编制人员，也可视为邹氏地理学的第 6、7 代。

新中国成立后，邹新垓参加了中国民主建国会。1953 年武昌亚新舆地学社、上海亚光舆地学社和上海世界舆地学社及其他小社改组合并为私营上海地图出版社，邹新垓任社长。1954 年迁北京，成立地图出版社，新垓任副总编辑，分工主管地图编制业务，拟定编制各项地图业务规范，撰写地图编制设计大纲。1960 年，邹新垓任北京地理学会理事、吴晗主编的《地理小丛书》编委会委员，退休后坚持翻译外文地图资料，直至病逝。

欧阳缨（1891—1984），字梅林，邵阳人。1913 年考入武昌两湖学堂，未毕业，回原籍攻读文史，自学英语、俄语。1917 年，就职于武昌亚新地学社，深受邹永煊器重。主持编辑工作，编纂《中国历代疆域战争合图》，1923 年印刷发行。这是我国近代第一本全面系统、内容丰富的中国历史地图册。该图上起五帝，下至民国，对中国五千多年历史、地理，搜采无遗。各个时代都先列疆域大小，其次详载战争得失，受到学术界的欢迎和好评。

欧阳缨作为邹永煊之女婿，也可算邹氏传人。一生编辑地图，先后长达 60 余年。亚新地学社存续 55 年，共出版地图和地学书刊 300 余种，累印几千万册。他是我国编绘地图的开拓者和改革者。1954 年调至北京任地图出版社副总编辑。他曾多次为周恩来总理的外事活动（如驳斥印度对边界的无理要求等）提供有力资料。

邹代钧是中国近代早期出国游历实测，并揣摩西方先进地理学的一代宗师，得到管学大臣张之洞、张百熙的青睐，被任用为京师大学堂总教习、编书处总纂等顶级学术职位。他带动了民国地学的狂飙突进，如张相文、章鸿钊、李四光、翁文灏、丁文江、竺可桢等披坚执锐威风八面，而受其思想影响更深的湘籍一流地学家傅角今、黄国璋、田奇瓗等也分领精兵雄踞四方。

邹代钧作为中国沿革地理向近代地理科学转变过程中的重要人物，复兴和推广了三角测量法与经纬度表示法的运用，同时采用统一的比例尺和投影法，替代了中国传统的"计里画方"的方法，推进了中国地图绘制向近代科学体系的迈进。他创立舆地学会，开民营地图出版之先河，推动了地理学的重要语言——"地图"的普及和应用。试看今朝，卫星地图、

GPS 和北斗导航，已达家家户户。

邹代钧所代表的"新化派"，兼得《禹贡》、《山海经》的精髓，孕育于乾嘉学派（稽古）和湖湘经世派（证今）两者交融之际，既擅长搜集文献理论成果，又重视实测、模拟等研究手段。他们起始于乡土地理（方志等）的精查细察，着眼于天文地理统一的宇宙论（天球、地球的映射关系），开初从魏源的《海国图志》获得外洋的信息，又能为其《书古微》推算古代天象，可谓优势互补。邹代钧祖父邹汉勋还是最早从王夫之《船山遗书》（稿本）获取丰富营养的青年学者，湘学大儒邓显鹤、贺熙龄等与他有很多交流，湘军将帅左宗棠等同他切磋学问。邹代钧能赶上洋务运动、维新变法和新政改良三次浪潮，得益于他的阅历（世界眼光），也要归结于他的祖、父辈们与湘学大师的文脉，以及与湘军人物的人脉，实至名归使他跻身清末科教新军的前茅。邹代钧毕生钟情于地理学又超越书斋生涯，将学术成果普及于大众，助推了中国社会现代化的进程。

宾步程　20世纪中国工程学科的先驱者

　　一位湘南山乡青少年，偶然得到湖广总督张之洞提供的机会，升堂入室两湖书院。又蒙湖北巡抚端方选派，远赴德国，成为最先学习工科的湘籍大学生。孙中山指导他成立同盟会支部，老同学黄兴得他遥寄革命经费。公使孙宝琦、封疆大吏赵尔巽资助他创办最早的《理工》刊物。回国从事铁路机务、兵工、矿冶和工业教育。在全国高校中最早制定"实事求是"校训，倡导勤业利器新风，陶冶众多工业人才。不求政界高位，不务学界虚名，却以踏实的著书、编刊、办会和企业管理，充实和引领工程学科的发展。建立舆论监督阵地，抨击官场丑恶。表面看似一连串奇遇造就一系列奇迹，实则"机遇只垂青有准备的头脑"。宾步程凭借湘人的笃实态度和霸蛮精神，演绎着他不平凡的人生。

　　1866 年清政府派官员斌椿率领张德彝等几个同文馆学生，到了欧洲，第一次见到"工业文明"的成果，他们写了《乘槎笔记》和《航海述奇》，是近代中国人最先发表的对西方社会的直接记录，但不免浮光掠影。中国近代最早的驻外（英法）公使、湘籍官员郭嵩焘和曾纪泽，在 19 世纪 70—80 年代去过德国，检查定造的铁甲舰和克虏伯大炮；当时清政府还派了武弁去学习陆军，90 年代派"使馆学生"去学习德文，还有人去炮厂学习军工技术，总的成绩乏善可陈。① 反过来，早在明代末年，德籍耶稣会士汤若望（Adam Schall von Bell，1591—1666）主持《崇祯历书》编算，成为西学东渐的先行者之一。清初他是顺治皇帝的"玛法"（"爷爷"），连康熙继位，都得益于他的意见。德国伟大学者莱布尼茨（G. W. Leibnitz 1646—1716）根据传教士寄回的资料认识到：西方的自然科学和思辨哲学、逻辑学等对东方有所启发，而中国的实用哲学和国家道德对于西方同样具有魅力。其后德国学者们对"中国学"的研究形成科学的"汉学"，成就令人惊

---

① 卫道治主编：《中外教育交流史》，湖南教育出版社 1998 年版，第 277 页。

叹不止。地理学家李希霍芬（F. Richthofen，1833—
1905）到中国内地（包括湖南）做过 7 次考察旅行，成果
丰硕，得以荣任柏林大学校长和国际地理学会会长。直到
20 世纪初，张之洞、端方成批派遣留欧学生，其中湘籍留
学生宾步程，才继承郭、曾向西方学习的遗志，从德国高
等学府学得系统的"制造之法"，取得工程师学位，并编
著书刊，从事实业，教书育人，为推进中国的机械和矿业
的近代化，贡献了毕生精力。

一　湘南农子　赴鄂留欧渡学海

宾步程（1880—1941），族名孝聪，字敏陔，号艺庐，人称敏阶先生。宾步程是他的学名，也是正式场合和公文中使用的名字，由当年湖广总督张之洞（1837—1909）亲赠。原来，宾孝聪是湖南省东安县山口铺大树村人，生于光绪己卯五年十二月初一（1880 年 1月 12 日）。年幼时以颖悟见称，入私塾熟读四书五经，拜枫木塘村族中兄长宾孝圃为师，但因家贫年终供奉束修（学费）困难，被塾师扣留书担，族人设法说情才得以归还。后来学有所成从德国回来，不以往事为意，还亲邀旧日同窗为孝圃先生庆祝七十大寿，尊师重道精神称誉乡里。宾步程的父亲督责很严，每年放假回家后，要求他将所学内容逐篇背诵，竟能一字不漏，其用功程度可见一斑。

东安是湖南通向广西的门户，是楚粤（桂）文化的交接地。西晋惠帝永熙元年（290 年）正式置应阳县，宋雍熙元年（984 年）改称东安县，沿用至今。东安曾孕育出南宋礼部尚书邓三凤、清朝太子少保席保田（按：擒获太平军干王洪仁玕、幼天王洪天贵福）、近代著名爱国将领唐生智等杰出人物；发生过张献忠激战明三王、石达开四进四战东安等重要兵家战事。宋代名家寇准，特别是湘学宗师周敦颐在这里留下了许多足迹和墨宝。

同村有文畏之的长兄在两湖书院月考中课卷优异，为张之洞赏识，一日张之洞突发豪兴问及文某："你家乡有无像你一样优秀的读书人？找位与你做伴如何？"文即刻修书回家，宾孝聪得到信息心中向往，多方恳求父母将犁头角四分水田地卖与同村宾源生之母。买主（宾源生母）不但付清田价，还另外赠送两百铜钱，一并提供孝聪路途和学习的资费。临行前，父亲告诫宾孝聪："我家贫穷，衣食不支，如今倾家中所有，为你交学费，学不成，不要来见我。"[①] 为

---

① 东安县志编撰委员会编：《东安县志》，湖南出版社 1995 年版。

了节省盘缠，宾孝聪从东安家乡步行千里，一路风餐露宿，来到武昌。张之洞见宾孝聪如此吃苦耐劳，就给他取了一个学名叫"步程"，以示对他步行前来求学的赞许和钦佩。这里"程"字作"量度"解，就是说，靠两只脚的步幅（尺度）将这千里路途"丈量"完毕。宾步程一直使用这个学名，表示不忘恩师提拔。两湖书院1890年由张之洞创立，到1898年已"一洗帖括词章之习，惟以造真才济时用为要归"。① 开设经、史、地舆、算学四门，分日轮习，后来还有化学、博物学、兵法、兵操等课程。著名科学家华蘅芳、邹代钧等都曾在此任教。宾步程在这里与黄兴（克强）、张知本（怀九）等人同学有年，"每日闻鼓上堂（原注：两湖书院甚大，每日以击鼓为号），挟书上课，课余高谈雄辩，极尽青年之乐境"。洋务派、维新派的书刊，或明或暗地传递，明白了一些以往不知道的道理。张之洞非常重视武备与工业人才培育，经常亲自主持学生寒、暑假大考，仪式隆重，张之洞率众官员向老师行跪拜礼，宾步程成绩表现优异，受到重视。

1902年，张之洞兼管全国学务，规定："泰西各国，或以道远费多，资送甚少。亟应广开风气。着各省督抚，选择明通端正之学生，筹给经费，派往西洋各国讲求专门学业，务期成就其才，以备任使。"② 1902年先派留日师范生，黄兴等被选中。1903年选派江南陆师、水师学堂各8人分赴德、英学习陆军、海军。宾步程就由张之洞、端方先后选拔，是20世纪初年派出的第一批留学德国的学生。端方接见宾步程等临行学生后，将所有同时前赴美、德、俄三国选派学生出洋游学缘由，以及湖北司局竭力筹划以备应付学费等事，会同张之洞上奏慈禧、光绪："……现在中国力行新政，所求正在此辈。若不广图造就，势必习于近便，继往无人。臣钦奉明纶，追思前事。谨就湖北各学堂学生中选得锦铨、杨祖谦、李人铎、吴连庆、善明、宾步程、陈箓、马德润等八人派往德国游学。其陈箓

---

① 张之洞：《张文襄公奏稿（卷二十九）》，保定庚申木刻本1920年版，第34页。
② 同上。

一名，并拟令顺道至法国考求学问。又选得刘庆云、姚臣懋、程毓璘、陶德琨、朱启烈、徐家琛、张继业、杨恩湛、雷以纶、卢静恒等十人派往美国游学。萧焕烈、夏维松、严式超、刘文彬等四人派往俄国游学。该学生等志趣远大，于各国语言文字及各种西学门径已有基绪，使其尽心讲求，不难为大用。臣于临行接见时劝以淬厉忠爱之忱，深究国论之要……统计此次出洋学生，每年约需银六、七万两，再三搏节，无可裁减……除咨外务部并咨行出使美国、德国、俄国大臣随时照料考察约束外，所有选派学生出洋游学缘由，谨会同南洋大臣署两江总督臣张之洞恭摺具奏……"[①] 对他们这批人下了大本钱，寄托很大的希望。

二　中德文教　科技引介做先驱

光绪二十九年二月（1903 年 3 月），宾步程赴德国留学，最初也是学习陆军（骑兵），曾全副武装参加万米赛跑，出身湘南山区农家，惯于爬山越岭、挑担推车的宾步程没有给中国人丢脸。在这期间，宾步程又接受了许多先进的思想，继续探索救国救民的道路，他深感兵战没有雄厚的工业支撑无法维持，唯有实业救国才是真正可行的。因此宾步程决心利用德国在第二次技术革命中崛起、工业技术雄踞世界前列这一得天独厚的优越条件，改入柏林帝国工科大学，着意于"兵学制造"，学习机械工程，历经 7 年（一般为 3 年），用完规定的最长期限。宾步程是 20 世纪中国最早的理工科留欧结业学生。蔡元培在国内曾中进士，任翰林院编修，而其第一次赴欧留学之举是 1907 年，先在柏林学德语 1 年，后入莱比锡大学，只能算宾步程的"学弟"了。

德国的高等技术教育在欧洲后来居上，1905 年至 1906 年清廷五

　　① 《奏选派学生游学折》，光绪二十九年二月，《端忠敏公奏稿》卷 3，载沈云龙主编《近代中国史料丛刊》第 10 辑，台北文海出版社 1967 年版，第 9—11 页。

大臣出国"考察东西洋宪政"时曾比较各国教育的优劣，盛称"德国则教育行政，灿乎大备……故在欧洲即有学界管领之称，而日本学制，专仿德国"①。这和宾步程的选择标准不谋而合。当时西方科学教育重实务，要求学生身体力行，确实搞清理论如何能够化为实际有用，采取学生必须到工厂实习训练的规定，宾步程深受实际动手操作的德式务实学术风气影响，可谓日后他的言行作风与教育理念的关键。

《理工》第 4 期封面

在德期间，宾步程编辑了《理工报》（即《理工》）月刊。光绪三十三年十一月十一日（1907 年12 月 15 日）创刊。稿件在德国柏林编好后，交上海商务印书馆出版。现存1—7 期，第 7 期为 1908 年 7 月出版，持续时间 1 年半。

有人统计，从 1900 年到 1915 年，全国有影响的自然科学杂志约 20 多种，这里仅取民国以前的（共 9 种）排列如下：②

《亚泉杂志》（1900，北京，杜亚泉）；《中外算学报》（1902，上海，杜亚泉）；

《科学世界》（1903，上海，上海科学仪器馆）；《理学杂志》（1906，上海，薛蜇龙）；《学报》（1906，上海，何天柱）；

---

①　陈学恂、田正平编：《留学教育》，上海教育出版社 1991 年版，第 303 页。

②　据丁守和《辛亥革命时期期刊介绍》及上海图书馆编《中国近代期刊篇目汇编》两书。

《理工》（1907，上海，宾步程）；

《绍兴医药学报》（1909，绍兴，何廉臣）；《地学杂志》（1910，天津，张相文）；《中西医学报》（1910，上海，丁福保）。

可见刊名以"工（学）"为标志者，宾步程所编杂志竟是全国第一种，捷足先登，群英莫及。

《理工》早于鼎鼎大名的"中国工程师之父"詹天佑主编的《中华工程师学会会报》（1913），也早于庚款留美学生为主体的中国科学社办的《科学》月刊（1915）。至于《理工》之前的几种刊物，各主编者的"西学"（近代科学）学历和学力也多不如他。这当在中国科学史和出版史上记上一笔。可惜国人太过"数典忘祖"，早已被尘封湮没，湖南亦无记载，这里特予补充强调。

宾步程另一件重大创新，见《商务印书馆百年大事记（1897—1997）》中的"字典"类，在最初10年编出外文词典：

1897年2月11日（农历正月初十）商务印书馆创业于上海。

1898年出版《华英初阶》和《华英进阶》（两书均由谢洪赉牧师译注）。1899年出版《商务印书馆华英字典》（据邝富灼所编《华英字典》修订）。

1904年出版严复《英文汉诂》（我国第一部汉字横排书，辞典）。同年出版《袖珍英华字典》（胡文甫、吴慎之编译）。以上全是英文（汉英、英汉）字典。

1906年出版《中德字典》（宾步程编）。德文仅此一部。

1908年出版《英华大辞典》（颜骏人主编），[①] 又是一部英汉词典。

不妨看看颜惠庆主编《英华大辞典》之事。颜惠庆，字骏人，出身于上海同文书院。1900年毕业于美国弗吉尼亚大学，获文学学士学位。回国执教于上海圣约翰大学，兼任商务印书馆和《南方报》的编辑。1906年10月参加清廷首次举行的游学欧美毕业生考试，名列第二，赐（译科）进士出身，后授翰林院检讨，升任

---

① 王建辉：《出版与近代文明》，河南大学出版社2006年版。

外务部参议，兼任清华学堂总办。民国建立后，曾3次出任外交总长，数次兼、代、署理国务总理。颜惠庆晚年出版英文《自传》，文中将他主编《英华大辞典》视为生平主要成就之一。而上面开列商务印书馆此前已出版好几种英华字典了。宾步程则不然，其《中德字典》稳居德汉字典第一部，而且竟出自一位工科学生之手。

我们还发现上海图书馆一件老文物《欧美留学相谱》。馆藏卡片记着："著者：宾步程，潘宗瑞，陈箓，萧焕烈，庄文亚，杨恩湛。[出版者不详][时间不详][出版地不详]。说明：1册；照片：页幅：32cm×24cm。"此前还无人编印过这种专题的人物相片集，在中国近代留学史上同样占据光荣一页。这书又由宾步程领衔便不足为怪了。其实，按张之洞和端方原来安排，原法文班的陈箓兼去法国学习政法，所以后来陈箓在民国官场比宾步程活跃，在蒙藏事务委员会理政，作品也较多。他在相片册编务工作中只能排第三。此外，上述署名编者中仅能再查到庄文亚的一本《全国文化机关一览》（世界文化合作中国协会筹备委员会，世界书局发行，1934年版）。其余3位编者的名字仅从端方奏稿中可以找到。

所以说，留德的前辈的文科成果与影像集创举，同样在被人们遗忘之中，本文略加探讨，当非题外的话。

三　同盟欧会　孙文黄兴生力军

宾步程除了努力学好本专业知识以外，还接受了孙中山先生资产阶级民主革命的思想。中国留德学生会由宾步程倡立，因为他是"学长"，而且擅长社会活动，所以到柏林后不久就积极发起建立学生会，被选为首届会长。孙中山1900年以兴中会发动惠州起义失败，亡命美洲。留德学生朱和中（1880—1940），原湖北武备学堂学生，曾与吴禄贞、李廉方等人聚义，进而同吕大森、刘静庵、曹亚伯等组建"日知会武汉分会"，1903年秋，朱和中等人继宾步程等之后被选送留德，入德国陆军步兵学校，旋转入柏林兵工大学。他通过原两湖书院同学刘成禺（时在旧金山孙中山办的《大同日报》编辑部）联系孙中山，宾步程、朱和中等人主动邀请孙中山赴欧，在留学生中发展"革命同盟"的组织。由于在比利时的清国学生较多，宾步程等先安排那里为中转站，然后来德国、法国。1905年，孙中山赴比利时首都布鲁塞尔，朱和中与20余名旅欧学生汇集车站等候，当晚他向孙先生陈述了"更换新军头脑，开通士学知识至为重要"的建议，还提出在"北京结盟"。孙先生赞同并在胡秉柯寓所合影留念。朱回柏林后，即同宾步程、薛仙舟、刘家铨等30余名同学，联合筹备组建"柏林同盟"。孙中山亲往德国发展革命组织，宾步程作为学生会会长，热情接待。孙中山主持了结盟宣誓。

20余人依次宣誓（而不是集体同时举手朗诵），誓词是："革命同盟宣誓人×××，当天立誓：驱除鞑虏，恢复中华，建立民国，平均地权。矢信矢忠，有始有卒。有渝此盟，神明殛之。此誓。黄帝纪元四千六百八十四年×××立。"第二天加盟者又十余人。这就是同盟会在欧洲发起之始。[1] 宾步程还把自己的寓所（Berlin，Werftstr街13 II 号，德国的大学不提供宿舍，留学生分散佃房居住）作为同盟会驻德通信联络处，集合志愿者入会。在当时那种严酷的社会环境下，尽管是在国外，还是需要非常大的勇气的，所以宾步程被认为是同盟会欧洲分部3位发起人之一。后来南京国民革命临时政府建立，朱和中任参谋总部第二局局长，后改任参谋总部高级参谋。临时政府北迁，又任总统府高级顾问。护法之役，朱和中至广东，历任军政府秘书厅长、机要秘书。1924年任广东兵工厂厂长。1925年朱和中再次北上，参与了孙中山先生治丧，负责国外唁电翻译。

再说当年孙临行时还在柏林车站集体摄影纪别。孙中山离德到巴黎后，不料被刚在德国入盟的两名变节的学生（王相楚、王发科）

---

① 朱和中：《辛亥光复成于武汉之原因及欧洲发起同盟会之经过》，《建国月刊》1929年第2卷第5期。

尾随，将其皮包划破盗走盟员名册。两人偕同汤芗铭、向国华向驻法公使孙宝琦举报。所幸被孙宝琦及其秘书"私了"，并儆示 4 人不得再"出轨"。但结盟事又被中国驻德公使荫昌（清贵胄，留德学过陆军）风闻，于是在德国的盟员都陷于危险之中。荫昌约宾步程面谈，步程临危不乱，怀揣一把手枪，单独进入使馆。当时双方对峙良久，荫昌终于打破沉默直接问宾步程："有人说你参加革命党招待孙中山，有这回事么？"宾步程回答："有这回事。孙中山是中国人，我是留德学生会会长，凡中国人到这里来，都有招待之责。至于说我参加革命党，没有这回事。"正是由于宾步程的机警沉着、大义凛然，才化解了这次危机。①

孙中山又到伦敦发展石瑛、吴敬恒、曹亚伯等人入盟；法国又有李石曾、王鸿猷、张静江加盟。接着就决定途经新加坡到日本，以兴中会和华兴会为基础，联合其他革命分子，组成中国同盟会，提出资产阶级民主革命政纲和三民主义学说。孙中山离欧前苦于川资无所出，写信向宾步程求援，宾多方筹措，还借用留德学生会会金，两次寄款共合 5000 法郎给孙中山。孙中山因"伦敦蒙难"（被驻英公使馆诱捕，幸得其师英人康德黎解救），在国际传媒上被宣传为"大革命家"，所以很注意自己的公众形象。宾步程起初给他 2 等船票赴日本，他便严肃批评，责其换为头等舱，以免遭外国官民怠慢。而宾步程自己则在后来的两年里省吃俭用，陆续还清会金。当黄兴组织起义失败出走南洋，宾步程又集资汇款 2000 马克相助。②

宾氏于留德期间，同僚都认为"宾君是豪爽的人"（蔡元培语），蔡元培更津津乐道："步程君事事指导之，其待元培挚爱如此，待他同学莫不如是。凡我国人与外人有权利争执，君必出当其冲，经济劳力，躬为之倡，虽独任而无惧色。"与宾步程更相熟的同学是之后留学德国的薛仙舟（颂瀛）、马君武（曾留日）等重要

---

① 宾步程:《我之革命史》，载《艺庐言论集》，1935 年长沙自刊版。
② 同上。

人士。

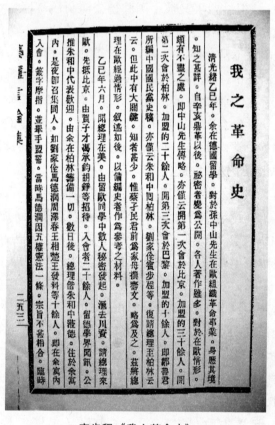

宾步程《我之革命史》

薛仙舟在北洋大学为学生领袖。毕业后，密谋在惠州各县发动起义，因消息泄露而被捕，自称是洋务派大臣盛宣怀的门生。主审县令不敢将其定罪，劝诫一番后予以释放。1901 年，唐绍仪（曾国藩派出的"留美幼童"之一）任天津海关道，选派薛仙舟官费出国，于美国加利福尼亚大学攻读经济学，与孙中山接触，转赴德国柏林帝国大学专攻银行经济。薛仙舟留德系拟担任欧洲留学生监督蒯光典（一说饶智果）的秘书，凭微薄薪水支付生活费用。不料饶

（蒯）某获罪回国，薛仙舟失去经济来源，寄居于友人宾步程处，靠宾步程一人学费为生，时有捉襟见肘的窘状，"花五分银币买一条腌鱼已经是美味了"。

欧洲同盟会对孙中山而言，实在是一支雪中送炭的生力军。原来兴中会自庚子（1900年）秋惠州革命军之败挫，及广州史坚如之谋炸抚署二役以后，党中健将如杨衢云、史坚如、郑士良、黄福诸人先后牺牲，元气实力为之大伤。故从庚子秋以至乙巳（1905年）夏之5年间，兴中会实已无如何之军事动作可言。宋教仁《程家柽革命事略》说程家柽当时去日本，访孙中山，本来以为"孙文革命首魁，所党必众"的，但其"所谓兴中会，以康有为之煽惑，率已脱入保皇党。孙文惟偕张能之、温秉臣、尤列、廖翼朋者数人，设中和堂于横滨，其势甚微。"并说当时"东京留学不过二百人，无有知革命之事者，惟言维新而已。"

1905年同盟会的成立，冯自由回忆开会时情况说：兴中会会员孙总理、梁慕光、冯自由三人自横滨莅会；各省同志之由（华兴会）黄兴、宋教仁、程家柽等通知到会者，由冯自由通知到会者，由胡毅生带领到会者，由（日本人）宫崎寅藏通知到会者，计莅会60余人中，与孙总理属旧相识者只程家柽、马君武、张继、黎勇锡、胡毅生、朱少穆、冯自由和日本人宫崎寅藏、内田良平、末永节等10人，其余皆新同志也。当时幸经德高望重的黄兴义薄云天，提议把孙中山"公推"为"本党总理，不必经选举手续"。孙中山才成了同盟会的领导人。

宾步程既与黄兴同学同乡（湘），又有孙中山鼎力支持，两边关系都极深，虽遥处欧洲，成为同盟会元老，当之无愧。

四　验车议桥　军工矿冶担重任

宾步程在德国刻苦攻读7年，其间还参加实习和考察，足迹遍及欧洲20余国。宣统二年（1910）宾步程学成归国。其时宾步程在德国已成家，妻子是德国人，还生有两个幼儿。一家人本可在德国享受安逸舒适的生活，但宾步程一心报效祖国，而他的夫人却坚决不同意，觉得中国实在太贫穷落后。最终，心意已决的宾步程独自一人踏上了旅程，自此就和妻儿远隔万水千山，后因国内国际战乱连连，终于完全失去了联系，只留下无尽的牵挂与惆怅。

　　宾步程回国，并未如当时一般出洋游学生，急于加入清廷所办"游学生毕业生考验"求取功名出身，而是以科技实业为民谋利为己任，担任的第一项职务是粤汉铁路长沙—株洲段工程师。湖南之有铁路，起因于张之洞、盛宣怀创办的汉冶萍煤铁公司，铺设"萍（乡）（湘）潭铁路"，在 1899 年 3 月奏准，1906 年 1 月才竣工，改称"萍株铁路"。至于长沙—株洲段，1909 年 8 月才动工修筑，至 1911 年 1 月建成通车。长株段原靠英国工程师主持工务与机务，中国的铁路上使用的火车头都是由国外购买的，拆散运到国内以后还要高价聘请外国人重新安装。宾步程经过一段时间的自学和研究后，果然成功地总体装配了进口的火车头，并将火车头成功驶出车站一段路程。试车顺利，投入运营，节省了一大笔开支，也赢得了众人称赞。从此，大家就送宾步程一个绰号"火车头"。

　　宾步程常检验车头牵引和列车运行情况，在其《湖南光复纪念日之感想》一文中对他善于驾驶技术，有一段描述："是日黎明时，亲驾火车由北门（按：即北站）往株洲。经过小吴门，而四十九标之兵士，不明真相，以为内中必有满清大员趁机逃脱，放枪如雨。而车头被受弹伤，试一检查现在该路旧火车之锅炉，其弹痕或尚历历可数也。幸吾开车最速，未及于难，亦云幸矣。"

　　宾步程对辛亥革命热烈拥护，武昌是首义之地，作为粤汉铁路工程师，他也极关心长江以北的京汉铁路与江南铁路的沟通问题。自然地，"一桥飞架南北，天堑变通途"的想法呼之欲出。民国元年（1912）7 月，宾步程就提出了"建设武汉纪念铁桥"的建议，载于《实业杂志》，非常巧妙地将武汉长江大桥的经济意义与政治意义结合起来，而且从技术上提出了可行性论证。可以说，这是当年一项挑战性的课题，是继詹天佑之后，中国人在铁道桥梁建造上发表的创见。

辛亥革命鏖战方酣之际，凸显军事工业的重要性，1912年2月时任临时大总统的孙中山先生，知道宾步程曾在德国柏林大学对兵学制造科目学有专精，就与陆军总长黄兴，通过《申报》发表消息召他前来，并共同签发委任状，任命宾步程为金陵机器局局长（按：据宾步程在家谱中自写简历，是任"南京机器制造局兼火药局局长"）。不久，袁世凯篡夺革命成果。袁不肯把陆军总长一职给黄兴，可是却又不能不予黄兴有一安顿，袁遂于3月30日发布命令："任命黄兴为参谋总长。此令。"纯粹一个幕僚长，因此黄坚决请辞。袁世凯又于3月31日任命黄兴为南京留守。其留守部门的组织和人事情况如下：

> 总参谋长李书城，秘书长陈凤光，军务处长张孝准，参谋处长欧觐文，政务处长马良，副官处长徐少秋，总务处长何成浚，军械处长曾昭文，军需处长徐桂亭。留守府统辖的各单位及其主官是：军官学校校长金永炎，入伍生总队长沈靖，四路要塞司令官官成鲲，宪兵司令茅迺封，军需学校校长刘文藻，测量局局长章焕祺，金陵机器局局长宾步程，巡警总监吴忠信，南京府知府方潜。

宾步程清楚黄兴意图，就任后，在很短时间内，克服经费拮据、机器设备老旧的困难，率先仿制成具有国际领先水平的美国白朗宁手枪和德国马克沁重机枪。据说，宾步程还参考德国资料自行设计了"七五式山炮"，曾由上海兵工厂生产。后来宋教仁被袁世凯派人刺死，孙中山、黄兴发动"二次革命"，兵败，宾步程不得不逃离南京。

第一次世界大战新式武器的消息频频出现在报纸上，作为当时中国工程学界的先进分子，宾步程不局限于机械学科，他的《无线电报简单机器学》（上海商务印书馆，1915）说："今值欧洲战争之秋，无线电报（按：他曾译为'火星电报'）最为紧要。即吾国各重要城镇，亦次第设立。兹集收已印未印（按：指他自己往昔）之稿，加译近年来各报所记录之新发明，编成是书。"① 这本书是中国最早论及无线电通信的著作之一，宾步程的这一举动和见识也是非凡的。事实上，大战促进了无线电的应用，以后还发展为交战双方对密码的破译，例如当年德军能侦知沙俄军队电信内容，而导致沙俄乃至克伦斯基政府军事上的失败。

民国五年（1916），湖南成立矿学研究会，宾步程当选首任会长。该会以"灌输商民知识，增进国民福利"为宗旨，并出版《矿业杂志》（1917 年 3 月创刊），英文名"The Mining Magazine"。它和湖南《实业杂志》一样，都是当时全国办得最早、最好的行业性杂志之一，对于介绍工商矿业知识，促进技术创新，发挥了很大作用，产生了广泛的影响。从第 1 期起，它的栏目就包括"图画"（照片）、"论说"、"学术"、"译述"、"调查"、"纪录"（如规章、合同等原件）、"杂俎"（各种相关知识小品）、"矿产时价"（如纽约、伦敦、世界著名市场、长沙等地金属、矿产的价目单）。首期登载各种文稿达 64 篇之多，内容极为丰富，分量非常扎实。可见它的学术性和应用性同时兼顾，相得益彰。

宾步程在湖南工业专门学校任职时期，还兼任过湖南造币厂厂长。在南北战争中，湖南省首当其冲，南北军队此进彼退，发行的货币不统一，地方银、铜币在流通领域发挥很大作用，这个职务对保护乡土权益是很重要的。宾步程积累了相当的冶炼经验以后，出任过湖南黑铅炼厂（在长沙南门外，由水口山铅锌矿供应矿砂）厂长，发现当时厂里生产的白铅是由改良土法冶炼的，其成分含铁 0.096%，含铅 0.364%，纯锌为 99.54%。混杂有铁质的锌较脆。宾步程发现锌中含铁质的原因是土法炼制时使用的炉盖和产锌所用的瓢都是铁质的，所以每次出锌，总是不可避免地含有少量的铁质。于是宾步程试着改用铜盖、铜瓢，铜质与锌混合通过炼制正好成为

① 宾步程：《无线电报》，商务印书馆 1915 年版，第 1 页。

质量很好的合金，用来制造弹壳性能大大提高。

　　黑铅炼厂与水口山铅锌矿是湖南财政收入的重要来源，省长赵恒惕横征苛索，工人为争取合理工资休假条件而掀起罢工，赵恒惕就派兵一连进山镇压罢工工人。宾步程虽然同情工人处境，无奈因职务被派去矿山。经过当时湘南善后督办唐生智的疏通，接受工人提出的要求，并撤换矿务局局长，才解决此事。

　　国民党上台后，1930年召开全国工商会议。宾步程作为湖南省几位代表之一，去南京出席大会。代表分6组议事，宾步程是"第3组审查委员"，全组共38人，委员都是著名企业家或著名工学、商学专家。例如水泥、火柴大王刘鸿生，纺织大王聂云台、荣宗铨，出版泰斗夏鹏、陆费逵、王云五，会计大师谢霖、潘序伦，统计学家刘大钧，审计学家杨汝梅，还有中国最早的 MBA、鼓吹科学管理最得力的曹云祥、杨杏佛等等，堪称全国相关领域顶级人才。他们踊跃提出各种提案，涉及工商界的发展大计。而集体讨论作为全组一项"临时动议"提交大会的提案，在今天看来可能是这次全会最重要的学术思想成果，就是《提倡科学管理法以期达到实业合理化案》。该案称："科学管理法为促进生产、免除消耗并消弭劳资纠纷之方法，始于美法而流播于世界各国；实业合理化系就全国经济所为之整个计划，始于德国，而为国际经济会议所议决，希望世界各国共同采行。前者为手段，后者为目的。前者涵义较狭……后者涵义较广……"中国"欲抵抗外国之经济侵略，非发展国内工业不为功。而欲发展工业，使本国出品之质量数量与价值足与外货对抗，则舍厉行科学管理法别无他途"。提案呼吁大会，采纳下列建议：发表宣言赞助科学管理法的研究和实施，责成工商部通令各级政府工商行政机关和各企业加以贯彻，以国家建设委员会和财政、工商、农矿、交通、铁道等部与学术团体、工会、商会共同组织"全国实业合理化研究会"。人们会发现，"科学管理"在中国重新被重视、研究和推行，竟然要等到20世纪80年代，即这次会议半个世纪之后。那么包括宾步程在内的第3组38位专家，是自觉走在中国工商管理现代化的超前行列的。

　　1932 年冬，宾步程撰写《抵制日货与日货倾销》一文，征引日本《东洋贸易研究》1931 年 7 月号材料，九一八事变后，中国人民同仇敌忾抵制日货，而日本企业倚仗其产品的质量优势，借助在世界性经济危机中币值下跌，产品价格低廉，利用走私等非法手段，日货仍然得以在中国倾销。中国只有在抵制日货的短期自我保护下，迅速制造代替品，才能确保真正的胜利。[①]

　　宾步程禀性率直，常在稠人广众中坦诚直言，于事毫无隐讳，对人不讲情面。他曾在省政府主席何键面前，直接指责民政厅长曹某娶英文老师为妾是"缺德"。张治中主湘时，他也当面指责过张的过失，毫不顾忌。1937 年 11 月何键调任内政部长离湘，国民政府任命张治中为湖南省政府委员会主席，胡次威（兼民政厅长）、尹任先（兼财政厅长）、余籍传（兼建设厅长）、朱经农（兼教育厅长）、陶履谦（兼秘书长）、宾步程、陈渠珍、易书竹为委员。[②] 宾步程与罗介夫、方克刚等组织湖南各界清算委员会，对何主湘 9 年搜括民财、贪污公款、盗卖矿砂等事予以上告、弹劾。有一荒年米价昂贵，富者常囤积居奇，牟取暴利，宾步程嘱家人典当其长沙寓所，将所得之款全部购谷运回家乡，照原价不计运费发卖给百姓。

五　工程学科　十载兴校倡求是

　　尽管宾步程一心报效国家，但又深感政治腐败，因此终身不愿从政。1914 年（民国三年），湖南公立工业专门学校诚邀宾步程出任校长，以便周旋于汤芗铭（留德学生）统治下。这所学校是由湖南高等实业学堂改制而来，原址在河东落星田，靠近（老）火车东

---

　　① 敏陝：《抵制日货与日货倾销》，《实业杂志》1932 年第 12 期（总第 177 号）。
　　② 《湖南省政府公报》1937 年第 842 至 843 期。

站，环境嘈杂，校区逼窄。宾步程任期内，于1916年设法将其迁到了岳麓书院，条件优越，后来发展成为湖南大学的一部分。因此，宾步程可算为湖南大学（前身）校长之一。当时两湖地区工业专门人才多出于其门下。无论办学规模还是教学质量都达到了工科大学的水平，开设的专业是机械科、土木建筑科、采矿冶金科，此外还招有机械班，应用化学班；在学制方面，采用的是预科1年，本科3年，在本科阶段各个专业的课程安排如下：

　　机械科课程：应用力学、水力学、应用化学大意、机械制造法、发动机关（器）、船用机械学、冶铁学、制造用机械、计划及制图、工厂管理法、工业经济、工业簿记。（按：后面3门课都是工厂经营管理知识，可见宾步程一贯重视管理）

　　采矿冶金科课程：测量学、分析化学、地质学、吹管分析、矿物学、岩石学、采矿学、冶金学、冶铁学、选矿学、采煤法。

　　土木科课程：测量学、地质学、力学、建筑工程学、材料强弱学、桥梁学、水力学、计划及制图。

　　此外，微积分、机械工学、电气工学和实习是各科学生都必修的。各专业课程大体比照外国工业学院和国内大学的工科课程，教材也多采用英文原版教材。这些专业后来都成为湖南大学最重要的学科，为湖南大学的学科建设特别是理工科专业的发展打下了良好的基础。在学校的硬件设施方面，学校设立有附属机械工场、铅印部、化验室、试金室、图书管理室、药品仪器管理室等，这在当时全国的工业专门学校中算是相当完善的。

　　宾步程在任期间，政局动荡不宁，办学经费奇缺，为解决资金问题，利用学校拥有的技术和设备，制造出售产品。从湖南《实业杂志》1920年第29号（5月）扉页的广告，就可看到他指导师生从事生产开展业务之广泛。

"湖南工业专门学校工场、麓山学生工厂出品发行的广告"。这样写着："本发行所开设省城南门正街（按：今黄兴路步行商业街），承造各式锅炉、引擎、车轮、钻床、矿山吸水机械，以及印刷、轧花、消防水龙各种机器，大小火炉、各级指挥军刀、大小压机，各种铜模、钢模、铜牌、铁花栏杆，并各项五金器具，包办测量矿区，化验矿质，计划土木工程，装修各项机器，珐琅电镀金银铜镍，兼制各种阳伞、肥皂、牙粉、浆糊、墨水、酒料、颜料、瓷器、牛皮等件。完全国产，与承销外货者有别。如蒙惠顾，一任欢迎。批发尤格外克己，以副诸君提倡国货之雅意。"

这种自筹资金，自主开发教育产业，弥补经费不足的办法，在当时国内的其他院校中是不多见的，体现了一种超前的教育理念。正是由于有了这些校办产业的支持，学校才得以拿出重金从上海、广州等地聘请优秀的教员来学校任教，其中有很多还是留学归国人员和外国人，他们为学校带来更先进的科学思想教育理念，也为学校注入了新的血液。宾步程在他前后长达10年的任职期间，"既不介入政治漩涡，又能殚精竭力维持"，使工专有所发展和提高，培养了一批又一批的工科专业人才，为民族教育事业的发展做出了难得的贡献。如唐伯球、范澄川、刘岳厚、欧阳镜寰、柳敏、向德等科技专家，以及中共早期党员何孟雄、周炳文，军事干部王尔琢、黄鳌、邓乾元等均出自该校。使学校赢得了"中国南七省第一校"的美誉。[①]

在中国近代高等学校中，最早明确提出"实事求是"校训的有3家，一是北洋大学（今天津大学），二是湖南工业专门学校（1903—1926年，即湖南大学乃至中南大学工科院系的前身），三是中共中央党校。"北洋"将校训嵌于校徽；"湘工"由宾步程倡导并手书横匾，至今还悬在千年学府岳麓书院的忠孝廉节讲堂屋檐正下方，引起每一个参观者注目；1915年间毛泽东经常到设在书院中的湖南高等师范学校来看望他的好友蔡和森。1919年6月和1919年8月，又通过杨昌济的介绍两次寓居岳麓书院半学斋学习。30多年后

---

① 何长胜主编：《湖南大学校史（上册）》，湖南大学出版社1996年版，第82页。

的 1955 年，毛泽东重游岳麓山，有《七律和周世钊同志》一诗：
"莫叹韶华容易逝，卅年仍到赫曦台"，似在回顾一以贯之的"实事
求是"思想的原点。改革开放以来，邓小平特别提示："毛泽东同志
在延安为中央党校题写了'实事求是'四个大字，毛泽东思想的精
髓就是这四个字。"① 湖湘哲学界包括岳麓书院的学者近年都在探索
毛泽东哲学思想这一核心命题的渊源，形成了很丰富和深刻的认识，
一般都没有忽略宾步程手迹对当年常来书院自修的青年毛泽东的潜
意识的影响。

　　关于宾步程手书"实事求是"校训的原始思想，现在已无直接
记载，但在私塾或两湖书院时期，宾步程对《汉书·景十三王传·
河间献王刘德》"修学好古，实事求是"就当诵习，实事就是真实存
在的事物或情况；"是"就是正确的东西，亦即事物的客观规律。清
末新学思潮对宾步程的世界观的形成有决定性的影响，到德国这样
一个最注重工程技术实学的国家攻读，以及参与同盟会的革命活动，
体现了对于"务得事实，每求真是也"的崇信和力行。作为一校之
长，宾步程深知这一理念对陶冶铸造学生从客观事实出发追求真理
的做人做事原则的根本作用，因而大加倡扬。人们还注意到，在讲
堂两旁另有宾步程题写的楹联：

　　　　工善其事必利其器，
　　　　业精于勤而荒于嬉。

　　两联首字嵌入"工业"二字，既揭示校名，也警示了教法和学
风。它与讲堂檐前上高挂着的"实事求是"互相呼应，告诫工科学
生在做人的态度和处事的作风上不能懈怠，必须精益求精，注意方
法，解决工具问题。上下两联分别出自孔子《论语·卫灵公上》
"工欲善其事，必先利其器"和韩愈《进学解》"业精于勤，荒于

────────

① 《邓小平文选（1975—1982）》，人民出版社 1983 年版，第 121 页。

嬉。行成于思，毁于随"。这本来是广为人们传诵的名句，前者对于工程技术人员更强调了亲自动手，投入实践改进设备的要求，对于中国学生有其独特的意义。只有精通中国传统学问如宾步程这样的大学者，才有如此深刻、务实和精练的教诲。所谓"务得事实，每求真是也"，这是一脉相承岳麓书院湖湘学派所代表经世致用的实学，也是张之洞、梁启超讲求实务的思想，对当时的学生乃至后来者均产生深远的影响。

六　晚年言行　卓识特立诚世风

宾步程淡出工程教育界任职后，深居简出，专心从事著译，介绍欧美先进的科学技术。其中正式出版的著作有《机算集要》、《桂游日记》（湖南地方行政干部学校出版，1938 年）等。还有一些书稿因种种原因未能付梓，如《读史杂记》、《集古医方考》、《集古工艺考》（又名《中国历代考工记》）等，都是科技史著作。作为一名有强烈社会责任感的爱国知识分子，宾步程仍然时时关心着国家民族的利益，发表了大量抨击时政的文章，内容涉及社会政治生活的方方面面，尤其是有关教育和经济的研究，晚年结集为《艺庐言论集》（前集 3 卷，后集 4 卷）印行。

如在《国家与教育》一文中，宾步程指出当时的国民政府吏治腐败，一方面是人才缺乏，而占据重要位置的又往往是一些不学无术、专靠溜须拍马向上爬的人；另一方面真正有才能的人却难以找到合适的工作，在人才的配置上存在着很大的浪费。而在《中日小学教科书之比较》中，宾步程更是忧心忡忡，列出两国教科书中的不同内容，日本的教科书充斥着诸如"满洲地广而肥，有大平野，有大森林，矿产又富，是将来工业绝好经营地，作为日本的殖民地，再好也没有了"这样的侵略教唆。而中国小学生的课本不仅没有统一的编订，且内容繁难、缺乏现实意义，指出教育质量和思想导向关系着国家和民族未来的命运。宾步程在《教育生产化》中写道：

"须知我们中国目前所急切需要者，不在乎各种美术音乐，而在乎一种实际生产教育"。在另一篇文章中更进一步提出具体的措施：一是要社会开创新事业，拓广职业学生的出路；二是研究社会上对职业的需要，有针对性地培养与需要相适应的人才；三是要改良旧式职业，使之容纳新方法和新人才（《我们需要的自救救国教育》）。在经济上认为"今我国中央财政，已趋于山穷水尽之尽境……我国人……当自动组织若干资本，设立工场以抵制外货之输入……如欲救中国，非尽力提倡资本主义，不足以充裕国民经济"（《提倡资本主义》）。在另一篇《死亡线上的中国农民》中，宾步程通过实证研究发现，许多农民辛苦劳作一年后，除去各种苛捐杂税，加上物价上涨、米价下跌，农民不但一分钱挣不到，反面倒欠了地主的租子，所以很多地方的田地逐渐荒芜，而农民的生活却困苦异常。文中不仅有对黑暗社会的控诉，也充满了对广大农民深深的同情。当然，这些认识的局限性也是不必为之隐讳的。

1932年，宾步程再度从南京返湘，在长沙创办《霹雳报》，继续以言论大胆激进而闻名，自认"以平生从事铁锤斧斤、烧煤加油之人"贴近基层民众的立场，"以在野之眼光，本之天理人情、风俗历史，发为议论，以贡献于当道之前"。

《艺庐言论集》共7册，篇幅近600页，50万余言，于民国二十三四年在湖南长沙先后出版，原为当时宾步程发表在《霹雳报》的社论，以及《湖南实业》等专门杂志的文章。文集内容涉及民国初年国民政府完成北伐定都南京后，全面抗战前之政治、经济、实业、教育、民意等史事人物与社会现实的研究批评，以及建议意见。宾步程广征博引，以理工科学的学识背景讲求数据，"每一题目必根据事实，且标明数字以资证明"，更由于"凡所抒发，公正平实，诛奸摘伏，无所假借，达民疾苦，欲解倒悬"，"常针砭政俗，毫无讳忌，敢言震天下"，所以"当路诚畏其口，亦每采纳其说"，对于当时湖南政治经济生活产生相当大的影响。文集中还有数则清末民初辛亥革命史事轶事，被中国国民党党史采纳。

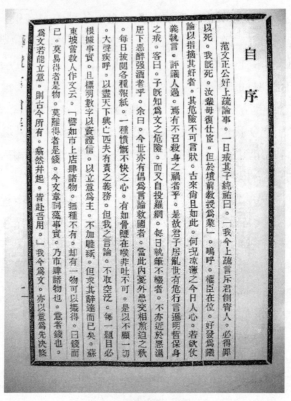

《艺庐言论集·自序》

如文集在《粤汉铁路衡韶线与公路局衡宜线问题》、《如何救济公路衡宜线》中，认为"公路局所建筑衡宜线，因与粤汉铁路线成平行线，将来铁路成功，公路即成废物"。而铁道部不肯收购公路路基，执意"在衡宜线旁，测量路线，收买田地"。由此重复建设造成的人、财、物的浪费是巨大的，本前次建筑省道时，收买农田约三万亩以上，而湘南山多田少，农民已痛不可言，此次铁道部收买农田时必遭相同之痛。而铁路局却"毁废田地屋宇，驱人民于失业流离之途"，宾步程提请政府爱惜良田，顾全资本，"甚望省政府与民众，共同站在一条战线上，一致前进，不达目的不止"，保全湖南省省产与省款，加速铁路之成功。在《湖南光复纪念日之感想》中，认为"我湖南人民对于革命事业，具有悠久历史，牺牲若干性命"。但照今日湘民之言，实属得不偿失，在"外仇未复……工业凋零、商贾崩溃"之时，对于当时人心浮动的社会现状，提出"吾人要迎头赶上去"，如果长此老气横秋，恐怕时不我许。"所以吾人今日来纪念先烈光复湖南，切不可作为一种明年照例奉行之故事看待，要继续先烈光复湖南之精神，来复兴湖南，并复兴中国，湖南人不死，中国不亡。"在另一篇《今日之湖南人民》中，痛斥了国民党对共产党实行"坚壁清野"的政策，当年湖南处于大旱，赤地千里，人民过的早已是非人生活，而国民党不顾人民死活，要"将各县米粮集中城市，如有不能集中者，勒令烧毁，否则以通匪论，此外乡间变米之器具，一律破坏"。这些措施最终是苦了人民。而如果是因为大旱而逃荒到外省的，本已经是逼不得已的，却又是在被国民党政府禁止之列的，"是贫而苦之民众，惟束手待毙而已"，官逼民反，事属必然。在《黄克强先生逝世纪念》一文中，宾步程回忆了二人同学时的往事，黄克强的个性为人栩栩如生、跃然纸上。辛亥革命后，黄克强任劳任怨，积劳成疾而告不治。治丧之事，宾步程也参与其中，以表示对黄克强的深切哀悼。对于"在今日不能谈革命，只能谈救国"的阴影下，"不能执干戈以卫社稷，惟此五寸之笔，思欲奋发为文，以惊醒全国同胞，共起御侮"。而"克强先生九泉之下，谅亦闻而笑矣"。

又如他的《英波石油纷争问题》："石油一事，在我国素视为毋足轻重，若列强则视为国防上、工业上、交通上一种最关紧急之大问题。余曾于湖南《道路月刊》一二卷一期，搜集各方对于石油研究材料，作一总研究文章，唤起国人注意……将来需油之处，必十倍于现在。若国人不急起自制石油，即此一项，已足危及吾国国际贸易之平衡矣……"宾步程的忧虑，到了今天已成为共识。在当时国民党统治下，他的言论必然地被反动政府仇视，因而报纸屡次被当局查封。但每当报纸得以重办，仍坚持真理，针砭时弊，"你有枪杆，我有热血，你有势力，我有冷眼"。铮铮铁骨，可见一斑。两年后，《霹雳报》因抨击国民党对红军实行"坚壁清野"政策，遭到当局镇压，被迫停刊。

1938 年，宾步程任湖南省府委员兼湖南省政府机关报《国民日报》社长，易君左为总编辑。在有关省情的大问题上，发表了一些有分量的文章。1939 年，由国民政府任为湖南省临时参议会参议员，并被推举为驻会议员，时任议长誉其为"多副物望"。"然而当道慕其名，地方重其望，遇有建设事宜，多求咨询"，民众代表每有集议，宾步程总是首先入选。抗日期间，并还担任湖南公路监察委员、湖南省银行监理委员、团款监理委员、国民经济建设运动委员会总会专员等职务。早期在河南担任过中原煤矿公司会办，看到争权夺利，尸位素餐，感慨地说："我来本想竭尽微责，今是这等情况，哪是我的愿望！"于是辞谢归湘。

宾步程毕生心系国民教育，在北洋政府时期，在长沙由工专校友集资，与教育界名人曹典球、杨卓新、唐艺菁、黄士衡、胡庶华以及军政界闻人唐生智等成立校董会，筹办"湖南私立明宪女子初级中学"（现为长沙市第十五中学），以注重职业教育为特色。宾步程被选举为首任董事长（后兼任校长），他把自己的几个女儿都先后送进了明宪女中，为倡导男女平等接受教育做出了表率。抗战时期宾步程任省难民救济总署主任，协助中国战时儿童救济会创设浦市、东安两所教养院。宾步程发现整个湘西南都没有一所高级中学，遂在家乡零陵创办省立第七中学，事必躬亲，学校的一砖一瓦，都凝聚着宾步程的心血。校址选在双牌县乌鸦山，因为靠近湘江，易于水运上下游各县所捐赠木材，建校方便。从此宾步程一直与学校同进退，直到病逝。

宾步程疼爱侄子，视为己出。宾希参 7 岁时宾步程将之带到长沙读书，一直到上海复旦大学毕业，都是宾步程一手扶养刻意栽培，后来能继承志业事业有成，都是宾步程教侄有方。宾步程常告诫子侄辈："别人家富贵，纵有家财万贯，我不羡慕，别人家儿孙聪明，勤奋好学，我很羡慕。"宾步程长子庶民在大学读书，数学微积分比赛得奖金 4 元，宾步程喜形于色。宾步程次子一艺曾任湘南抗日自卫队中校大队长，三子继忠过继孝心叔父为嗣。宾步程有 7 位女儿，都学有所长。

宾步程于 1941 年十月初十申时，病逝于双牌乌鸦山宾步程所亲手建设的省立七中学校中。闻讯后，当时的国民政府行政院特令褒扬：

> 湖南省临时参议会参议员宾步程，早岁负笈重洋，精研科学，加入同盟，致力革命。归国后办理教育，培育英才，制造军械，力谋改善。袁氏称帝，守正不阿。近膺议席，论政建言，多中肯要。不幸瘵疾长逝，良堪矜惜。应予特令褒扬，以彰幽潜。此令。①

宾步程的灵柩葬于东安县山口铺荷叶塘村后山，有碑。

〰〰〰〰〰〰〰〰〰〰〰〰〰〰〰〰〰〰〰〰〰〰〰〰〰〰

宾步程对于旧民主主义革命的贡献，在政治方面，他是同盟会欧洲支部的创建者之一，早于国民党元老的吴稚晖、李石曾、张静江等人物，资历与蔡元培、薛仙舟、朱和中等相伯仲，且与孙中山有特殊的交谊。他在中华民国临时政府（及南京留守处）负责军工生产，可称民国兵工的带头人，属于黄兴一类的实干家。

宾步程是否当得起本文标题"20 世纪中国工程学科先驱者"这个称谓？只要比较一下詹天佑、韦以黻、颜德庆等几位众望所归的工程界元勋就行了，因为他们分别当过中华工程师学会、中国工程学会、中国工程师学会早期会长。这 3 人都留学美国，詹天佑（1861—1919）无疑是中国近代工程学之父（独一无二），但他在五四之前就去世了，按以往的

---

① 《令顺人字 1163 号 中华民国卅一年六月十六日发》，《行政院公报》1942 年第 5 卷第 6 期。

历史分期法，他属于"近代"而不是"现代"人物。颜德庆（1878—1942）的年资略微早于宾步程，韦以黻（1885—1946）则晚于宾步程。宾步程同颜、韦共享先驱者称号，毫不逊色。至于构成民国工程界骨干的历届庚款留学生，在时间上已不能与他们并驾齐驱。

　　宾步程对于理工科的认识，及科学救国、实业救国的重要性，很早就有一段重要文字："夫人有觉，故有物。有物，故有变。有变，故有例。例者果也，果同而因异，理科之术也。察物之欲，锡之自天。求例之需，成之自人。惟其欲盛，是以需至。衣食不能乏，居处不能缺，灾祸不能不避，济此者工科之用也。……居今日世界而无知识于理工科，是违竞争生存之例也。"① 基本意思是人类天生的求知欲导致科学的发现，人类生存的需要导致应用技术的发明，不学理工知识无以图存。宾步程等先进分子力求以实学救世："理工科之与吾国之士风（按：指崇奉经籍辞章）也，一则尚文，一则尚实。一则佶屈聱牙，一则循例而进。一则借小智慧可以得功名，一则竭毕生之力而难尽。此盖千百年之积习使之，非吾国之幸也。诸同学忧之，于是作《理工》。"② 这是对湖湘经世致用学风的继承和发展，也间接批评了张之洞的"中学为体，西学为用"原则。

　　① 宾步程：《序》，《理工》1907 年 12 月第 1 期。
　　② 同上。

李待琛 抗日战争军事工程界之国宝

在湖湘文化和湘军武功的影响下，在民族危机深重的19—20世纪之交，湖南青年学子为了家国的前途，积极到域外邃觅群科、学习取经。理工科的学生思维偏于理性，一旦接受先进思想，其信念往往更为坚定执着。继宾步程而起的李待琛，就是又一位先进分子。他的父亲李吟秋是孙文、黄兴的战友，中华民国临时大总统府顾问。李待琛15岁随父留日，就深受革命思想熏陶。他在辛亥革命时毅然参加武昌起义，亲历战火考验，从而立志强军卫国。他继续留学，掌握了现代军工技术知识。在抗日民族解放战争中，发挥其全部潜能，在陆军轻武器研制方面，取得了堪与日军相抗衡的成绩，其功业彪炳于中国军工史册。

　　洋务运动第一阶段的"求强"之举,就是战舰、火器、养兵练兵之法 3 项"长技"的引进。金陵机器局、江南制造局、福州船政局……在曾国藩、李鸿章、左宗棠的主导下陆续开办。但水师、陆师仍然摆脱不了溃败的命运。"兵工"(军事工业)一直"技不如人",远未如魏源所期望的"以制夷"。直到抗日战争时,终于冒出了"两个半"湘籍军工专家来力挽狂澜,他们乃是被全国同行尊为"二李"、"国宝",分别官至国民政府兵工署的(代)署长和副署长的衡山人李待琛(1891—1959)和长沙人李承干(1888—1959),以及他们的上级、兵工署长俞大维(1897—1993)。俞的母亲曾广珊是曾国藩的孙女,俞本人幼时在湖南生活,一生只会说长沙话,列为半个湖南人丝毫不牵强。

一 学贯西东 社团湘厂试创新

李待琛（1891—1959），字伯芹，号泉池。据他 1947 年 11 月 20 日亲笔所填"履历表"："清光绪十七年（1891）八月二十六日未时生，湖南衡山县大桥乡人（按：今属衡东县大桥乡李冲；留日时曾简单填写为住'西门外李宅'），身长 165 公分，体重 76 公斤"。他的"家族"，长辈是"祖父鸿，字吉琴；祖母谭氏。父汉丞，字吟秋（1867—1923）；母柳氏振坤（1866—1916）。妻甘揆中（1889—1980）"。① 育有 3 子 5 女，长子孝文（1924—），长女耀东（1914—）……李父吟秋是秀才，家有几百石租谷，当清末废科举时，1906 年秋偕妻携子（待琛）东渡日本游学，常与黄兴、孙中山等往来，积极拥护孙中山的革命主张。1908 年回国，曾任湖南公立高等学校（湖南大学前身）斋务长，住在岳麓书院。李母柳氏，回国后在衡山县城创办开智女校，亲任校长。② 显然，他们都是 20 世纪得风气之先的人物。

李待琛 4 岁时即在祖母辅导下识字背书，可谓幼攻经史；12 岁就接触西学，在家学习英文、日文；15 岁赴日本，就读于东京宏文书院普通科 14 班，两年后毕业。这所书院专为清国留学生作为"预科"而设，院长嘉纳治五郎对中国友好，对李待琛深为器重。在日本，李待琛还初步接受了孙中山和同盟会的革命思想。

回国后，父母继续为他延师，教习古籍和英文、德文、法文。1910 年与甘氏成婚，第二年就拟远游北京，10 月行次武汉，恰逢武昌起义。他作为家中独子，以初生牛犊不怕虎的精神，毅然投身血与火的洗礼，任革命军总司令部炮兵团军械官，进驻汉阳，隔汉水

---

① 衡东县志办公室编：《李待琛博士·李待琛履历表》，衡东县志办印行，1991 年。

② 张叔方：《李待琛传》，见衡东县志办公室编《李待琛博士》，衡东县志办印行，1991 年。

猛轰占驻汉口的北洋军冯国璋部，初次体验了"战争之神"（斯大林对炮兵的赞语）的威力。就在这时，李吟秋也举兵于乡，响应武昌起义。1912年1月1日，孙中山在南京就任中华民国临时大总统，李吟秋为总统府顾问。4月，袁世凯登上大总统宝座，定都北京，北洋军阀当道，李吟秋仅挂名工商部佥事。湖南省议会成立后，李吟秋被推选为全国参议院议员。

战争和革命环境振奋了李待琛的胆魄，锻炼了他克服艰难困苦的意志。起初在岳阳镇守使署任电报监视员，首次接触早期的信息技术。不久，他再次留学日本，入东京第一高等学校，属预科第二部。这是日本最著名的大学预科（后合并到东京帝国大学），校址原为德川幕府官邸，内有明末遗民朱舜水的墓地，朱氏因抗清而逃亡日本，成为德川幕府的家庭教师，得到日本社会的尊重。中国留学生深受朱舜水的民族气节感染，发愤图强。该校留学生中湘籍者颇多，李待琛与朋友们如鱼得水，乐数晨夕。如李承干、皮宗石（1937年成为国立湖南大学首任校长）；又如早期的周览（周鲠生）和杨冕（杨端六），周、杨后来都回国参加了辛亥革命，又再留学欧洲，分别成为著名法学家、经济学家。周曾任武汉大学校长，杨曾任武汉大学教务长兼军委审计厅上将主任。

第一次世界大战突然爆发，1915年7月李待琛以第一名毕业。当年初夏，日本政府逼迫袁世凯签订"二十一条"，狼子野心大暴露。留学生继续进行抗议和抗争，包括学业上的努力。李待琛目睹中国积弱积贫的现实，决心学习军事工业技术，而日本军国主义势力则阻挠中国学生进入这类专业。由于"一高"校长新渡户稻造的情面，以及李待琛日语好、一般师生识别不了他的国籍，才勉强保送升入东京帝国大学工学部造兵科。这里是日本军事工程的精密专业，优中选优，每年只招十几人。起初学校对他还设立限制，连涉"密"教材也不给他；到了后期，因他成绩优异，校长古在由也试图让他留校任教，便对他采取怀柔争取的态度。

中国学子的争气反映到学术上。科技史界熟知由留美学生创立的中国科学社（1914年，初名科学社）和留日学生创立的中华学艺社（1916年，初名丙辰学社），它们被认为是20世纪上半期中国最早且最有影响的两家民间科学社团。然而很少有人知道成立时间夹于这两社之间，并且以工业技术为主业的"工业同志进行会"。李待琛却兼具这三个会社骨干成员的身份。

1915年5月，正在留日的中国理工科学生蓝昌蕭、傅冰芝、傅式说、鲍羽仪、胡飞、宓齐、朱升芹、张树拭、苏体仁、杨梓林、梁上椿、高炯等人，其中湖南籍的有李待琛、李华揩（烛尘）、聂俊、鲁观成、戴世珍、陈琦季、吴振衡、安宝忠、成希文、彭道中、唐吉杰等，会合各省同道，组成了"工业同志进行会"。会章规定："本会以研究学术、调查产业，纠合同志，力图进行，以谋工业发达为宗旨。"会员条件为："凡具有工业学识及经验而与本会同志者。"值得注意的是会员义务中第4条"凡会员经营之事业须尽力扶助之（如聘技师、募资本、代售成品、购买原料机械等事）"。① 对比中国科学社以"联络同志、研究学术，以共图中国科学之发达"为宗旨；和中华学艺社的"本社以研究真理，昌明学艺，交换智识，促进文化为宗旨"。可知科学社和学艺社着重的是"学"与"研"，而进行会还谋"工（产）业发达"。这正是现代中国所强调的"产学研结合"促进科技创新的路子，想不到百年前就被留日工科学子们奉为必须尽到的责任和义务了。李待琛等具有科技产业化思想的先辈们，就这样充当了工业时代的尖兵。

李待琛被选为学会"评议员"，他还提议学会应动员会员开展"分部研究"（按各人所学专业）、"分部编译"（任务有《工科术语词典》、"工业丛书"等）工作。学会采纳了他的建议，决定暂分6部，李待琛担任"兵工部"主任②。这些学术活动也促成了《工业同志进行会杂志》的出版（从1917年起），由李待琛负责会刊的编辑。他本人在该刊发表了《中国制铁业》③、《交战各国工业动员之

---

① 《工业同志进行会会章》，《工业同志进行会杂志》1917年第1期。
② 《学会记事》，《工业同志进行会杂志》1917年第1期。
③ 李待琛：《中国制铁业》，《工业同志进行会杂志》1917年第1期。

状况》和《军舰概说》① 等文。

与工业同志进行会几乎同时，留日各学科学生，在湖南人李寿彭（大年）、李石岑等的发动下，成立了"学术研究会"，到30年代会员达上千人，先后创办了《民铎》和《民鸣》两家著名刊物，李待琛也是该学会的重要成员。频繁的学术活动激荡起"头脑风暴"，初步淬砺了他的创新锋芒。

1919年7月，他获得工学士学位，便以准备留学美国为名，婉辞校方挽留，回到祖国。1920年，广东兵工厂礼聘李待琛为咨议（相当于副厂长）兼总工程师。当时厂内技术落后，囿于修理仿造，生产工艺不成章法。李待琛锐意改革，首先是建立标准，这实际上是工厂科学管理的第一步，例如材料的规格、工件的公差、量具刃具的单位，都要有统一的标准，而职工积习难改，群相抵制。李待琛耐心说服，开班培训，讲授兵器性能规制与材料的关系，化解大家的疑虑，以步枪生产为突破口，推行标准化，获得了一定程度的成功。

再说他的父亲李吟秋，在袁世凯称帝时，拒不迎合附和，被迫避难海外。1917年，回广州参加护法运动。1920年，奉孙中山之命回湖南，任高等审判厅厅长。湖南当局知道李待琛在广东的业绩后，当年年底延聘他回湘就任湖南铁工厂（即兵工厂）总工程师。为改进生产技术，1921年1月派他前往美国调研，主要是考察钢材冶锻和热处理工艺，例如在美国机械工程学会会长泰罗（F. W. Taylor, 1865—1915）曾经创建科学管理法的伯利恒（Bethlehem）钢厂、炮厂，他曾实习达3个月之久，用心钻研技术，同时很自然地对"泰罗制"也有着直接的体会。他还考察了其他几处著名的枪炮厂及炼钢厂，如水镇兵工厂（Watertown Arsenal）、春田枪厂（Springfield Armory）。第一次世界大战使美国成为世界兵工厂和军火商，战火刚歇，规模未撤，极便于按图索骥。李待琛躬逢其盛，请教技艺精湛员工，博闻强记，收获巨大。为了从理论上获得深入的、系统的知

---

① 李待琛：《军舰概说》，《工业同志进行会杂志》1918年第2期。

识，他进入哈佛大学攻读冶金学博士学位，期间还去密歇根大学研习，最后完成了两篇学位论文：

1. The mechanical properties of iron and steel at various temperatures and their relations to the thermal critical ranges.（按：他简译为《钢铁在高温之机械性质》）

2. The dendritic structure of metals and metallic alloys.（按：他译为《金属及合金之树状组织》，树状亦作"枝晶"）[①] 1923 年 6 月 21 日，顺利通过答辩，获得 S. D. in Metallurgy（冶金学博士）学位。论文存于哈佛档案馆，其主要内容曾以专著、论文形式在英美公开发表。8 月，这位在海外寒窗苦读十几年的学子回到湖南故里。

此前，湖南督军谭延闿主张湖南制宪"自治"，并预选李吟秋为省长，李坚持不肯任职，并数次北行，请以省宪纳入国宪。最后因劳瘁过甚，于民国十二年元旦在长沙逝世。所以李待琛再次返湘时已是"子欲养而亲不待"，父母双亡。

1923 年 10 月，李待琛回湖南铁工厂（即兵工厂）就任厂长，着手提升该厂的研制能力，由以往的修配型进入制造型，实现了"30 节水冷式重机关枪"和"汉阳式步枪"（引进德国毛瑟步枪图纸）的仿制。他解决了原来枪管材料不耐高温、易弯易裂的关键问题。两年内使湘军全部换上新式枪械，后来成为北伐军的第 2 军和第 6 军，由谭延闿、程潜分任军长，在北伐战争中发挥了重要作用。事实证明，他到钢铁冶炼工业最发达的美国考察和学习，为他后来确立在中国军工界的地位是非常必要的。

二　湖大兵专　木铎金声育干城

在北洋军阀统治和南北拉锯战争祸害下的湖南，文化教育事业难以发展，以致迟迟不能建成一所综合性的大学。经省内外湘籍人

---

①　《李待琛博士·李待琛履历表》，衡东县志办印行，1991 年。

士多方奔走呼吁，到 1925 年 11 月，湖南当局（当时是赵恒惕任省长）才正式委任湖南大学筹备委员会，1926 年 1 月，将原来的省立工业、商业和法政三个专门学校合并，建立拥有理、工、商、法、农科的湖南大学。依省政府颁布的《湖南大学组织暂行条例》，领导机构采取委员会制，设立校行政委员会，由省长任命李待琛、郭家伟、杨茂杰、阮湘、张浑、唐艺菁、杨卓新、黄士衡、李希贤、陈国钧等 10 人为行政委员，李待琛为委员长。[①] 2 月 1 日，省立湖南大学正式宣告成立。这样，李待琛乃是这所千年学府继往开来第一位现代型校长。在他的筹划、领导下，管理部门和附属机构也相应建立起来。

从 1 月到 9 月，李待琛身兼湖大和铁工厂两处主管，来往奔波于湘江东西两岸，当时没有轮渡汽船，只能坐"划子"（即无篷的小木船，靠船工用手划桨）出没于波涛风雨、严寒酷暑中，备极辛劳。李待琛深知肩上负担之重，以他熟悉的国外名校哈佛大学和东京大学为参照，高标准、高起点地提出了"（湖南）大学对各派学术思想均有自由研究"的教育思想。这与蔡元培出任北京大学校长情景颇相类似，也与现代"研究型"大学的要求相当接近。当时湖南政局，正处在北伐军到来的前夜，经济形势十分紧张，办学经费罗掘俱穷。在李待琛等人不懈的擘画经理之下，总算能维持校内原有学生的学习，敦聘教授职工，增建校舍和运动场，还招考新生入学开课。可谓宵衣旰食，极力支撑，终于劳累过度，医嘱休养。这样，他得以卸去两处重任。到秋季开学，专任湖南大学教授。

李待琛和学友刘宝书（留日农学家）合作，从日文翻译《革命后之俄罗斯》，上下册共 660 页，冠有列宁、托洛茨基、季洛维也夫、加米涅夫、契切林、拉科夫斯基、加里宁、斯大林、李可夫、卢那察尔斯基等党政领导人照片，苏俄地图，数据表格等。正文分政治、经济、社会和法律等 4 编，全面叙述苏维埃国家建国初期的

---

① 何长胜主编：《湖南大学校史》，湖南大学出版社 1996 年版。

形势、状况。书末附俄罗斯货币及度量衡比较表和参考书籍。① 对中国读者而言，书中搜罗的苏俄政府和北洋政府历次外交谈判及签订的各项文书，更富有现实意义，可补平日报刊新闻之未载。书稿延至 1927 年 8 月才在上海出版。

第一次大革命的风暴席卷湖南，1927 年 4 月，省府下令改湖南大学为湖南工科大学。5 月，马日事变。7 月，国民党当局"清党"，大中学校停办。这段时间，李待琛离开教学岗位，投身北伐军，任第 40 军政治部主任，参加了打垮盘踞山东南部的北洋军阀张宗昌的重大战役。9 月，他任上海兵工厂工程师兼炼钢厂主任，重新回到军工部门。

1928 年 12 月—1934 年 7 月，李待琛由军政部兵工署署长陈仪（1883—1950，后因反蒋并在上海解放前夕试图策动汤恩伯捉蒋，被蒋介石处决）邀请，担任南京政府兵工研究委员兼兵工署设计科科长（少将衔），主管全国兵工生产技术的规划与评估。1933 年，俞大维（后任台湾"行政院长"等，是蒋经国的亲家）接管兵工署，改行文官制。1934 年 7—9 月，李待琛升任兵工署资源司司长（简任 4 级）。②

1934 年 9 月—1937 年 6 月，他调任军政部兵工专门学校校长。这是当时全国唯一的军事工程高等学府。生源优秀，因为 1931 年九一八事变后，民族矛盾已上升为主要矛盾，国难当头，有理工科志向的热血青年愿为国防效力；加之不收学膳费，贫寒学生争相报考，录取率竟为 1/30。李待琛"得天下英才而教育之"，甚洽平生之志，决心在专业基础课和专业课方面取得突破，提高学生的理论水平和应用能力。其实，早在东京帝大读书时代，他就曾向校方建议，在学习枪械制造之前，应打好"内弹道学"知识基础。教师不敢违背陈规，没有采纳。10 年后国际上才开始流行他这一教学程序构想。现在，他作为一校之长，可以实践自己的见解了。事实上，署长俞

① 李待琛、刘宝书译：《革命后之俄罗斯》，太平洋书局 1927 年版。
② 李中庸：《李待琛博士·先父李公待琛大事年表》，衡东县志办 1991 年印行。

大维原非军工专家，但留美、留德，数理基础扎实，也成为弹道学高人，两人惺惺相惜，见解略同。俞赋予他以治校全权，便宜行事。李待琛谋定而动，决定在第 3 学期新开 3 门主干课。①

第 1 门是"军事与技术"。"聘来法国火药学校毕业回国的专家主讲，专论新兵器设计前所必需的战术、技术论证，以决定其应有诸元，供编制设计书之用。"顾名思义，这在重"学"轻"术"的半封建半殖民地中国，本来就是惊人之举。何况，这样边缘性交叉性的论题，也不合重"专"轻"博"的专业基础课色彩。实际上，他正是为了开阔学生的视野和思路，明确在新兵器设计之前，要了解现实的军事战略意图，论证在战术和技术上的必要性和可行性，评估其社会意义和后果。这种思想，已经接近现代技术哲学、技术社会学和军事装备论证与系统评估的初始形态了。学了这些，知其然和所以然，便于理解甚至参与中高层决策。

第 2 门是"兵器计算"。"诸如炮架强度计算、制退复进机漏口变化面积的计算、层成炮管厚度的计算之类"，这是加强兵器设计的精密化、定量化、科学化的必要手段，彻底摆脱经验毛糙笼统的手工业生产方式的必由之路；突出科学的计算，也是培养高素质兵器工程技术人员的不二法门。例如，后来世界各大国研制"两弹一星"时，无不借助大量工程计算和理论推导来取代或节省产品试验和模拟实验。

第 3 门是"枪炮构造及理论"。这在当年的中国军工界可说是主干核心课，重中之重。兵专以往因缺教材与师资，无力开设。为此，李待琛在繁重的行政工作中，挤出时间，焚膏继晷，日夜赶写，由校内印刷厂印成两厚册石印本，后改铅印本，布面精装烫金字，16 开本、1278 页、110 万字。在本文的第 5 部分里我们将对这部巨著进行较详细的介绍。

此外出于对民族存亡紧迫的危机感和沉重的使命感，李待琛在培养方案（学制）上继续挖掘潜力，进行探索，以便早出人才，优

---

① 张叔方：《李待琛博士·李待琛传》，衡东县志办印行，1991 年。

化人才。第一个新办法是招收读完普通大学二年级的在校生，加以
三年兵工专业知识培养，这类学生水平很高，例如后来成为"长征
一号"火箭总设计师的任新民院士，但生源不多；第二个办法是由
四年改为五年本科制，招收高中毕业生，且扩大名额一倍，如后来
成长为"长征三号"火箭总设计师的谢光选院士等就是这样入学的；
第三个办法是缩短学制，开办大专班，拓宽学科口径，培养兵器制
造、检验和管理多方面通用型人才；第四是开设降低层次的中专班
（初技班）；第五是招收大学毕业生再培训一年兵工知识的讲习班；
第六是从部队军械人员中招收讲习半年的训练班。这样，就使得培
养多样化和全面化，增加了兵工技术队伍的层次性，为国家培养了
兵器制造、检验及军械管理等多方面的通用人才。[①] 李待琛担任第
11 兵工厂厂长时，对于办好职工子弟中小学也给予高度重视，邀请
好友彭一湖（1887—1958，留学日本早稻田大学，曾任湖南第一师
范学校校长等，后为民主建国会中央委员，领头签名欢迎毛泽东主
席来重庆，新中国成立后为全国政协委员）主持校务，礼聘优秀教
师任教。为了子弟就近入学，还设立几所分校，但举行统考，促进
各校展开教学竞赛。并购置较充裕的图书仪器，例如小学自然课便
可以作马德堡半球实验。厂里开大会必请子弟小学生代表上台演讲、
表演文艺节目，这样可以收到同时激励职工和子弟的良好效果。

　　1948 年 8 月，他统计兵工学校成立 30 年来毕业人数为 1500 多
名，出洋学习深造的有 100 多人，这些同学"成绩斐然，信用昭著，
我们感觉何等的快慰啊！"今后要在工厂充实（布局 7 类工厂）、工
厂建设（建好 10 类工厂）、技术研究（39 项课题）方面努力，希望
资源委员会和其他部门配合做好工作（有 21 项）。[②] 他满含深情地
为 30 周年校庆题词（下图）：

---

①　张叔方：《李待琛博士·李待琛传》，衡东县志办印行，1991 年。
②　李待琛：《兵工学校成立三十周年纪念》，《兵工月刊》1948 年 10 月新 1 卷第
5 期。

卅载作育，蜚声已播。辛勤砥砺，如切如磋。
迪我俊英，宏我兵工。惟诸硕彦，贯彻始终。

卅载作育　蜚鼓已播
辛勤砥礪　如切如磋
迪我雋英　宏我兵工
惟諸碩彥　貫澈始終

兵工學校三十週年　校慶

李待琛　敬題

三　高瞻远瞩　庙算兵工抓实干

20世纪20年代末，他主持兵工署设计科的时候，主管全国兵工厂制造枪炮弹药的规划和考评。面对的第一个问题是全国枪炮口径相当的混乱，急需统一。我国自19世纪60到90年代，清朝洋务派兴办近代军事工业，从各国购买及仿造洋枪洋炮；民国时期军阀割据，滥收各国军火商回扣，军火商被军阀们挟制，各搞一套，枪炮弹药的式样和口径五花八门，有"世界兵器博览会"之谑。如何首先统一步枪机枪的制式？仅就枪管内径而言，便有 6.5（日）、6.6（意）、6.8（沪、粤、滇）、7.62（英、美、加、苏、印）、7.9（德、法、捷）、8.0（奥）毫米等等规格。其中小口径以日本（明治 38 年制式，故称三八式，6.5）为代表，优点是弹药轻、每个士兵携带量多、弹头断面密度大、惯性大、弹道低平、命中率高。但枪管口径小则制造难度大（钻深孔和拔来复线工艺要求更精细）；弹头轻其动能小杀伤力不足便需提高初速，即需增加弹药爆炸力，这样又增大了射手承受的后坐力，还增强了膛压，导致要加厚管壁和增加枪重；新式步枪机枪需兼用穿甲弹、曳光弹、黄磷（燃烧）弹等结构复杂的弹头，口径小加工更难。这样权衡之后，可见以中国的技术设备条件制枪，口径宜大不宜小。更从战略态势（如地缘政治）看，邻国交兵的可能性大，切忌枪械口径相同，以免一旦开战，军火为对方虏获而资敌。当时头号（潜在）敌人是日本，所以应排除采用 6.5mm 的方案。至于大口径方案，若 7.62mm，近邻苏、印已采用，中国也不能重复。这样，李待琛力排众议，深谋远虑，定下了 7.9mm 标准。① 日后证明，日本的 6.5 标准积重难返，不得已增加 7.7 方案，来一个"双轨制"，自找麻烦，贻笑大方。《孙子兵法》讲"庙算"，毛泽东军事思想强调"慎重初战"，李待琛在这一点上与之若合符契。表明他对军事系统工程已有很好的感悟。

接踵而来的是制造技术的规范化。他在任期内力排众议，在全国的兵工厂推行了品质管理（质量管理）制度，大大提高了当时兵工生产的质量和水平。中国兵工业的金属热处理标准和全面的质量控制措施，工艺、检验、评估等制度的建立，都是他确定的。

李待琛也是关注宏观经济形势和工业化进程的有心人。1930 年 11 月，他作为军事工业界代表出席"第一次全国工商会议"，根据会议精神，"尤以遵照总理（按：指孙中山）《实业计划》，发展生产事业，增进国民经济，为唯一要图。"他提出了《请迅即筹备内燃

①　张叔方：《李待琛博士·李待琛传》，衡东县志办 1991 年印行。

机之制造案》和《请厉行奖励基本工业案》。① 前者抓住了世界第二次技术革命的主导技术之一（内燃机），也是国防建设达到机械化摩托化的前提条件之一；后者所谓"基本工业"，实质上相当于新中国成立后着力发展的重工业（及重化工业），他列举了冶铁、炼铜、铸铅、炼焦、煤焦油及开发化工产品、采炼原油及汽油、原动机、硫酸、氮肥、碱等。并参考日本的做法，实行"保护政策"、"补助政策"和"奖励研究"（例如设立国家研究所，给创造发明颁奖等）。这个提案他在会前已撰写成小册子，1930 年 3 月出版，② 以及在《民鸣》等刊物分期发表文章。另外，1929 年 5 月还出版了他的《国防建设之基础》。以上基本工业及其他内容，正是进一步具体详细解释他这里说的"基础"。单以发动机（内燃机）为例，至今我国的飞机、坦克、军舰发动机制造技术与先进国家比仍有差距，可见李待琛发现问题之早，以及追赶超越之难。

李待琛在兵工学校任职 3 年，后又调往河南巩县兵工厂任厂长。该厂与金陵、汉阳、沈阳并称全国"四大兵工厂"，而且是作为"标准厂"创建的。到职那天恰逢七七卢沟桥事变，他立即召集各部门主管，发动职工同仇敌忾，号召多造军械弹药，支援前线。本来调他去该厂，是为了解决引进瑞典技术生产 75 山炮炮弹的"早炸"事故，从技术上寻找补救方案。他调查分析原因，发现原先的机械定时器的零件细幼，不耐外力冲击，炮弹发射时，一受猛震，即生变动，失去时间控制作用，故发生早炸。经深入研究试验，改用药盘式传火引信，难题迎刃而解。同时，他运用早年在广东、湖南组织生产的经验，对厂内骨干职工进行培训，研讨金属材料、机械工艺的规范化方案，贯彻执行，使得产量质量节节攀升。③

当年 9 月中旬，日机已几次轰炸巩县兵工厂，枪厂和材料总库被烧毁，全厂奉令南迁。工厂重型设备拆卸搬运任务非常艰巨，职

---

① 实业部总务司编：《全国工商会议汇编》，实业部 1931 年印行。
② 李待琛：《急需奖励之基本工业》，军政部兵工厂 1930 年印行。
③ 李爱德：《李待琛博士·父亲的一生》，衡东县志办 1991 年印行。

工及家属分批从河南孝义经湖北到湖南，与湖北汉阳兵工厂子弹厂人员设备汇合，改称第 11 兵工厂。湖南厂部在长沙北、东、南市郊征用多处土地和房舍，改成几个分厂车间；1938 年秋又搬到安化烟溪，利用山区地形地物搭建竹木厂房，并分出一部分迁入四川铜罐驿；长沙文夕大火前一天火药厂才全部南迁桂林，再转安化。1940 年春又奉令各厂部都集中起来搬迁四川。运输船队 300 余艘经洞庭湖区行抵湖北沙市，日机频繁轰炸布雷，船队在长江进退两难。李待琛临危不乱，当机立断，命令警卫大队设法征调 10 余艘轮船，星夜加速拖带船队，折返沅水，上溯至辰溪、沅陵之间的山区，转危为安。①

这样安定之后，第 11 兵工厂发生了质的飞跃，成为当时国统区最大的军工集团，拥有万余职工，以及一流的机器、设备、技术、人才，连同家属，约 3 万人，部署在绵延辰溪的花塘坪、刘家坪、茅棚冲、桐湾溪、谭湾和沅陵的宋家坪、孝平、球岔等地区，那里有两座天然溶洞，长约 4 公里，内部宽近百米，高度相当几层楼，全洞可行汽车。李待琛将动力厂和枪械制造厂等主要生产部门安置在洞内，洞外设施则采用巧妙的伪装，加上高射炮的保护，使猖狂的敌机无所施其凶焰，工厂得以持续稳定的生产，人称"岩洞兵工厂"。②

八年抗战中，湖南是长期处于前线而能较完整地相持下来的少数几个省份之一，按直接投入抗日的人力、物力数量，只有四川可相伯仲。境内发生的重大会战有 8 次之多，常年动用的兵力达 30 余万，卫戍部队 10 多万，其主要的军火来源要靠第 11 兵工厂。更令人赞叹的是，在抗战后期，因日军"打通大陆交通线"，发动衡阳会战、常德会战、雪峰山战役等，有时敌军离工厂只有百来公里，而工厂仍坚持生产，支援前线。成为第二次世界大战中罕见的奇迹，

---

① 张叔方：《李待琛博士·李待琛传》，衡东县志办 1991 年印行。
② 秦书范：《李待琛博士·李公领导第十一工厂职工生产械弹支援抗日》，衡东县志办 1991 年印行。

被美国罗斯福总统誉为"最前线的兵工厂"。[①]

当年辰溪等地只有山区公路和布满激流险滩的水路，要搬迁重达几百吨的大型机器，要常年地顺利运输原料、燃料和成品，要保证几万人的生活物资供应，从来没有发生过停工待料的情况，有赖于工厂自身独立编制的运输组。该组下辖汽车队、船舶大队和两个人力大队，将机械与人力结合起来，一部运输机械配有几套人马，人歇车船不歇，络绎于途，其调度、指挥能力和效率是十分惊人的。

李待琛抓生产抓在点子上，并以独到的技术解决关键的问题。最值得称道的是以下4条：一是特殊金属材料的锻冶。因为枪、炮、弹壳所用的大量优质钢材和合金材料，战时全靠自己冶炼出来，幸好他是这方面的权威，有过硬的绝招；二是品质管制。实际上，除兵工署派员对成品进行检查、测验把关以外，厂内技术人员和工人在每一环节、每一工件都注意检验，任何零件、组件都以样板量具为准，符合规格，才可放行。各种枪械、弹药，出厂前都得试射、试炸。就是说，美国休哈特（W. A. Shewhart）的质量管理，以及后来戴明（W. E. Deming）等人的全面质量控制（TQC），早在三四十年代，李待琛的一些举措与之不谋而合。该厂这方面的技术人员（如新中国成立后湘潭江南机器厂等留用人员），都在质量管理领域成为专家。三是组建战地游修队。因为军队很多重火器是战前进口的，磨损严重、零件不齐，送往第11厂维修也不方便，游修队就地使其起死回生。[②] 四是为安定人心。鼓舞生产积极性，在厂区增建了各种文化体育设施（开辟小型公园、修造游泳池、举办美术或书法等各种展览），以丰富职工的业余文化生活，提高职工素质，改善精神状态。这种以增强文娱活动来抵制消极情绪的做法，在今天看来仍具有现实意义。

---

① 李中庸：《李待琛博士·先父李公待琛大事年表》，衡东县志办1991年印行。

② 隋涤秋：《李待琛博士·第十一兵工厂对抗日战争的贡献》，衡东县志办1991年印行。

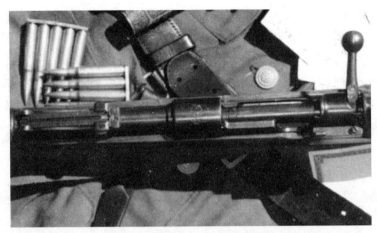

中正式步枪枪栓、弹仓部分图

这个万人工厂当年的日产量，最高可以达到：中正式步枪330支、刺刀330柄、重机枪3挺、轻机枪10挺、左轮式手枪10支、手提花机关枪（即冲锋枪）10支、信号枪5支、步机枪弹20万发、山炮野炮弹400发、八二迫击炮弹100发、炮弹引信500发、木柄手榴弹1万颗、地雷20颗、信号弹1000颗，以及维修航空炸弹、多种武器等等。这样多的品种可归结为5个系列，以往分成5个厂生产，不免各有一套管理机构，不便协调统一。李待琛将其改组为13个所，近似于项目组，管理层次减少，人员更精干，而且机动灵活，容易调配变动，从而提高了工效。①

李待琛是学者型的工程专家，对兵工技术的发展规律有深刻的理解，对工程技术的国内外现状有全面的认识。例如，早在大学本科初年级学习时，他就编译《现代武器》一书。② 长期积累使他能知己知彼、高屋建瓴地做出预测和实施。日本侵略者的狼子野心他了解最深，防御之策他研究极透。从20年代末，特别是九一八事变

---

① 隋涤秋：《李待琛博士·第十一兵工厂对抗日战争的贡献》，衡东县志办1991年印行。

② 李中庸：《李待琛博士·先父李公待琛大事年表》，衡东县志办1991年印行。

到七七事变几年时间，他日理万机，还在《民鸣》周刊和月刊上发表几十篇军事工程文章，数量之多，质量之高，全国无俩。例如《枪炮概说》、《机关枪之沿革概说》、《世界枪炮概观》、《世界步枪机枪之现状》、《日本现用之枪炮》、《日本兵器行政纲要》、《日本之兵工教育》、《德国长距离炮之研究》等等；有针对性地提出《改进兵工之要图》、《兵器材料之研究》，以及调查报告《我国兵工厂概况》和《东三省兵工厂纪略》（按：东北工厂已沦于敌手）等，都具有全局性的眼光。在"一·二八"事变时，日本掌握制空权、制海权，我军防守困难。他便研究《日本飞机军舰侵入我国领域之限度》①，根据日军飞机航程、军舰吃水深度及火器射程，加以科学测算，提醒各地、各部门早作防备。

1946年4月赴日接收前，在兵工大学（即原兵工专门学校）南京校友的欢送宴会上，请他即席发言，主要谈他对火炮技术的前瞻：

我国将来的火炮主体应是1932年制式兵器会议所确定的法国士乃德155毫米榴弹炮。该炮利用曲射弹道大落角，破坏坚固的障碍物，杀伤障碍物后或战壕中的敌人，以及打击远距离敌方坦克群，作纵深火力支援。该炮弹重44公斤，可以满足要求，只是射程仅12公里，至少应增加1倍。炮重只4吨，大有潜力可挖。

去年美国投在日本广岛和长崎的原子弹是战略武器，将来会发展成战术武器。155毫米炮看来可发射原子（炮）弹。还有，155毫米炮炮身可以当作火箭发射筒。如果火箭大于炮口径，只要在炮身上安置一个发射筒，便可节省火箭发射架了。

至于这种主体炮采取牵引式还是自行式？可作比较研究：……根据我国国情，以制造牵引式为宜。再谈发射药……要仔细考虑。

---

① 李待琛：《日本飞机军舰侵入我国领域之限度》，《不忘》1933年第1卷第9期。

半个世纪过去了，到了海湾战争时，其发展轨迹显示李待琛料事如神，如美军的 M198 型榴弹炮，口径、射程、弹重、火箭增程、反坦克导弹、战术原子炮弹等，完全符合李待琛的预测。[①] 又如我国由于"文革"的破坏，未能生产足够的 155mm 榴弹炮，在对越自卫反击作战中，有时就失去对付越方的苏制这种炮的压倒性优势。诚然，智者千虑必有一失，他那时强调我国适宜采用牵引式，不可当成教条，现在已到强调自身机动性（自行火炮）的时代了。

四　情操晶洁　修身养性励群工

李待琛一生清廉，淡泊名利，为人正直，克己奉公，堪称旧中国知识分子的楷模。下面我们可以从其子女以及第 11 兵工厂退休老职工的回忆中领略一下李老校长的大家风范。

临财不苟：根据其子女的回忆，李待琛在日常的生活中几乎没有"金钱观念"。有一次开抽屉，无意中翻出一张几个月前某杂志社汇来的数十元的稿费汇款单，但已过期作废；1928 年，李待琛时任南京政府兵工署设计科科长，当时国内部分武器需向德国人购买。有一次，一位德国商人以数千元现金贿赂他，当然，他对这种不义之财拒不接受，表现出了中国人应有的光明磊落与一尘不染的高尚情操。

生活朴素：李待琛平时生活艰苦朴素，全家老少衣着都十分简朴，从不奢华；家中用具十分简陋，只求可用，不讲排场；日常伙食也十分简单，抗战期间，口粮尤为粗糙，但从不利用职权搞任何特殊化；在抗战的紧张阶段，为了节省电力，保证正常生产，他带头不用工厂的电，而以油灯照明。由此可见李老先生克己奉公和艰苦朴素的精神，这在当时的国民党政府高官中实为少见。我们从当时军政部对他的嘉奖中可见一斑，1942 年春季检视结果："厂长生

---

① 张叔方：《李待琛博士·李待琛传》，衡东县志办 1991 年印行。

活朴素，吃苦耐劳，待人以诚，示人以公，故全厂爱戴，无有闲言"；1943年秋检云："简朴，学验渊深，公正不苟，产品成绩特著，记大功一次"。[①]

助人为乐：李待琛在湖南担任厂长时，经常周济一些生活困难的族戚，每年都将自家的田产按名单定量送给各贫寒族戚，一直持续到抗战开始；家境贫困有渴望求学的本族子弟，李老会把他们带到自己的家中，供他们上学，其中有一人读到了大学，后来到11厂工作，发挥了自己的才干；抗战胜利后，李老作为驻日接受赔偿总代表在日本工作时，遇到一位同乡覃某，因其经济上发生困难，李老便慷慨解囊，不料此人一次得手，便累次上门伸手，以致他自己在日本节衣缩食的储蓄被其全部"借光"。

先人后己：据其长女回忆，当年巩县11兵工厂迁厂前的一段时间，日机不断轰炸，后来上级为保存实力以做长期抗战的准备，决定迁厂。李待琛在这种一言系全厂安危的时刻，沉着冷静，周密部署了撤离工作，按轻重缓急分批撤出，工作需要的，家有老、弱、病、孕的，都优先撤离，而他自己全家老小12口人最后一批撤离；还有，1944年，厂区增设中学部，当时厂里的职工子弟都去沅陵等地的雅礼、福湘等有名的中学读书了，李待琛为了稳定入学率，减少子弟远赴外地学校就读，使教师安心改进教学，他以身作则，让3个读中学的子女都不另择名校。[②] 李老先生这种先人后己，大公无私的胸襟，实在为人所钦服。

李待琛在万人大厂的日常行政工作中显得举重若轻、游刃有余，这与他一贯注意企业文化的形成，加强精神感染的举措有很大关系。所谓"其身正，不令而行"。他就是吸取了儒家文化精髓，又从资本主义上升期的科学文化和民主自由平等博爱思想中撷取精华，并且深受孙中山先生的三民主义的影响，言传身教。当时的机关学校企业事业，每星期要举行"总理纪念周会"。那些受国民党、三青团控

---

① 《李待琛博士·李待琛履历表》，衡东县志办1991年印行。
② 李爱德：《李待琛博士·父亲的一生》，衡东县志办1991年印行。

制的部门便将其作为"党化教育"、"精神灌输"的阵地；而像李待琛这样的正人君子，则试图唤醒同仁，并借此传道授业。为此，他发表《嘤鸣录》。这是1本文集（包括随感、周会演说，以及干部的行为规范等），内分3集，即《成人集》、《柏叶集》和《党员守则释义》。所谓"成人"，源于《论语》，即"成德之人"。要达到这种境界，"尤贵勤加修养，具备各种美德，以为成人"。他拟定了"居心光明，勿作妄语，公而忘私，临财不苟，孝顺父母，友于兄弟，忠于职务，笃守信义，严于律己，恕道待人，励志百工，坚苦辛勤，崇尚气节，遵守礼性，守身如玉，爱惜物力"共16条，要求读者每日清晨暗诵默察，每星期重点巩固其中1项（条），并且像开列课程表检查学业一样，逐项记点（分），周而复始。态度上"第一要诚实不欺，第二要力行不懈"。①

为了加强针对性和可行性，他从正反两面分析人性，即恶与善这对矛盾共处于一身，恶如何转化为善？固然，心中时刻要警惕恶念的冒头并克制恶念，力戒恶行，但单靠善念去克制还远远不够，必须践履为善行，他称之为"（做）功夫"，这才能真正去克服恶念恶行。所以他曾概括为20条，将每一项不良风气列为靶标，用哪一种纠正功夫作为射向该靶标的箭矢，简单明了，提供人们履行。这里将相应的恶行和善行（括号内）引述如下：

1. 贪污（廉洁、节俭），2. 欺骗（至诚、不说谎），3. 牌赌（戒绝不正当娱乐），4. 骄傲（和蔼可亲），5. 奢侈（朴素简单），6. 幸进（按部就班），7. 懒惰（勤劳不已），8. 嫉妒（善与人同），9. 偏狭（胸怀坦荡），10. 记恨（众生可哀），11. 轻躁（厚重笃实），12. 寡信（重然诺），13. 忿怒（坚忍片刻），14. 恶浊（清洁光明），15. 迷信（缄口不谈运命），16. 无纪律（严守法令规章），17. 不守时（宁可我候人），18. 好争论（吃

_____

① 李待琛：《嘤鸣录》，辰溪巩固商行1941年版。

得亏），19. 意志薄弱（艰苦奋斗），20. 萎靡不振（整齐严肃）。①

　　请注意，上面每一项恶念恶行与括号内写的功夫并非以概念对概念（如一般人理解"骄傲"该对应"谦虚"，他却化成"和蔼可亲"，作为一种具体的态度、行为），而是重在告诉你该做什么，如何做。显然，这些修养功夫与新儒家（即宋明理学家）的诚意正心、格物穷理、修身齐家、治国平天下的践履之途也相当接近。类似地还有《五种遗规选注》等书的编写。

五　等身著述　不倦鼓吹警国人

　　根据 1947 年 11 月 20 日李待琛亲填的履历表，开列了他平生主要的著作目录。下面我们结合历史背景及相关参考文献，对他几部重要的著作加以简单的评述。

　　李待琛好学深思，勤于撰著。求学日本时编译《现代武器》（主要内容译自青木保《世界武器》，外加自编的航空机、潜水艇等 2 章），上海泰东图书局 1916 年 11 月出版。从今天的现实来看，最重要的武器是飞机和潜艇，可见百年前李待琛的眼光是何等敏锐长远。

　　在大革命时期，受孙中山"联俄联共，扶助农工"方针的影响，他在病中译述《革命后的俄罗斯》，含政治（史略、苏联之组成、联盟的统治机构）、经济（农业、工业、财政、劳动）两编，书稿成于 1927 年 1 月。8 月著作出版时已是国共分裂、宁汉合流之时。形势的变化当然是他这类政治核心圈外之人无法所掌握的，但书中表达的对社会革命和工农当家的肯定，以及他后来在兵工厂收留和任用以前的农会干部，可以窥见其思想倾向和立场。

_____

① 李伯芹：《转移风气》，《民鸣》1935 年第 43 期。

为了向群众普及国防工业基本知识，李待琛在"九一八"之后为商务印书馆的"工学小丛书"连续撰写了《金属材料》和《军械制造》。《金属材料》分 24 章分别介绍了铁、铜、锌、铅、锡、铝、镍、锑、锰、铬、钨、钼、钒等金属的特性，以及钢、黄铜、青铜、铜镍合金、白合金、轻合金等的特质，反映他知识的广博和扎实。《军械制造》一开始就探讨"军械"和"兵器"词义的关系，以及该书限于狭义的基本军械（火药、火炮、炮弹、步枪、枪弹、炸弹等），详于金属材料和独特的制造窍要，一般工艺则略述。特别注意内容的先进性，"俾读者得窥知世界军械制造之大势"。他还提出，"欲制造优良之兵器，必须（一）有学识深邃、经验宏富之技师；（二）有技艺卓杰之工人；（三）有完善之设计；（四）采用最上之材料，躬行精密之工作"。逐条用正反事例说明这些原则之不可违背，并针对中国各厂技术简陋、人员素质较差，以及一旦开战，民品工厂也得转入军械生产等问题，宣讲解决的办法。这本书的出版算得上是一项未雨绸缪的工作。

为了系统地阐述自己对国防与军工的见解，同时也由于他当时兼任实业部国营基本工厂设计委员会委员（1931 年 4 月）、工业标准委员会委员（1931 年 12 月）、军委会江海防务研究会委员（1932 年 8 月）、参谋本部国防设计委员会委员（1933 年 3 月，后来改名为"资源委员会"）等咨询和顾问性质的职务，便撰著更高层次的《国防与工业》，主张"欲谋国防建设，必须先谋产业之建设"。事关民族兴衰，"则下最大之决心，树立建设计划，此其时也。"他在序言中特别以苏联的新经济政策为例，说明发展国民经济的重要性。书中详列欧战对工业的依赖，具体分析国防与机械工业（含民用）、化学工业、冶金和材料工业的特殊关系，不乏精辟警策之论。当然，在国民党反动统治下，这些有利于民族解放的诤言是无法贯彻的。

《枪炮构造及理论》是李待琛留给后人的传世之作，该书分为上、下两册，计 1278 页，110 万字，分为炮、炮架、弹丸火具、枪 4 编共 37 章，其资料来源和内容的重点，在《序言》有扼要的阐述："本书材料多取自东西各国专书、杂志、说明书、笔记等，范围广泛……本书于枪炮之构造，多只述其大概，时举实例若干，至详细之处，非就实物一一考察，不易彻底。枪炮之理论，为设计之根本，占本书篇幅大部分，为求理论之了解、计算能力之养成起见，处处举有算例。此点或亦本书之特色。炮架一课，该校另有专门讲义，本书仅于其最重要之部分之制退机、复进机等，致力研讨，冀学者能由此修得此炮架要部设计之手续。关于枪炮之制造，叙述不多，除炮身制造尚属周到外，余均只及要点，但制造上应用材料之性质，语焉较详，各国工厂之规格，亦尽量介绍。为使读者明了各种火器之性能及其进步之程度起见，设《世界之火炮之现状》及《世界步枪机枪之现状》二章，似可先阅之。"

从 1934 年 9 月到 1937 年 6 月的将近 3 年的时间里，李待琛倾注了大量的心血，翻阅各种外文兵工著述，不舍昼夜，无论假休，反复修撰此书。其弟子张玉田后来曾多次谈到先生著书一丝不苟的精神：一是根据每一章节的标题与内容，将各国书刊上的有关段落找齐，浏览一遍，订出取舍及编排方案，然后以自己的心得见解为主，参照国外书刊上的资料内容，融会为一；二是国外书刊上的公式和算式，不肯照抄，而是理解透彻，论证其合理性，并加以验算，避免以讹传讹；三是精益求精，从善如流，力求内容丰富新颖。例如，书中提到的两件新式设备"照相测速仪"、"压电测膛压仪"，是德国顾问、弹道学国际权威威克兰兹教授主持的兵工弹道研究所的最先进仪器，李待琛抽不出时间开展研究，便让学生（该所技术员）为其撰文描述。

这本巨著后流传到解放区（包括重庆谈判时毛泽东主席获得的李待琛的赠本），成为像吴运铎（《把一切献给党》的作者，被誉为"中国的保尔·柯察金"）这些兵工专家的经常查阅的读本，当时的解放区缺乏兵工技术书刊，许多兵工工作都是参看此书得到解决的。到了解放战争大局已定，印刷条件改善之时，东北军区沈阳兵工厂还翻版印制此书，以供大规模国防建设之用，正文有 1190 页（按：因版次不同，页数互有差异，多者近 1300 页），国家图书馆至今珍藏。1983 年，兵工专门学校第 5 期造兵工程系的陈国怡在他的《国防科技》一书的序言中写道："《枪炮构造及理论》，厚厚的 1278 页的铅印，我随身保存了四十多年，尚未看到更高深、更详尽的这类教科书可以替代。"他还回忆自己"抗战中在重庆五十工厂试制七五山炮炮身，同二十四厂的瑞典顾问 M. Lielifors 博士合作，有关成分、铸锭、锻坯、热处理等，就靠此书上第四章炮用材料与第六章炮身制造中的资料，尤其是炮身钢材的热处理，是先生当年博士论文的精华所在。"

　　此外，在闲暇之时，李待琛还十分注重对史料的收集、考证与整理。他将在上海兵工厂工作时收集到的我国兵工创业史料厘定为 3 篇文章：《我国兵器制造之发达及其现状》、《江南造船厂厂史》（按：该厂即本书前文讲的江南制造局，是曾国藩、李鸿章委托容闳从美国采办机器创立的我国最早的大型军事工业）和《金陵与汉阳兵工厂概况》，分别于 1930 年 2 月、6 月和 1931 年 2 月发表于《民鸣》杂志，成为日后我国编撰《中国兵工史》的宝贵史料。[①]

六　索赔成虚　未能返湘难瞑目

　　当他被委以国防部驻日接收赔偿总代表（1947 年 2 月）、参加盟军总部中国 5 人代表之一（1947 年 2 月）的时候，十分快慰，终于看到日本帝国主义分子低头的情景。但他知道由于盟国陆军并未打进日本本土，使得日本战争罪犯和军国主义者们得以销毁档案，隐藏大量罪证。而西方掌控的联合国机构和盟军军事法庭又高调宣扬宽恕、人权，狡猾的战争罪犯及其辩护律师善钻法律空子，便利用"证据不足"来做无罪辩护，逃脱对他们的追索、追讨。试问，日本侵略者烧杀抢掠时哪里会给中国军民和工商企业打收条、留证据？而法官们却要求被害人（原告）详细举证，以示他们依法办事

---

① 衡东县志办公室编：《李待琛博士·李待琛履历表》，衡东县志办 1991 年印行。

的"公正"。李待琛洞烛其奸，明察其伪，迎难而上，必须考察日军占领时期的种种掠夺行径及产生的后果，以便揭穿其阴谋，并掌握索赔的尺度。他选择曾经被视为"台湾第二"（殖民地）的海南岛（曾被日军占领）为典型，全面收集资料，形成《海南岛之现状》一书（1947年3月）。[①] 再次表现了他的科学家素质和行政家作风，以致后来在日本的正义言行，令当时盟军驻日总司令麦克阿瑟也不得不折服。由于美国政府已决心与社会主义阵营进行冷战，悍然单方面改变政策，庇护日本军国主义，使得中国的战争索赔虎头蛇尾，仅仅拆迁回一两家兵工厂设备便戛然而止了！令李待琛深为遗憾，便离开了国民党的驻日机构。后来为了谋生，只得替信托局翻译工商金融信息。他利用业余时间，转回学术研究领域，着手收集研究核武器的资料，为"两弹"及战术核武器（如核炮弹、核地雷等）的设计探索技术基础。以他的悟性和经验，参透个中的奥秘玄机，写成书稿《原子兵器》12.5万余言，这一著作准备带回来，对我国国防上原子能的应用将具有重要的意义，但未能如愿。

李待琛侨居日本期间，他的家庭成员基本上都留在大陆，无法共享天伦之乐。新中国成立后人民政府将其幼子经香港送至东京随侍左右，[②] 1957年又趁民主人士凌霞新（曾留日学习矿业，结识李待琛，回国办理企业，成为爱国民族资本家）之日籍夫人赴日探亲之便，传递书信，向其转致政府欢迎其回乡之意。李待琛思乡之情与日俱增，当时新中国与日本没有外交关系，他只能等待时机。到1958年，在"炮击金门、解放台湾"的热浪中，年近古稀的他积极准备返回大陆。却被台湾当局严密监视，"安全人员"（即特务）将他蒙骗，以送其登机赴香港为名，飞到台湾。下机时除随身衣服和两箱文稿外，别无长物。[③] 虽有在台湾的长子、亲友、门生、故旧给予关怀照料，仍郁郁寡欢，一年后即因心脏病发作，溘然长逝！

---

① 李待琛：《海南岛之现状》，世界书局1947年版。
② 张叔方：《李待琛博士·李待琛传》，衡东县志办1991年印行。
③ 李中庸：《李待琛博士·先父李公待琛大事年表》，衡东县志办1991年印行。

1991 年 10 月，湖南大学为创办人、行政委员会委员长李待琛先生举办了百年诞辰纪念大会。李先生的学生及亲属等纷纷撰文追述其生前为国为民的功绩和高尚品德。其中他的弟子高级工程师刘江岷写的一首颂歌可以说是老先生光辉一生的写照：

胸怀远志，几渡重洋。归国兴业，教育有方。百岁诞辰，缅怀师长。为人师表，德才慈祥。兵工泰斗，科史留芳。桃李志成，奉献四方。在天之灵，众生拜仰。

李待琛自童稚至而立之年，历经甲午、日俄（再失辽东）、日德（又丧青岛胶州湾）战争屈辱和五七（廿一条）、五卅、五三（济南惨案）等国耻事件，在留学时亲睹、深知日本帝国主义蚕食中国的罪恶企图，坚信只有化悲愤为力量，奋发图强，别无出路。所以他留日、留美学好军工专业和相关技术的决心毫不动摇。九一八事变以后，更是夙兴夜寐，为军工运筹设计和人才培养呕心沥血。他和同僚们在自己职级层次上的庙算称得上妙算，例如以七九式步枪针对日本三八式步枪，马克沁重机枪针对日本的重机枪（板式弹匣），驳壳枪针对日本"王八盒子（枪）"，木柄手榴弹针对日本的"甜瓜"（手榴弹），无不占有一定的优势。这些武器虽然是引进西方国家的技术，但要能适应中国生产工艺、军队水平以及战士素质，无一不凝结着李待琛等中国军工人员改进创新的智慧。

在第二次世界大战中，中国对日本侵略者的抵抗最早、最久。以落后的农业国抗击工业化的日本，空军、海军装备太差，数量太少，丧失制空权、制海权，而能坚持 8 年，主要靠陆军持续消耗日军，最终转入反攻；对比之下，英美在东南亚和太平洋战场初期被日军打得狼狈不堪，列强才知道中华民族不可侮、中国不会亡。李待琛作为军工系统的"方面军司令"，除了在战略上的决策、战术上的方案高人一筹，其技术设计、工艺选择、识拔真才、指挥调度和组织生产等方面也遵循科学规律，尤为重要的是他的人本管理和思想教育，以修养功夫提升职工的精神境界；他本人刻苦攻读、勤于著述，擅长教化，致力于提高国人的科技水平。这一套举措构成他推进军事装备现代化的系统工程思想和实践。

可以看到，湘学经世致用的传统对李待琛影响很深，宋代湘学宗师周敦颐的"出淤泥而不染，濯清涟而不妖，中通外直，不蔓不枝……"① 赋予他廉洁奉公、以身作则的定力，收到不怒而威、不令而行的效果，也是他毕生的行为准则。

---

① ［清］张伯行辑：《周濂溪集·爱莲说》，学苑出版社 1990 年版。

周凤九　现代公路与桥梁建设之开拓者

　　当代中国有一句家喻户晓的口号叫"要致富，先修路"。民主革命先行者孙中山得风气之先，1918年草拟的《实业计划》，就提出了修筑各级公路总长100万英里（合160万公里）的宏伟任务，并阐述其对于推进现代化的作用：

　　"道路者，文明之母也，财富之脉也。试观世界今日最文明之国，即道路最多之国，此其明证也。中国最繁盛之区，即交通最便利之地，此又一证也。故吾人欲由地方自治，以图文明进步，实业发达，非大修道路不为功。凡道路所经之地，则人口为之繁盛，地价为之增加，产业为之振兴，社会为之活动；道路者，实地方文野贫富所由关也！"①

　　湖南宁乡人周凤九与孙中山所见略同，1920—1925年先后到法、德、比利时的土木建筑道路工程专业深造，回国后一心扑在公路建设事业上，在旧中国和新中国都当过全国公路总局副局长、总工程师，率领员工，筚路蓝缕，开拓前进。

---

① 《孙总理建设道路之遗教》，《道路月刊》1931年第1期。

中国近代第 5 波留学潮，是李石曾、蔡元培、吴稚晖等人趁第一次世界大战，法国后方缺乏劳动力，提倡中国青年留学，"勤以做工，俭以求学"，成立"法华教育会"，至 1920 年赴法求学人数已达 1600 人。这时大战结束，难以求职，生活维艰。十月革命的苏俄吸引了周恩来、邓小平等革命青年前往取经，其他滞留在法国的文理工科学生，很少有能真正靠勤工俭学完成学业者（迟去的严济慈、童第周、徐悲鸿、钱三强等都有官费，另当别论）。本文提到的周凤九是鲜见的案例。在五四运动"科学"、"民主"社会思潮影响下，他怀抱"工业救国"的理想，1920 年毅然留法。他的身份与大多数只有中学学历、缺乏专业知识的留法年轻朋友们不同，可说是一番"回炉、淬砺"。

一　博采中外　土木工程担重任

周凤九（1891—1960），原名周祺，字凤九，出生于宁乡县双江口区檀树湾乡兴益村（白泥桥），家为官宦书香门第。自幼受过良好的家庭教育，学业优异。县立玉潭书院毕业后，入长沙的宁乡驻省中学和长郡中学，转入著名教育家胡元倓（清末驻日留学生监督，黄兴曾推荐其任中华民国临时政府教育总长，胡敬谢不愿从政）门下（长沙经正学校和明德学校）为旧制三班学生。1915 年，从湖南省高等工业专门学校（湖南大学前身）土木科毕业后，在湘雅医院及光华电灯公司任工程师，从事土木建筑设计施工。与陶振昭结婚，日子过得和美、甜蜜。

燕雀焉知鸿鹄之志，周凤九在时代潮流席卷下，积极要求进步。1919 年经周世钊介绍，他认识了毛泽东。当时，毛泽东正在倡导赴法勤工俭学，劝他出国深造。[①] 1920 年，周凤九和徐特立、蔡和森、李富春等一同到达法国，考入巴黎土木建筑学院，着意弥补以往在国内欠缺的理论新知和施工窍要，因而深有领悟，触类旁通。1923 年毕业后，又到德国柏林大学及比利时冈城大学研究，这 3 所高校都是世界名校。在欧 5 年，邃觅精研，于 1925 年学成归国。

周凤九回湘后，在楚怡工业学校任土木科（3 年制中专，后升等为大专）主任，该校校长陈润霖曾是周凤九的老师，校址在长沙市区稻谷仓巷（今蔡锷北路东侧）湖南制造局旧址。周凤九参考学科标准，安排的专业课程有工程力学、材料试验、结构设计、制图、测量、施工学、土木工作等，可以看到既实用又有一定理论深度，使得学生毕业能适应工作，且具有发展的基础。第 3 学年分为市政水利组、建筑组、路工组，学生选其一科（组）学习，每周平均授课 22 课时，实习 20 课时。他还兼任湖南大学（湖南工专）土木工

---

①　周德民：《湖南公路界泰斗周凤九》，《湖南党史月刊》1991 年第 5 期。

程系（科）教授。

1926 年，周凤九到湖南省湘中汽车路局任工程司（师），他了解道："湖南往昔与邻省交通，陆路端赖驿道，宽约 2—4 公尺，路面大半铺置石板一道，（总）长约 3200 公里，其运输工具，为车辆或肩挑背负之苦力。湖南省政府，因感往昔交通不便……于民国二年设湖南军路局，兴修长沙至湘潭一段卵石路，计程 50 公里，路幅 7.32 至 9.14 公尺，涵洞桥梁多用木料修建（十六年移归湘中路局即将木桥改建砖石），因受时局影响，至民国十年冬，始克完成，此为湖南修筑公路之第一时期。"① 一段百里卵石路（长潭军路）建了 9 年，居然还算全国先进！

周凤九回国已过了这个草创阶段，待他献身湖南和全国的公路建设事业，将筑路技术水平提高很多（如木桥改砖石桥），是为第二时期的领军人物。

他担任潭宝（湘潭至邵阳）公路桥梁设计及筑路工程指挥。1929 年 11 月，任湖南省公路局总工程师兼工务科长。1931 年在上海召开的全国公路展览会上，他主持设计、指导施工的多座桥梁（如悬索式等）模型，获得很高评价。1932 年冬，他以湖南省公路局总工程师的身份，参加了豫、鄂、皖、湘、苏、浙、赣等 7 省筑路会议，对制订全国联络公路网计划和技术标准，提出了切合实际的方案。

在湖南省公路局等单位工作期间，他仍兼任教职，在楚怡工业学校讲授公路工程学，在湖南大学开过公路工程学、桥梁工程学及铁路测量学等课程。他采用自己丰富的工程实例进行教学，事半功倍。1933 年 1 月，日军侵占山海关，相继攻占长城各口。湖南省公路局人员纷纷请求参加抗日军事运输，周凤九积极支持这一行动，于当年 3—5 月，先后批准 80 多名职工驾 34 辆汽车，驱车几千里赶往北平，担负运输军械弹药到喜峰口、古北口前线，又从前线抢运

---

① 周凤九、欧阳镜环：《湖南公路之过去与现在》，《湖南大公报二十周年纪念集》1935 年 7 月版。

伤员回北平的任务。冒春寒、斗敌机，昼伏夜行，为长城抗战做出了贡献，也证明这是一支非常能战斗的钢铁队伍。1933 年 7 月，他曾去南京，为全国经济委员会（下辖公路处）举办的公路工程师训练班讲授桥梁涵洞学，学员均为著名大学土木工程系科应届毕业生中选送的，后来多成为公路建设中的技术骨干。

　　1934 年夏，湖南公路局周凤九和童恩炯作为中国代表团成员，出席在德国慕尼黑举行的国际道路会议。国际道路协会（PIARC）1908 年成立于巴黎，每隔三四年轮流在不同国家召开一次世界性的大会。中国参会的报道最早见于 1928 年。此次代表共 6 人，即沈怡（上海市工务局局长）、赵祖康（经委会公路处副处长）、周凤九（总工程师）、童恩炯（工程师）、王南原和江鸿，后 2 人是留德学者，分别受安徽和全国道路协会委托参会。出席大会的专家学者约 2000 多人，来自 50 余国；正式代表 240 余名来自 41 国。[①]中国政府的祝词是"大道坦荡，敢效神功，普天文轨，于斯来同"。以及赠送理事会的礼品（周凤九携来的湘绣"醒狮图"）受到特别的欢迎与赞扬。他与薛次莘分工合作提交了论文，标志着中国公路科技在国际同业中已占有一席之地。会后分组参观全德道路工程，周、童、江选择东德方向，亲见德国各级路桥技术之样板，一周结束行程，回国。[②]

　　1935 年，省公路局赶建湘黔公路。一处长达 300 多米的"驼峰"险隘必须打通，外国人扬言至少要 30 年，他不畏艰险，系绳索攀缘于悬崖峭壁、深溪绝涧之间，终于选定五道回头线，绕过"驼峰"，最大坡度未超过 7%，使得常（德）沅（陵）路段，仅两年时间胜利修通。又如桃源到沅陵的选线，避开两关（辰龙关和马鞍山）险隘。1933 年至 1937 年，他主持设计、指导施工建成了通往川、黔、桂、粤、赣、鄂各省公路联络干线及

---

　　① 赵祖康：《出席第七次国际道路会议报告》，《公路》1935 年第 1 卷第 1 至第 2 期。

　　② 江鸿：《本会参加第七届国际道路会议代表日记》，《道路月刊》1935 年第 46 卷第 2 期。

省内主要干线，将湖南省的公路从 1927 年的 140 公里增长到 1937 年的 2721 公里，占全国公路总长的 1/10。

1936 年 4 月周凤九升任湖南省公路局局长，并兼任湖南机械厂厂长，因为当时该厂主要业务之一就是修配汽车，厂里的机电设备较全较好，有配套的炼铁、铸造、炼钢等能力。这样，他让工程师黄伦铸炼锻造钢索链条等要件，使湖南公路获得有力的物质材料保证，加上新式设计施工技术，悬索桥等方面的建造技术在全国领先。

周凤九在那个年代为何能发挥那么大的作用呢？原来，"公路事业分工务、业务、政务三大部门，工务包括工程，业务包括机务燃料与运输，政务则属监理行政。前二者为公路交通事业之支柱，后者为推进事业之枢纽，联系工务、业务形成全部事业之一环。"这种制度使其管辖的事务较广，特别是任局长兼总工程师职务之时，行政和技术兼挑一身。

二　民族解放　追求进步屡建功

周凤九痛感旧中国石油匮乏，预计中日战争爆发时，敌人必然封锁围困，断绝汽油、柴油输华通路，汽车燃料必须尽早寻求代用品。"九一八"之前他已研究煤气车文献，1930 年委托留欧学者沈宜甲（周留法时的老朋友）和黄绍石，到法国、比利时各煤气机厂调访，弄到文字资料，请沈宜甲从法国定购 3 套煤气发生炉寄回，公路局迅速刊行《煤瓦斯器调查报告》。由于我国煤的蕴藏量丰富，各地多有，1932 年，公路局化验了省内所产白煤（无烟煤）300 多种煤样，比较何者适合用于煤气发生炉。1935 年继续燃煤煤气炉试验，以法国高安式和英国高速式（内有滴水装置）两种炉型、三级清洁过滤，获成功。但行车时有水爆、结渣、腐蚀、积垢等缺点，暂未推广。而省建设厅技师向德改制木炭煤气炉成功，木炭到处都可烧制，在山乡比煤更容易买到，使湖南在全国率先开发木炭煤气汽车。1935 年，周凤九决定将潭宝武（湘潭至洞口）段全部 51 辆汽车改装为木炭煤气车，沿途大站增设燃料添加和清理设施，并规定了煤气车司机和修理工的工资比汽油车的高 30% 的奖励制度。

煤气汽车试车驶过天心阁下

　　1934 年湖南工业试验所柳敏研制成功燃用酒精的汽车，周凤九立即决定将公路局的 3 辆客车改装成酒精车，积极支持这项成果的推广。有了酒精车，还得保证酒精的供应，需用粮食作为部分原料，价格较昂贵。但只要需求旺盛，大量生产，成本便可以降下来。湖南建设厅又新建了燃料酒精厂。果然这两种车在抗战期间发挥了重大作用。周凤九、柳敏、向德是湖南工专先后校友，由周凤九牵头并负责部署支持这一系列创新，母校为他们树立的工业救国、科学救国信念，使他们敢为人先，锐意创新，合作无间。

　　抗日战争爆发后，1937 年 10 月，徐特立来湘设立八路军驻湘通讯处。徐与周曾同去法国留学，交谊甚笃。周在私宅设宴为徐洗尘，并邀徐到公路局向员工作抗日救亡演说。他还同意员工替新四军购买和运送医药、器材。湖南省党政当局以其"通共"、"贪污"等罪名而逮捕他。得周震麟、贺耀组、陶峙岳等力保，才将周判刑两年，交保假释。由于战事吃紧，湖北急需他去负责支援，"民廿七年，先生任湖北公路处处长，受命之时，正值日寇沿长江大举西犯，先生督率僚属，于万分紧张及战机袭击之下，协助抢修鄂东南各公路，军运称便。嗣以军事当局变更战略，撤离武汉，时值雨季，襄河洪水泛滥，唯一可以退却之路线，即为汉口宜昌公路，经由汉口至长江埠一段，须循百二十公里之防堤，及长达数公里之大小桥梁，一遇洪水季节，必遭摧毁，每年须俟水枯，乃能复堤通车，而其时敌人节节进逼，情势严重已极。先生乃身先僚属，昼夜赶修，卒于一星期内，全路抢通。当 10 月 25 日午夜二时，最后辛沟桥抢架完成之时，日寇先锋已进入武汉，然由于是路之畅通，四千余辆机动车与人兽力车，十万军民与物资，遂得迅速安全撤退，达成军事任务，极受中央所嘉许。"[1] 他本人一直坚持到最后，才撤往鄂西的恩施，个人行装也丢失殆尽。

湖北大部沦陷，周凤九的工作也有变化。"民国二十七年抗战开始，中央调整战时行政机构，铁道部与交通部合并，复将全国经济委员会经管公路业务，并入交通部设置公路总管理处，规划建设管理经营全国公路，此为我国政府设立中央公路管理机关之始，当时为适应抗战需要，除重要路线，直接兴筑外，复视路线之重要，分别担任全部经费，或补助一部分工款，督促各省建设，一面将已通车主要干线，由中央接收，设立机关，统一管理及营运。"[2]

他的业绩和资历使之被推到上级岗位，负责西南战略公路修筑，亲临现场，以致 6 个儿女中的 5 个都丢在重庆寄宿读书，很少相聚，只有读小学的周光祥留在身边。当时，东北、华北、中部及东南沿海大部分地区沦陷，西部作为大后方支撑危局。他历任重庆国民政

---

① 　编者：《交通人物：周凤九》，《世界交通月刊》1947 年第 1 卷第 2 期。

② 　赵祖康等：《三十年来中国之公路行政》，载《三十年来之中国工程》，中国工程师学会 1946 年版。

府交通部公路总管理处帮办（按：即处长助理，副处长）兼桥渡科科长，川滇西路工务局局长、管理局局长，西南公路局副局长兼芷江分局局长，交通部公路总局副局长兼第二区公路工程管理局局长等职。曾参加视察川滇东路，对该路桥梁改善工程，提出很多技术上的卓见。在川滇西路任局长时，对该路的重要改善工程，如大渡河悬索桥、桃子坝改线、安宁河桥抢修等无不亲自筹划，坐镇指挥。1944 年他自重庆至西昌时，途中积雪阻车，他亲率员工，冒寒铲雪，奋战 5 昼夜，始克通车。他的艰苦奋斗作风，给员工深刻的感染。①

　　1945 年他邀请进步经济学家邓初民到西南公路局演说，再度遭"非议"，但他"积习不改"，无所畏惧。抗战胜利后，他在第二区公路工程管理局任局长期间，负责武（昌）长（沙）、常（德）万（载）、沅（陵）常（德）、长（沙）宜（章）等公路的修复及抢修工程，总长达 1700 多公里，及部分新线工程。1946 年，中国土木工程学会成立，他被选为第一届理事会副理事长。在国民党的"宪政"闹剧中，他以其在工程界的威望和对"联合政府"的向往，与吴蕴初、王云五、翁文灏、卢作孚等作为"工矿团体"人士，当选"行宪国民大会代表"。"旋复奉命兼任公路总局副总局长，协助中枢策划全国公路事宜，极为交通当局所倚重（按：其时俞大维调任交通部长），行见他日对于全国公路建设，将有更伟大之贡献也。"② 可是这话适成讽刺，事与当局愿违，他已无所"作为"。原因何在？答案是：国民党反动派挑起内战，搞得民不聊生，疮痍满目，何谈建设！

　　1948 年周凤九因不满南京政府的反动腐败，辞职回乡，再度执教于湖南大学。他凭借着丰富的实践经验，带学生走出课堂，参观考察各处公路工程。在地下党的影响下，他在凤凰山（岳麓山东部余脉）下桃子湖畔的私宅中，多次与他的门生故旧讨论时局，"还是留下来跟共产党建设新中国是上策。"叮嘱他们各自坚守岗位，保产

　　① 刘以成：《对我国初期公路发展和技术提高做出重大贡献的周凤九》，载《中国科学技术专家传略·工程技术编·交通卷》，中国铁道出版社 1995 年版。

　　② 编者：《交通人物：周凤九》，《世界交通月刊》1947 年第 1 卷第 2 期。

护路，迎接解放，表达了他对共产党的真诚寄望。

中华人民共和国成立后，周凤九先后任中南交通部计划处处长、华南公路修建指挥部总工程师。1953 年 10 月，奉调到北京，任中华人民共和国交通部技术委员会副主任，参加中国农工民主党。1956 年 10 月，改任中华人民共和国交通部公路总局副局长。他曾当选湖南省人民代表大会代表。1956 年，增补为第二届全国政协委员，1959 年又当选为第三届全国政协委员。1958 年因糖尿病休养，1960 年 1 月 9 日因心脏病逝世于北京，终年 69 岁。

三 技术创新 路桥建设占鳌头

周凤九是立于世界公路建设潮头的人物。因为中国与世界多数国家相比，近代经济落后，工业幼稚，地形、气候特别复杂，施工特别艰难，公路发展迟滞，直至 20 世纪 20 年代中期以前，大多只是就地培出一条简易的路形，缺少桥、涵、防护工程等构造物，待建任务特别宏大。1945 年中国工程师学会土木工程专家赵祖康（上海市工务局长）报告称："我国公路建设之历史，仅约三十年，而公路工程之得普遍的被认识为技术工作，为时更短，盖至多不过十余年耳。""各省公路机构之组织，最初多以修筑军用路或省道与市路为出发点，惟因时局关系，时兴时废，迨国父提倡筑路，社会人士始知道路之重要。"而到他这一辈才得以从头做起，周凤九亲自主持建设和修复多条西南干线公路，许多都是工程艰巨的重大工程项目。他从规划、勘察、设计、施工直至建成，一抓到底，解决不少世界级的难题。

首先，在路线设计上，他按照汽车行驶的技术要求和当地的地形条件，选定经济合理的路线。特别是对一些工程艰巨，展线困难的路段，他不畏艰险，亲自勘测，获取第一手经验。例如：长（沙）平（江）公路上的箸铺岭为一石山，高差很大，测量人员几经研究，无法解决。他当即驰赴工地，亲自测量选线。根据地形，采用螺旋线展线的办法，使路线回环而上，经跨线桥，再用回头曲线与通往垭口的越岭线相接，从而使路线标高提高 18 米，最大纵坡仅为 6%，垭口处仅挖 9.75 米，攻克了这一技术难题。这种展线方法当时在国内尚属首次采用。赵祖康公允地评价："三十年来国内公路定线较佳者，在各省当推湖南、浙江等省之干线。"①

周凤九设计的几座传统改进形拱桥

　　其次，在桥梁建设上，因地制宜，大量采用永久式结构。除我国传统的石拱桥外，他作为欧洲大陆派的学者，根据我国钢材缺乏

①　赵祖康、郑德奎：《三十年来中国之公路工程》，载《三十年来之中国工程》，中国工程师学会 1946 年版。

的实际情况，提倡采用多种结构型式的钢筋混凝土桥（美国则主要采用钢结构或钢梁与钢筋混凝土板的组合结构）。如在潭（湘潭）宝（邵阳）公路上的永丰大桥，他设计了一座4孔中承式钢筋混凝土拱桥，两个中孔跨径为24.38米，并亲临施工现场。这是我国公路上当时跨径最大的钢筋混凝土桥。又如长（沙）常（德）公路上的沩江大桥（钢筋混凝土板桥）、惊马桥（砖拱桥）、沙河大桥（钢筋混凝土梁桥），潭宝路的虞塘桥（上承式钢筋混凝土桁架板桥），宝（邵阳）桃（花江）路的白竹桥（石拱桥），在这些路上采用了多种结构形式的永久式桥，一改过去的不经正式设计的木结构桥。这些都是他亲自主持设计、指导施工建成的。在1931年上海全国公路展览会上博得赞誉。

1937年川湘公路建成后，该路三险之一的能滩河，两岸陡峻，河谷深达20多米，水流湍急，他决定修建一座单孔80米跨径的吊桥。这是我国第一座最大跨径的吊桥，他设计采用空心圆柱式铸钢桥塔，吊索采用铸钢链条。由湖南机械厂收集汽车废钢，自行用电炉冶炼，整个链条重达20多吨，缺乏吊装设备，设法在高空搭成便桥，逐节拼装，"能滩吊桥"始克成功。

桥梁工程权威茅以升不吝赞美之词："湖南省修筑公路，推为全国第一，开始即依铁路组织一切工程进行不稍苟且，故颇有成绩。其后国人主持，亦能本此精神，继续发扬。故该省公路桥梁采用永久式者几达全部百分之八十五以上，临时性之桥梁仅占百分之五。且所采型式颇多新颖，砖石混凝土之拱桥，钢及钢筋混凝土之桥梁，散见各路。中以孔长26.8公尺之吊式拱桥（永丰桥），为全国最长之钢筋混凝土记录。而孔长33.5公尺之白竹桥，又造成全国最长之石拱桥，能滩之钢链吊桥，系利用废旧汽车钢架，重铸凑合而成，不假手外洋材料，完成孔长80公尺之钢链吊桥。在当时推为国中唯一之新式吊桥，尤见匠心。"①

---

① 茅以升：《三十年来中国之桥梁工程》，载《三十年来之中国工程》，中国工程师学会1946年版。

　　周凤九两篇言简意赅的专论，这里挂一漏万仅录其小标题，以略窥其思想。如在南京写的《涵洞桥梁学讲义》"第一章 涵洞 1. 排水面积，2. 涵管（材料、安设），3. 方洞，4. 涵瓮。""第二章 桥梁 1. 排水面积，2. 桥位，3. 桥基，4. 桥台及边墩，5. 桥面，6. 废轨之利用，7. 穆梁桥，8. 钢骨混凝土椿桥，9. 老桥之利用。"①又如《湖南公路桥梁概况》："1. 建筑材料，2. 式样种类，3. 建筑费及图样，4. 桥梁修养。"内附 4 表，6 工程图，以及 10 幅桥梁照片。②

　　最后，在路面建设方面，限于当时经济和材料的来源，不可能有较多的沥青、混凝土等高级路面，而采用我国自己创造的泥结碎石（当时称"泥结马克当"）等路面结构，并创造了灌浆法、滚浆法等不同的施工工艺。所以 1934 年周凤九出席 PIARC 在德国召开的"第七届国际道路会议"，代表中国的报告就是《城乡经济路面的建筑与修养方法概述》，合作者薛次莘（未参会）是美国麻省理工学院硕士，上海、南京的市政工程领军人物。他们研究的是世界性的课题，如当时美国公路里程和汽车数量都是全球第一，而碎石泥结路面之类非柏油、非水泥结构仍占多数。湖南的就地取材，工艺技术，精心维护和良好管理，允居全国领先，在世界不发达国家中也属最先进，甚至对发达国家也有参考价值，我们不必妄自菲薄。③ 无怪乎赵祖康说："各省公路面建筑保养成绩最佳者，湖南省其一也。……而办理人员亦能认真技术，且皆安定久于其位，富有经验。"

　　凡此种种，不仅当时奉为楷模，在经过长时期的实践检验之后，成为全国公路界的定评。

　　新中国成立后，周凤九对国内重大工程建设，如华南公路、武汉长江大桥，以及一些援外工程等，无不殚精竭虑，出谋划策。1949 年底他赴京参加第一届全国交通会议，对全国公路网规划及技

---

①　周凤九：《涵洞桥梁学讲义》，《湖南大学期刊》1933 年总第 9 期。

②　周凤九：《湖南公路桥梁概况》，《工程》1934 年第 9 卷第 4 期。

③　陈本端：《本届国际道路会议及我国报告书》，《工学季刊》1935 年第 1 卷第 1 期。

术干部职称评定标准等，积极提出建议和方案。1956 年他主持公路总局技术干部调整工资时，根据中央精神，较大幅度地提升了一些技术人员的工资。另外，他当时还曾根据国外经验，建议修建钢筋混凝土桁架桥。在他病退后，仍计划编写一部《中国公路史》，并已拟定纲目。甚至在他临终时还叮嘱子女二事：一是他在法国时，曾见一种天然土壤，可代水泥，而在国内迄未发现，希望他们在他没有到过的新疆、西藏等地，继续注意寻找；二是他曾初步设计了一座大跨径铸铁拱桥，希望其子光哲继续完成详细设计，竟无一语涉及个人家事。

四　乐诚巍堂　框架结构启后人

以上技术文字多属于公路桥梁专业知识，下面不妨看看他的（文化教育）公共楼堂建筑设计，当更为一般读者所熟悉和乐见。

从他与周汝潜合写的《湖南私立明德学校乐诚堂工程纪略》可见一斑：

民国二十年（1931）春月，凤九等办理乐诚堂工程，对于建筑工艺素少研究，原不敢担此重任，重以九师（引者按：指周凤九的老师胡元倓）之托，又未敢推辞，凡我师友幸垂教焉。

（正文）……二、经费的限制……不能超过 12 万元……。三、包工的办法……化整个工程为无数小工程……彼此竞争，所以价格运力也还算便宜，货色工作也还算将就……四、施工的时间……二月底成立工程处，着手设计……七月开工，中经一年零一个月……完工。

附：各项工作进行时期表（略）。各部构造的说明：

（1）位置——恰在全校的中心……全屋共长 212 尺，宽 59尺，高 56 尺，占地 125 方。共计 4 层。（2）内容——第一层是避大水用的（引者按：学校滨江），空高 11 尺，预备作学生会、学生银行、消费合作社、食堂、游艺室、运动器械室、教育交谊室、溜冰室、演武厅、阅报室、理发室，合计11间。第二层空高13尺半。作校长办公室、教务、训育、体育、事务各课办公室；事务课储藏室、接待室，教员休息室、童子军事务所、史地、数学、图画教室、史地标本陈列室各一间。普通教室3间，电话室、校工室，各一间，合计18间。第三层作普通教室14间，大厅一间，小室二间，合计17间。第四层作通用教室一大间（可容学生240人），自然科教室二间，理科准备室、物理器械室、物理实验室、博物实验室、博物标本室、化学药品室、天秤室、暗室各一间，化学实验室二间，合计13间。全楼共计59间。东西甬道各层一个，东西坪台每层二个，正中钢筋混凝土楼梯一座，两端木楼梯二座。(3) 基础工程……；(4) 栋梁工程——栋柱横梁，全为钢筋混凝土……；(5) 墙壁工程——墙壁概用青砖。内外墙均是空砌……；(6) 门窗工程——门窗框架概用本省梓木。门叶窗叶概是杉木……；(7) 楼梯工程……；(8) 楼桄楼板工程……；(9) 屋顶工程……免生锈。水枧溜筒，均用白铁。(10) 烟筒工程……；(11) 粉饰油漆工程……；(12) 花岗石工程——前门大石圆一座，前后石级120级，前面石柱4个，柱上安置灯杆及花盆各一对，分列前后。灯柱上部灯架均是熟铜构造。(13) 地面地沟工程……；(14) 装饰工程……；(15) 玻璃砖瓦工程……；(16) 工作木架工程……；(17) 特别工程……；(18) 附带工程——堂前面路堤一道，堤中小桥一座，及沿乐诚堂西北两面岸，新做。

　　读者从以上"纪略"可得到如下认识：

　　(A) 工程管理上节省造价（1. 发包，分包；2. 基础采用木桩；3. 墙体采用空砌；4. 就地取材，所选基本为当地材料）；(B) 结构处理上手法先进（1. 地基处理；2. 钢筋砼的运用；3. 墙体工程，采用空砌，重量轻，减少梁柱的受力）；(C) 造型上简洁美观（1. 结构布置方正；2. 清水砖墙的运用——突出结构构件的砌筑手法；3. 花岗岩的运用恰当）；(D) 地基处理坚实（1. 打桩；2. 换土法，置换淤泥）。

今日乐诚堂正面局部图

周凤九不愧是土木工程专家，工程充分反映其设计思想和工程实践暗合"经济，实用，可能条件下的美观"原则，大胆在长沙首次创建钢筋混凝土框架结构房屋，其工程项目管理的计划控制（时间、经费、质量等），都恰到好处，一气呵成，1987 年本书主编将此"纪略"文复印转交明德中学翻修工程负责人欧阳联芳及湖南大学建筑设计院，使之能按图索骥，避免盲目施工，结果节约了大量经费，而屋梁、楼板等均由木料改为钢筋砼，仅屋顶就增加了 4 倍承重，但因原来的柱墙、基础坚牢，岿然屹立，使得这座崇楼伟构，50 年后复原一新，现为长沙市文物保护建筑。周光召院士新题"乐诚堂"门额，堂前有文物保护碑及早年李肖聃代龙绂瑞写的《乐诚堂记》。

五　岳阳崇楼　谨护文脉牵今昔

"洞庭天下水，岳阳天下楼。"相传三国时鲁肃在此最早建台检阅水师。建筑史专家考证认为岳阳楼始建于唐，后经历代重修、扩建和修缮，清光绪六年（1880），知府张德容再度整修，遂使其在"三大名楼"中唯一保存至今。

岳阳楼的建筑很有特色，主楼 3 层，楼高 15 米，以 4 根楠木大柱承负全楼重量，再用 12 根圆木柱子支撑 2 楼，外以 12 根梓木檐柱，顶起飞檐。全楼梁、柱、檩、椽全靠榫头衔接，彼此牵制，结为整体。另一特色是楼顶的形状酷似一顶将军盔，在美学、力学、建筑学、材料学、工艺学等方面都有着惊人的成就。岳阳楼侧旁有仙梅亭、三醉亭、怀甫亭等建筑。

周凤九在 1932 年发表了其精心构思的《重修岳阳楼计划书》，文前有引言：

> 岳阳楼为吾湘名胜。自清季咸丰年间修葺后，距今六十余年，迄未补修。栋楹摧崩，丹青蚀剥。本年仲夏，今主席何暨师长李云波、旅长段楚尚、县长侯厚宗三先生并岳阳绅耆，有感斯楼倾圮日甚。特提议修缮，存其旧观，以崇古迹。更拟旁辟公园，借资游览，嘱凤九计划工程。爰本斯旨，拟将原有正楼，及附属之三醉亭、仙梅亭、土地祠四处，照旧修复。其余破屋颓垣，一概拆卸，辟为公园。庶数百年古迹得以保存，而游人亦得有憩息之地，匪独壮吾湘门户之观瞻也。兹将修复计划，说明于后，幸赐教焉！

按：县长侯厚宗，长沙人，出身书香世家，其父留日与黄兴有旧，3 个弟弟厚培、哲庵（厚先）、厚吉都是知名的经济学家。他与周凤九相互信任，合作愉快，保护胜迹建立功勋。

（以下是周凤九原文正文的节录，以及手绘的《岳阳楼公园全景鸟瞰图》）：

甲、主体工程。

一、式样：全楼构造式样，仍旧如图。

二、补修计划：（子）地层砖墙，从新砌过，并安设玻璃大窗及气孔，西向装置格门一道，地面铺砌水泥砖，楼梯改造四面阶级仍旧砌好。（丑）二层墙壁，除四向装夹木壁外，其余三面，统用砖砌。窗户安设两种：（1）为固定透光玻璃窗，以防暴风疾雨之损害；（2）为活动摺页板窗，以为流通空气之用。楼外走廊，宽度加为四尺。地板用条木砍方镶成，见方五时。并涂黑油，以防腐朽。栏杆式样，照图全部改造。通三醉亭之楼梯，亦须修复。此层神座，迁入三层。（寅）三层两种窗户，做法与前同。惟墙壁不用砖砌，均改装夹板。木壁外层做鱼鳞式。楼梯改造位置仍旧。（卯）各层屋顶，均须完全翻盖。屋脊爪角式样如旧。筒瓦领杠地板坏者更换，大小尺寸仍旧。

三、装饰全楼柱子挑枋等，均用中国漆重新油漆一次。其颜色规定柱子为朱红色，璜板为黄色，栏杆门窗楼梯板壁仓口等，均为栗色，至内外墙壁，均粉石灰。

四、设备与布置。地层《岳阳楼记》木屏四周做框。四面上胎板，装置原处。二层对联，应移一部分悬于地层柱上。……并将土地祠于必要时，升建两层。

五、费用 9500 元。

乙、三醉亭……费用 2800 元。

丙、仙梅亭……费用 1200 元。

丁、公园

一、修建方法：除岳阳楼……四处外，其余……破屋，一概拆卸，辟为公园。修建游园马路，与岳阳楼前坪相接。植以树木花草，设置电灯柱椅凳，并修建水泥栏杆。……城基下之空地，亦植以树木花草。另开一门，以通市街。并于岳阳门左侧添建石级一座，以与园通。使水面游人，得有直接登临之便。又三醉亭北向及仙梅亭南向之城基，均比环城马路地势较高，须设宽大石级，以连接之。游园马路，用水泥砖或麻石铺砌，

厚五寸，马路宽度定为六尺。（按：这里尺、寸均为英制）。二、
费用 9000 元。

戊、附属工程

一、补修巴陵胜状之牌坊，及上城楼之石级……。五、加
砌自三醉亭起，北至环城马路转弯处止，沿河岸一带碌岸，并
多植柳树或洋槐。砌碌岸材料，以拆下大观园等房屋及其北端
城墙之砖就用之……。九、以上各项费用 2500 元。

己、以上五项统共须洋 25000 元。①

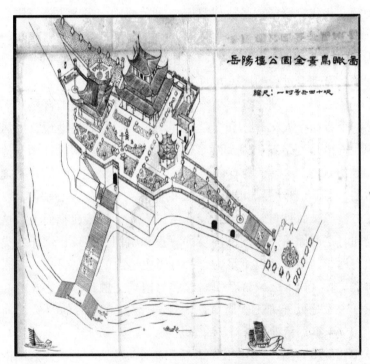

周凤九手绘岳阳楼公园鸟瞰图

按：这项设计与刘敦桢 1925 年长沙天心阁（天心公园）的设

---

① 周凤九：《重修岳阳楼计划书》，《湖南大学期刊》1932 年总第 7 期。

计，同为民国时期最有影响、保留传统精华的力作。省外报刊也关注此项盛事，到了年底，报道："兹闻全部工程业已告成，并觅得范文正重修岳阳楼记，置之二楼，以壮观瞻。按张书范记原版，历经风波，余十二幅，存鹿角吴南屏（注：吴敏树）世家。几经查访，始得原璧，亦难得之事也。"① 迄今 81 载，精美庄重如昔。

我们认为这份计划书最大特点是人文关怀，这正是"先天下之忧而忧，后天下之乐而乐"博大深沉爱心的体现。岳阳建楼跨越 18 个世纪，时间悠悠；面湖背城，水天寥廓，烟波茫茫，空间浩浩，其文物和景观价值已无与伦比。其次，是尊重历史文脉，为保住这一传统文化建筑精华，坚持"整旧如旧"原则，突出主体，删去旁枝，增辟公园，容纳游人盘桓休息。不务虚华，处处精打细算，量入为出，实事求是，安排周密，方便施工。这些，无疑是擅长土木工程项目管理全过程的周凤九的深谋远虑的反映。

一楼之修，一湖之览，必须有机结合。这里有人工自然和天然自然两个方面，人文载体和自然载体两个部分。严格地说，周凤九的职业资格是道路工程师，而非建筑设计师更非规划设计师，他敢于"越俎代庖"，在于胸有成竹。俗话所谓"没有金刚钻，不揽瓷器活"，周凤九自幼受屈原、王夫之的湖湘文化熏陶，心领神会，当然左右逢源；而且自觉义不容辞，当仁不让，毅然迎难而上。这里应当同时强调周凤九对周围环境的尊重和引用。衬景、烘托之类的手法尚远非其全部，也不足为奇；对历史地段的全盘保护，牵来全部时空文脉，让每一位游客领略深层的情景交融和体验非凡的心灵震撼，这才是鬼斧神工。周凤九的规划，与 30 年后的"威尼斯宪章"（1964 年）精神若合符契，真是令人叹服。

20 世纪 80 年代，国泰民安，岳阳楼才迎来真正的大修。湖南大学的建筑专家秉承周凤九师的遗教，仍按"整旧如旧"原则设计，落架放顶，精心施工。整个楼体结构工艺精巧，造型端庄，其建筑和风格完满体现"纯木、四柱、三层、飞檐"，即中间 4 根楠木透

---

① 《岳阳楼重修告竣》，浙江图书馆馆刊 1933 年第 2 卷第 1 期。

顶，承受楼体大部分重力，更以廊柱和檐柱配合支撑全楼，彼此关联，如意斗拱、层叠相对，拱托顶楼。修缮后完美保持原貌，统观威武雄壮，金碧辉煌；近距离身历，仿佛与历史名臣、骚人墨客神交聆教，享受着无尽的玄思遐想。

　　周凤九一生追求真理，与时俱进，在新旧时代都以路桥建设贡献社会，也受到社会的广泛尊重，早已载入 20 世纪"交通人物"风云榜，其部分赞词如：

　　"先生诚恳慈祥，慎思明辨，待僚属如家人，而爱才出于天性，奖掖后进，循循善导。先生治事，尚创造，耐艰苦，督工之时，即一站一桥之建造，一砖一瓦之砌置，莫不躬亲示范，力求坚实与美观。对于选用国产材料，尤具匠心：如造桥所需木材，力选国产材料而用之，非不得已，不用洋松；倡用铸钢及土铁制悬桥，以代钢索桥；在工艺落后之中国，及战时外洋材料输入困难之时，对于公路交通，裨益实多；节用国帑，犹其余事。"[1] 周凤九是中国公路工程界的帅才，视员工如子弟，以身作则，甘苦共尝，深得部属拥戴。同行专家如茅以升、赵祖康、薛次莘等对他也敬礼有加。作为一位智者，他的技术设计和施工管理都追求效益最大化。作为大学教授，他深谙："大学之道，在明明德，在新（亲）民，在止于至善。"[2] 他在湖南大学讲台传道授业，和承担业师（明德学校校长）胡元倓委托设计修建乐诚堂任务时，都想着这句明德、至善名言。

　　在现实生活中，"没有最好，只有更好。"运筹学发展到系统科学层次，最优化目标也发展成了合理的优化，因为并非所有因素都可精确量化。周凤九曾与同人分析过孙中山设想的 100 万英里公路总任务，湖南按省域

① 编者：《交通人物：周凤九》，《世界交通月刊》1947 年第 1 卷第 2 期。
② 《礼记·大学篇》。

面积比率该占 3 万公里，若按人口比率该建 10 万公里 。① 限于社会政治、经济和技术条件，他毕生使出了开荒牛的全副精力，也没法实现孙中山这个梦想。只有靠共产党的领导和改革开放，2001 年中国公路总长达到 169 万公里②，终于突破孙中山的设想。百年前湖南才修建中国第一条军路，1934 年当他出席第八届国际道路会议和参观德国先进公路技术时，何曾想到 2013 年湖南一省即可与现今的德国平起平坐③？周凤九奠定了始基，"俏也不争春，只把春来报。待到山花烂漫时，她在丛中笑。"

① 陈容：《湖南之交通——公路》，《湖南省银行经济季刊》1942 年第 1 卷第 1 期。
② 《中国公路总长世界第四》，《工会博览》2002 年第 10 期。
③ 《湘高速公路总长全国第 3　今年第 15 条开工》，《三湘都市报》2009 年 12 月 31 日。

任理卿 纺织科学技术
之一代宗师

　　世界近代的产业革命，由英国 18 世纪的纺织革命（纺织机器的"四大发明"）和运输革命（轮船、火车的发明）为先导，即工作机加上动力机（蒸汽机）。起初英国输往中国的纺织品还取代不了小农家庭自织的粗布，更抵消不了中国的茶叶蚕丝等货物进口，便以鸦片战争迫使中国就范。甲午战争使帝国主义国家获得在中国设厂之权，列强的工业产品终于全面压倒中国的手工业品，特别是居"衣食住行"之首的纺织品。中国民族资产阶级在夹缝中迎接商战洗礼，张謇和聂云台迅速崛起，他们兼顾学战，注意培养科技人才。本文传主任理卿就是从聂云台的恒丰纺织企业的徒工、技术员，经留学美国获得纺织专业最高学位，从而成长为纺织行业的学科带头人，领导纺织学会和科研院所，将中国纺织工业技术全面推向现代化。

　　甲午中日战争之后，为了挽回利权，状元张謇（季直，1853—1926）弃官从事工商，率先在家乡南通创办大生纱厂；与他并驾齐驱的是衡山人聂缉椝（仲芳，1855—1911），从1904年指派儿子聂其杰（云台，1880—1953）等在上海承包官商合营的华盛纺织总局，1909年买下其余股份，改名为恒丰纺织新局。到1920年，聂其杰出任全国华商纱厂联合会副会长，标志着他们引领华商与帝国主义商战取得初胜。

　　具有象征意义的是，聂氏身上体现了湘学世家的近代化转型。聂缉椝作为曾国藩的女婿，其先人"三代进士，两世翰林"，本人当上江南机器制造总局总办、苏松太道台（上海道台）和几省巡抚。聂其杰幼攻科举辞章，13岁考中秀才，又从江南机器局亲睹近代机器生产和管理，从翻译馆的傅兰雅等外国专家学习外语和西学，主持恒丰纱厂即率先装备世界第二次技术革命的核心技术成果（电机、内燃机）。聂其杰如此借重科学技术，必然重视科技人才的识拔和培养，任理卿就是这样幸运地进入聂氏提供的发展平台。

一　聂厂徒工　追求学历最高境

任理卿（1895—1992），又名尚武，号抱空，生于湘阴县塾塘乡唐家桥新屋（今属汨罗市弼时镇）。任理卿的父亲任仲威在家乡任乡村教师。任理卿兄弟3人，他排行第二，6岁从堂兄振声（任弼时的父亲）读私塾，两年后其父仲威在新屋办求志学堂，即随父就读该校。1906年父病，转入长沙时中小学。学校位于长沙城东北丝茅冲朱家花园旁，1854年由富商朱昌琳（朱镕基的曾伯祖父）创办。翌年父兄相继病故，全靠获得免缴学费且供膳宿的待遇，因为该校具有慈善事业性质（后来朱镕基因父母双亡也读过此校）。这里有他的师兄弟傅道伸（1897—1988），醴陵县长岭乡人。4岁丧父，6岁经祖父发蒙，9岁随其伯父至长沙，也考入这所小学。两人身世几乎相同。

1909年任理卿14岁，从时中小学毕业，家贫无法升学，适逢聂氏上海恒丰纱厂新挂牌，董事长聂云台踌躇满志扩张事业，在湖南招收艺徒。因为中外纱厂争抢熟练工人，流动性大，必须招募自己的子弟兵。过去湘军招收家乡朴实憨厚、勤苦耐劳的农民，而不要游民、兵油子，是一贯的传统。他得到消息赶去应考，顺利录取。这时聂家在洞庭湖滨（沅江、南县）围垦淤田几万亩建设"种福垸"，发展粮棉多种经营，提供棉纺原料。长沙是其后方基地，有公馆和栈房、机器，推销粮棉产品，代收货款，经办汇兑业务等，积累资金投入扩建上海的工厂。任理卿先被安排在公馆内学习金工，1910年离开湖南进入上海恒丰纱厂。恰好这年傅道伸小学毕业，无力升学，也考入上海恒丰纺织厂当学徒。那里众多的员工，不同的工种，严格的纪律，新奇的设备，科学的生产流程，令这些湖南伢子惊奇，不敢丝毫分心懈怠。辛亥革命前夜，上海得风气之先，简直目不暇接。他们是文化较高的艺徒，厂方根据新式工艺技术的实际需要，从长计议，半工半读。3年后，由于工作勤奋、学业优良，又经聂云台选拔资送到南通纺织染传习所。[①]

这个传习所由张謇在 1912 年创办，亲题"忠实不欺，力求精进"的校训悬于教学楼。1913 年迁往大生纱厂南边新建的校舍后，改名私立南通纺织专门学校。学校分本科和预科，以"依现行工业教育之旨趣，专授棉花纺织之知识，以养成技师，振兴棉业为宗旨"。采用美国费城纺织学校的课程内容，除基础课外，有机织、织物组合、织物分析、棉纺学、染色学、电气工学、工厂建筑、工业经济、铁工实习等，定购外国机器，设纺纱、机织两个实习工场，学校与纱厂仅一墙之隔，便于教学观摩与实习。聘请日籍教员和留学美、英的纺织技术专家黄秉琪和丁士源任教。张謇作为中华民国农商总长，亲自兼任该校校长，可见对学校的重视和对学生的殷望。南通纺织专门学校（南通纺织学院）长期被国内外认定为中国唯一的单科性纺织技术教育高等学府，毕业生以基础知识扎实、动手能力强而享誉纺织界。任理卿和傅道伸因缘时会，又列张氏门墙，是第二届学生。据统计，到 1920 年，同门（校）师兄弟达 800 多人（含在校生）。[②]

1918 年任理卿从南通纺织专门学校毕业，按学校规定，应"先尽大生纺织公司和本校选留，服务三年，服务期未满不得私就他聘。"因聂云台与张謇通力合作不分彼此，所以任理卿仍回到恒丰纱厂。傅道伸情况与他一样，两个小青年成为技术员。

初步经历了聂云台、张謇为他们铺设的道路，两人志向更加远大。1918 年秋，傅道伸就得到聂云台资助旅费，赴法国勤工俭学。他已拥有工厂经验和专业知识，强于许多陆续留法的勤工学生。任理卿在国内更多地体验了五四运动的"科学，民主"思潮激荡，扎实做着准备，顺利考取了清华学校（按：1928 年清华才正式成为大学）庚款分配给（非本校毕业的）专科学生的极少名额。

---

① 顾民枢：《任理卿——毕生致力于纺织教育和纺织科技事业》，载《中国科学技术专家传略·工学编·纺织卷》，中国纺织出版社 1996 年版。

② 汤善法：《南通学院纺织科概况》，《纺织周刊》1946 年第 7 卷第 33 期。

　　任理卿拥有庚款保障，可以全力作学业上的冲刺，进入美国马萨诸塞州罗威尔纺织学院本科三年级插班就读（当时从清华学校来的只算高中毕业生，多数就读本科一、二年级），两年后毕业。又考入北卡罗来纳大学研究生院，1年后获得纺织硕士学位。接着到美国几个纺织机器制造厂和纺织印染工厂实习1年。他学到了全套专业本领，而这种实践性强的学科，还没有博士学位可攻，学历已经到顶。何况清华庚款多数限读4年，报国之时到了。

　　傅道伸却比任理卿先发后至。因系勤工俭学，到巴黎近郊的美兰学校学习法文及金工，学费不继，转到某地机器制造厂做车工。世界大战结束，军人大批复员，工作岗位更不好找，进修无钱无门。1919年冬自荐获准去英国曼彻斯特城两家纺织机械厂实习，夜间就学于皇家工艺学院。1920年聂云台当选为上海总商会会长，到欧美考察实业，在英国了解傅道伸情况，带至美国纺织机械展览会参观。聂云台再帮他一把，得以考入北卡罗来纳州农工大学纺织化学专业，插入三年级。由于其历次考试成绩优良，也获得清华学校庚款奖学金，于1922年暑期本科毕业，获学士学位。

　　任理卿与好朋友在该校重逢，感到十分快慰，互相切磋学业，两人利用暑假一起参观考察了美国南部的纺织印染工厂。他们写了《美国棉工厂考察记》，刊登于上海的《华商纱厂联合会季刊》，是我国介绍国外纺织现代技术的早期著述，引起同业人士重视。

　　傅道伸应聘至纽约坎百公司当染料试验员，旋接聂云台电报，促其回国，1923年任恒丰纺织厂技师兼附设的纺织专门学校（原为艺徒养成所，逐步升级到中专、大专）教员。

　　1921年前后聂其杰还分别与人合作创办了大通纺织股份有限公司、华丰纺织股份有限公司、华丰纱厂、中国铁工厂、中华劝工银行、上海纱布交易所、中美贸易公司……

　　聂其杰与张謇发起创办中国铁工厂，制造纺织机械供应同行厂家。1922年在吴淞建成大中华纱厂。在北洋政府统治而事实上军阀割据的局面下，民族资产阶级需要向全国表明自己的政治态度，1922

年 5 月他以上海总商会会长名义组织"国是会议",多省代表反映自
治要求,发表《国是会议宪法草案》,提出"中华民国是联省共和
国"的主张。

1923 年秋,任理卿学成回国。情况突变,民族企业遭遇帝国主
义国家资本势力卷土重来的打击,聂氏集团经营扩张过猛,首当其
冲。恒丰纱厂负债 60 万银圆。刚建成的大中华纱厂(拥有纱锭
45000 枚,规模设备一流,被誉为"模范纱厂")[①] 和中国铁工厂都
遭遇资金困难,大中华纱厂 1 年之后就不得不低价卖给侨资永安公
司,因为该企业集团有永安百货盈利。聂其杰为维护民族企业,宁
可拒绝日本商人所出的更高售价。

中国铁工厂董事长是张謇,总经理为聂其杰,机床从美、英、
德国进口,有当时世界上最新式磨锭子用的磨床 6 台。工厂首先制
造的是当时最新式的仿日本丰田式自动织布机,半年内制造出了 50
台。同时兼造锭子、钢领圈、罗拉等纺机的主要零部件,质量可与
日本同类产品媲美。聂其杰在德国曾与克虏伯机器厂达成低价购买
该厂多余机器(因凡尔赛条约约束该厂军工生产)的意向,这时却
因帝国主义以极低的价格在我国倾销纺机,而华商又受洋布的倾销,
自身的资金枯竭,无力购买中国铁工厂的出品。该厂难以为继,只
得放弃机会。

恒丰集团当时最缺的是资金,以及经营管理的帅才。聂其杰为
了任理卿的前程,像张謇一样出于全局考虑,予以储才厂外,容许
他为全行业服务。1924 年他暂时受聘为上海裕兴洋行工程师,借便
了解外资企业的运作。次年受聘上海统益纱厂任总工程师,该厂装
备有精梳机,能纺高支纱,是中国第一家生产供缝纫机用的线团的
纺线厂。其他纱厂没有这样的高端设备,技术任务具有挑战性,与
恒丰的产品没有重复性和竞争性,他欣然到这里上岗。

---

① 聂其杰、张謇:《创办中国模范棉工厂小引》,《实业杂志》1913 年。

二　叔侄情深　智救弼时助革命

对于湖南湘阴（汨罗）任氏家族来说，原先留日，以及积极准备留欧（英法，乃至俄等）的颇不乏人，如任凯南（已留学日、英），任培道（拟留俄）等等。任理卿有个堂侄任弼时（培国，1904—1950），任理卿在堂兄家读私塾时，弼时刚出生，5岁就到长沙读书，任理卿假期及课余、工余多次见过他。任弼时少年颖悟，从第一师范附属小学毕业，考入明德中学，转入湖南第一联合县立中学（即长郡中学）。积极投身五四运动，开始接受革命思想。他多才多艺，在长郡中学学生爱国会担任"贫民半日学校"的音乐课教员。任理卿回忆：

> （任弼时）暑期放假回乡，在家乡搞五四运动的宣传。他到处联络张罗，排演打倒卖国贼的话剧并在乡下的庙会上发表演说，先后在附近的塾塘庙、桃花洞、白鹤洞、间塘庙等地讲演，到公共场所演剧。
>
> 他邀我去演戏，我说："我不会演，看见人多了我就脸红，连话都说不出来，怎么去演？"他说"不要你讲话，只要你扮一个洋人，把你要留美用的西装和皮鞋穿上，戴上眼镜，拿根手杖，就是一个活洋人了。扮一个记者，列席讲演会，其他的就不用你管了。"就这样，我上台扮演了一次活洋人。因为我实在不会演戏，滥竽充数，搞这一回以后就索性把新西装借给弼时做道具，自己到台下当观众了。

不久，两叔侄分别。"大约一两年后，弼时去了苏联。"[1]

---

[1]　任理卿：《我忆弼时》，《湖南党史》1994年第3期。

　　任理卿万万没想到，他留美离别时还算少年的任弼时，在革命道路上进步那么快。

　　1920 年 8 月，任弼时参加毛泽东等正在筹建的俄罗斯研究会，并由该会推荐首批赴上海入"外国语学社"做留俄学习准备，又首批加入了上海社会主义青年团。1921 年 5 月经上海共产主义小组介绍，与刘少奇、萧劲光等启程赴莫斯科。8 月 3 日进入莫斯科东方劳动者共产主义大学（简称"东方大学"或"东大"）中国班学习。1922 年 12 月转为中共正式党员。年底接替瞿秋白担任中国班课堂俄语翻译。1924 年 1 月 25 日参加为列宁守灵等葬礼活动。7 月作为中国社会主义青年团的正式代表之一，出席在莫斯科召开的青年共产国际第四次代表大会。

　　任理卿晚年回忆："我在美国时还曾接到弼时从苏联寄给我的一封信，信里说，我们叔侄很有意思，一个在资本主义国家，一个在最新的社会主义国家，两个国家制度不同，但我们两人是一个目标：救国、振兴中华。信中还谈到他的学习情况和对时局的看法。

　　"1923 年我从美国回来后在上海统益纱厂当总工程师。1924 年弼时从苏联回到上海。他公开的身份是上海大学俄语教师。那时，我们叔侄俩过从甚密。但我只知道他是作革命工作的，是共产党，具体工作他从来不说，我也不问。他来找我时常化装，有时穿长袍，有时着西装；一段时期胡子留得很长；一段时期胡子又全都剃光。住的地方经常变换，行踪机密。每次他到我处，都是没讲上几句话，就匆匆走了。"

　　1925 年 5 月，任弼时任团中央代理总书记，指导青年团积极参加"五卅"运动。7 月任共青团中央局总书记兼组织部主任。1926 年与陈琮英在上海结婚。早年陈琮英是他家的童养媳，任弼时在长沙读书，还要靠陈琮英打工接济，两人相濡以沫，现在发展为革命夫妻。10 月下旬，任弼时与陈琮英启程赴莫斯科，1927 年春和陈琮英由莫斯科返抵上海。5 月在中国共产党第五次全国代表大会上当选为中央委员。7 月底在武汉主持召开共青团第四次全国代表大会，继续当选为总书记。接着出席中共中央在汉口召开的"八七"紧急会议，当选为中共临时中央政治局委员。11 月初参加政治局常委会议，任政治纪律委员会书记。

蒋介石集团上台后，到处镇压共产党领导的工农起义，各路新旧军阀继续开战，南京政府横征暴敛，民族企业日子更难过。聂其杰已经引咎退位，由六弟聂其焜支撑危局。其他纱厂纷纷采取各种手段避险，任理卿说："当时政府向纱厂抽税抽得很重，中国商人资本家就挂外国人的牌子，统益纱厂也和印度人合作挂印度牌子，这样就抽不着税了。我觉得没意思。正好湖南纱厂想找一个搞纺织的，1928 年，我决定离开统益纱厂去纱厂工作。行前，弼时到我那里去，我把我的想法讲给他听，他表示赞成。"湖南纱厂是省建设厅办的工厂，此时设备规模可比肩恒丰老厂，在全国官营纱厂中名列前茅，但多次被迫停工，任理卿来厂，1928 年 10 月就复工生产。

正是这年 10 月，任弼时在安徽南陵镇（按：今属芜湖）被国民党逮捕，由芜湖解往省会安庆，在长江轮船上遇见了同乡彭佑廷。彭佑廷是一个机警的商人，由上海回湖南。任弼时被捕时说自己是做生意的，这时抓住机会赶紧用铅笔以家信的形式暗示了口供的要点，说自己是纸铺学徒，去安徽收账，落款是胡少甫。他悄悄告诉彭要把信带到湖南纱厂任理卿那里，彭知道这位喝过洋墨水的同乡。

任理卿经历过上海的白色恐怖，临危不乱，弼时赴汤蹈火，他一直为其担心，现在也就顾不得自己安危了。他回忆：

接信后，我就去找他的夫人陈琮英设法营救。弼时是警备司令部抓的，要转到法院，就得找律师。我找到冷水井一位本家哥哥，要他去找长沙四大律师之一的何维道。何是那位本家哥哥的堂姐夫。律师有办法，很快就走出了第一步，将弼时从警备司令部解往南陵镇，然后转到省里去用法律解决。

我同陈琮英一起找韦伦纸铺商量。开始韦伦纸铺不敢负责，怕安庆法院会派人来调查。我们便给他们讲，不要你的图章，让陈琮英私造一个图章，这样纸铺也就同意了。说好由陈琮英负这个责，若来盘查，由陈琮英住在那里应付。这样，长沙有人听消息，陈琮英就住在韦伦纸铺等着。造成我们讲的情况和弼时的口供一致的情况。这样搞了5个多月后就释放了。弼时给我写了一封长信，可我未接到，据说那时长江沉了一艘轮船，信可能在船上。①

叔侄患难见真情，任理卿在关键时刻挺身而出，不仅保护了任弼时，也支持了革命。

三　技术管理　沪湘纱厂游刃余

任理卿毅然回湖南，出于多重因素的考虑。那时印度是英帝国的殖民地，说是"国民革命成功"，但租界没收回，纱厂反而投靠英帝国，任理卿深受刺激。"五四"前后张敬尧祸湘时，欲卖湖南纱厂（尚未建成）予日商，聂云台在上海以华商纱厂联合会等名义曾加以谴责制止。这座故乡唯一采用现代纺织机器的纱厂，他去上海恒丰时已开始筹办，10年之后（1921年）才正式开工出货，又总是受政局影响，时开时停。现在湖南省建设厅拨款20万元，委派彭斠雉任厂长，急需工程技术专家来指导整修设备，培训职工，规划生产，他当尽力而为。该厂组织系统与上海工厂差不多，"厂长以下，设总务、工务、营业、会计四课；每课设课长一人，总务课总揽全厂庶务，卫生安全等事宜；工务课专理工资之计算，工人之招收及辞退，工人之惩奖，训练，及考勤。工务课长以下，分工程师（自兼）、技师、技士、监工、领组、工目、工人、替工、艺徒诸级"②，工务课长任务最重。彭在任1年半，设备维护正常，工人操作熟练，工艺流程更加合理。他们经营管理有方，又正值棉贱纱贵时期，使久蹶

① 任理卿：《我忆弼时》，《湖南党史》1994年第3期。
② 刘伯馨：《湖南第一纺织厂概况》，《商学期刊》1936年第2至3期。

不振的这间纱厂扭亏为盈，获纯利 80 万元。进而有余力扩大生产规模，便计划增加纱锭 1 万枚，并拟购置电动织布机 248 台，新设织布车间，使湖南迈入（电动）机器纺纱和织布时代。

任理卿在该厂，有喜有忧，因为这是省政府的肥肉，衙门习气较重，利润被官方拿去，他也不甚甘心。"工业救国"这条路坎坷并不怕，问题是救什么样的国？相比之下，"教育救国"百年树人。

经过几番思想斗争，任理卿在 1930 年受聘到东北大学办理纺织系。人算不如天算，一年后纺织系却被指令下马，师生刚发动抵制校方错误决定，转瞬九一八事变爆发，整个东北大学失去老家，被迫流落到华北，原院系自然解体。

湖南还有未竟事业，当时傅道伸应邀回湘任省建设厅技正兼湖南纱厂工务主任，负责该厂新建织布厂的设计及设备安装等，并兼任湖南第一高级工业学校纺织科教员。国难当头，民族矛盾有高于阶级矛盾之势，抗日救国提到第一位。于是任理卿又应邀回到湖南纱厂任工程师兼工务课长。

先是增添纺纱设备、扩大产能的相关问题，由任理卿主写计划：

> 本计划暂先购细纱机 26 部，每部 400 锭，共计纱锭 10400 枚，准备将来扩充至 50000 锭，故建筑及机器之布置，均本此旨设计。扩充部分所配置各机，系以全纺 32 支单纱为标准，但亦可纺至 42 支单纱。本计划所纺之纱，暂供原厂织布之用，故无摇纱及成包各部之设备。查原厂电力有余，足供扩充之用，故暂不另设原动部。查原厂已有完备之修机部及皮辊间，可供扩充之用，故不另设备。本计划对于棉花机、棉纱机、物料机等均可与原厂共用，故暂不另建……①

按：引者在这里说明一下，上面文字所省略的部分，乃是计划

---

① 傅道伸、任尚武：《湖南第一纺织厂扩充纱锭计划书》，《纺织周刊》1932 年第 2 卷第 19 期。

的主要实质性内容，例如"所需全部机器数目式样及其配件"这一条，详细开列了 22 类（项），每项又分若干种，而且写清楚机器及零件的名称、型号、尺寸、数量、装配细节、质量要求等等，任理卿如数家珍，头头是道。令外行看得眼花缭乱，头晕脑胀。所以本书只得略去。

至于"扩充部分场屋，采单层平屋"这一条，引者在这里也说明一下。原来各国纱厂多用锯齿形墙壁（按：现在长沙银盆路西边还可看到该厂残留的这种墙壁），玻璃窗可以依齿分成多排高耸于墙的顶端，以便车间采光，节约照明电力。到 1930 年左右才发现，由于锯齿形墙壁其屋顶是一排一排的斜坡，车间内部高处的空间也被分割，阻碍空气流通。而纺纱需要适当的温度、湿度和清洁度，要保证空气质量，否则纱线容易断头，纱工穷于应付接头，降低了生产效率；锯齿房顶藏垢纳污不易清扫，灰尘落在机器和棉纱上，影响纱的质量。虽可节省照明电费，总体上却得不偿失。仅从这个改变，可以看到任理卿、傅道伸他们两人善于吸取新的科学信息，从善如流。

接着是将生产的坯布加以漂染，增加附加值的问题，计划购买和布置"漂染整"机器。傅道伸主写计划，下面也摘录几句："本计划系就织布厂余屋，添置应用之漂染整理机器全套，以漂染本厂自制之出品为原则，但亦可代客漂染整理棉厂各种布匹。本计划所配置各机，每日之生产，可漂布 2 吨至 3 吨，可染布 250 匹至 600 匹。……漂染机所需运用蒸汽，布厂原有浆纱锅炉一只，足能供给，故不另添锅炉。本技术所需全部机器数目式样及其配件分别详细说明（略）。本计划所用各机数量马力等详见列表（略）。各机均用马达传动，分单独与团体两种。关于电灯暖气消防及换气等设备之计划另订之。本计划全部机器所占地位及与原厂之联合，详机器布置草图（略）。"①

---

① 傅道伸、任尚武：《湖南第一纺织厂添设漂染计划》，《纺织周刊》1932 年第 2 卷第 36 期。

《纺织周刊》封面目录

　　任理卿、傅道伸通力合作的"湘省第一家动力织布厂，由何元文（后任长沙市长）任厂长。经过两年的筹建，扩建了厂房，添置布机 248 台，新增 1 万纱锭及整经、浆纱、锅炉、发电等设备，于 1932 年投产，更名为湖南第一纺织厂，员工增至 3000 余人，年产纱 2.5 万件，棉布 2000 余匹。到 1933 年盈利 20 余万元"[①]。

　　抗战时任理卿没留在上海租界的华商纱厂，远赴艰苦的陕西任教，因为关中平原是大后方主要棉产区。1941 年湖北建设厅将湖北迁陕的部分纺锭在宝鸡筹办民康纱厂，聘请任理卿兼任经理，到 1944 年才辞去这个兼职。该厂几年中生产了大批纱、布供应军民需要，为抗日战争做出了一份贡献。

　　这里交代一下上海聂家的情况。1927 年华丰纺织厂被日本人收购，1932 年中国铁公司毁于"一·二八"战火，1937—1945 年间恒丰纱厂被日本军管，1942 年被迫与日本大康纱厂合办成立"恒丰纺绩株式会社"。1943 年聂其杰本人又因骨结核截去半腿。抗日战争胜利后，被日商强占的恒丰财产竟被国民党政府作为"敌产"接收。

①　刘伯馨：《湖南第一纺织厂概况》，《商学期刊》1936 年第 2 至 3 期。

几经交涉申诉，1946年初聂氏家族才将其收回。聂其杰因在商业上突遭巨大挫折，中年以后由基督徒转身成为佛教徒。

再说"世界二次大战以来，（尚）武以全力抗战，从事于纺织教育，及纱布生产，愧少建树。感世界之浩劫，国破家亡，以眼耳鼻舌身意之宜修养，因寄居于北涪陵之云山，从太虚大师学佛"①。所以任理卿"号抱空"，却不真虚空。实践证明，他对人生始终抱着积极向上的态度。与老东家相比，有相通更有大不同。

聂云台敦请任理卿从大西北回沪，出任恒丰纱厂厂长兼工程师。任理卿迎难而上，不负众望，修配设备，苦心经营，恢复了企业的元气。在通货恶性膨胀一片停产倒闭风中，保住工厂迎接解放。

四 植李栽桃 培实根本结硕果

任理卿是在恩师聂云台、张季直身教言传下成长起来的，"衣被苍生"温暖贫寒者是他们崇高的理想。他与恩师的共同认识是发展纺织业要从培养人才入手，为此他付出了很大的心力于纺织教育事业。

1928年张学良宣布东北"易帜"，接受南京国民政府领导。8月，兼任东北大学校长。其办学宗旨："研究高深学术，培养专门人才，应社会之需要，谋文化的发展。""实行教授治校"。保证学校经费，"常年费"每年超过清华、北大，新的教学设备和仪器等均为国内各大学之冠。学校新建的校区在沈阳市北陵（努尔哈赤、皇太极的陵园）之旁，环境幽雅，生活条件优越，关内的许多名人、专家和学者联袂出关应聘。如中国数学元老冯祖荀（北大数学系主任），化学家庄长恭，建筑学家梁思成、童隽、林徽因，机械工程学家刘仙洲，语言文字学家黄侃，哲学家梁漱溟等等。湘籍的如法学家章士钊，国学家刘豢龙、陈天倪等。

---

① 任尚武：《纺织原料学序》，《纺织周刊》1947年第8卷第1期。

该校有些系科专业是全国无两或稀缺的。如工学院的六个系中，建筑系原来只有中央大学一家（建筑工程系）；又如纺织系，除南通（专门学校）以外，唯有这里（新建）。工学院院长高惜冰（介清，1893—1984），辽宁省岫岩县人，1920年毕业于清华大学，留美麻省罗维尔理工学院纺织系，纺织工学学士。1926年到东北大学任教授，次年任工科学长，1929年，任工学院院长，创办纺织系，主讲"织物学"等课程。他虽然年长于任理卿，却是其学弟。高惜冰的纺织工程实际经验也有限，急需任理卿这样长期从事纺织技术与管理实践的老手来挑大梁，负责系务，指导教学科研，便力邀老同学出山。任理卿获悉全校投入该系的经费最高，机器设备全国一流，机会难得。湖南纱厂方面，有老同学傅道伸顶着，也能胜任，便间关北上就道。

1929年，东北大学120名教师，有教授94名，讲师13名。留美的48名，留英的4名，留法的3名，留德的3名，留日的6名。为了保证培养人才的质量，工学院的课程依美国麻省理工学院（纺织系则以麻省罗维尔理工学院）的标准，外国原版教材。课程安排很满，周学时一般达30学时左右，特别重视外语教学和应用，答卷、做题、写实验和实习报告均用英语。学生在校期间实行淘汰制，月考、期考、学年考试，院长亲临考场，违纪者严惩不贷。成绩不及格者，一律牌示降级，或酌令休学、退学。最终能毕业者仅过半数。[①]

纺织系初创，占用经费独多。校内摆不平，遭人嫉妒。社会上流传："（东北大学纺织系）为吾国培植纺织专门人才希望最大之地。学校前数月间改委员制，而以秘书长执行之，校以内遂致多故。委员会以纺织系所费独钜，尤主节约，议决将纺织系缓办，停招新生。经该校特聘委员、工业专家胡庶华氏复审无异议。据闻胡氏审查评语为'（一）设备不完；（二）不甚需要'八字。学生方面大为

---

① 李辉、里蓉：《张学良与东北大学》，《档案工作》1991年第11期。

不满，曾上书当局，表示反对，但当局者意志坚决，不为所动。"①
胡庶华是冶金专家，隔行如隔山，偏听偏信。委员会内，纺织系孤
立无援，任理卿深感遗憾！

　　纺织系内忧未解，又遭外患。"九一八"日本侵略者的魔掌粉碎
了任理卿的组系梦，学校仓促逃难，设备被夺，进入山海关内，校
址无着，人员星散。

　　任理卿回湖南纺织厂工作两年，南通学院（原南通纺织专门学
校）于1933年函邀他去南通为母校服务。当年4月他即应聘到该校
任教授兼教务主任。在教学中，他理论与实践并重，还精心充实了
纺织实习工场，成立了纺织物试验室。他是洋硕士，又是土巧匠，
与现代职业教育中要求教师具备"双师型"素质，在教学中注重实
践教学、提高学生的动手能力的教育理念是一脉相承的。

　　1934年暑假，他带领应届毕业生赴日本参观，丰富学生们对国
外纺织技术发展的了解。任理卿深知，中日迟早又会开战，必须抓
紧培植国力、智力。

　　1937年抗日战争爆发，战火蔓延到华北，北平大学工学院内迁
到陕南，成立西北工学院，他应聘坚持在西北工学院任教。在抗日
战争最艰难的时期，他放弃在纺织工厂当工程师的优厚收入来当穷
教师，为西北和全国培养了一批高级纺织技术人才，桃李满天下。

　　抗日战争胜利后回到上海，他一面担任恒丰纱厂厂长，其时又
兼任南通学院纺织科（迁在上海）教授。"这个学校中功课的繁重，
可冠于全国各大学之上，每周上课时数皆在三四十小时以上，每学
期所修科目，不下十二三种，校中实验设备，尚称完善，校方为补
不足起见，每周聘请纺织界中一人来校担任学术讲座。更商得几家
工厂同意，尤许学生赴厂实习，学生每在厂中，也当帮忙修理机器，
支配工程，和移动布匹，他们是工人，也是技术员。"②

---

　　① 《述东北大学工学院纺织系近事》，《纺织周刊》1931年第1卷第14期。
　　② 汤善法：《南通学院纺织科概况（读者通讯）》，《纺织周刊》1946年第7卷第
33期。

《中国大百科全书·纺织卷》编委会是全国最高水平的纺织理论学术集体，32名编委中南通学院纺织科校友就有13名，除1名副主编外，其他5名正副主编都是同出师门的该校校友。这也从一个侧面反映出该校教学质量与人才水平在全国同行中居领先地位。

五　强化科研　建立中央实验馆

任理卿在实际工作中，深刻体会到，要摆脱我国纺织技术落后的面貌，必须大力推进纺织科研事业。1934—1936年任理卿被聘兼任棉业统制委员会专门委员，1934年他受聘中央研究院兼任研究员，直接参加了我国第一所棉纺织染实验馆的筹建工作。该实验馆1935年底建成，分纺织试验部、纺纱实验工场、织布实验工场三部分。纺织试验部装备74种仪器，可进行对纤维纱线和织物的测试，该馆还安装各种新式纺织机器，拥有一批纺织图书，为科学研究创造了良好条件。但是好景不长，实验馆刚创办2年多，"八一三事变"爆发，仪器设备和图书均为战火所毁。任理卿这一最具全行业科技价值的贡献又惨遭扼杀！

筹备建馆之前，他曾为之宣传造势："我国自从有新式的纺织工业，至于今，已经有40多年了。世界大战之后，一时曾甚发达，现在投资于此业者不下3万万元，从事纺织工作者有30余万人。真算我国工业中的巨子，但是现在险象环生，大有破产之势。推其原因：一曰由于技术不精，出品不能如外货的优美；二曰管理不合理化，成本不能如外货一样的低廉；三曰人尺我寸，进步不及他人的迅速。因此不能与外货竞存，致有不可终日之势。"[①]

任理卿呕心沥血为之擘画周详：

---

①　任尚武：《中央研究院的新事业——与棉业统制委员会合办棉纺织染实验馆》，《东方杂志》1935年第32卷第15号。

（一）缘起：现我国纺织工厂对于技术管理诸端，虽力求上进，而一厂之财力与人力均甚有限，其所能研究者亦不过供一厂一时之用，费力多而收效小。我国自西洋机器输入后，虽已具新式工厂之雏形，但科学进步一日千里，机器发明日新月异，昨日以为新式者，今日已成旧样，即以纺织论，近年来大牵伸纺纱机发明后，每人每日能纺上述同样纱20余斤，自动布机采用后，每人每日能织300余丈布，印花机应用后，每人每日能印400余丈布。自人造丝盛行后，我国蚕丝为之一蹶不振，诚以栽桑育蚕有地域与气候之限制。采用机器后，一人之力，能作百人之工，行见我国原有之机坊及染坊，将随纺车而泯减，此乃自然之趋势，吾人应早注意者也。……（拟）成立棉纺织染试验馆。此馆计划拟定三年完成，共需设备费120万元。

（二）宗旨（工作目的）：研究棉纺织业之原料机械制品与工厂管理等项。调查及征询国内外棉业制造情形并谋国际间技术之合作。试验及检定国内外之各种棉制品及原料。受政府及教育机关及棉业厂商之委托，检验或研究改进各项技术与学理上之问题。奖励或辅助有裨棉业之研究及发明。介绍国内外棉工业之新颖学术及其研究与应用之方法。

（三）组织：此馆系合办性质，故统属于全国经济委员会之棉业统制委员会及国立中央研究院两机关之下，为合作便利起见，设立干事会，干事七人，由双方各推荐三人……

（四）人员：除干事会七人外，现有馆长一人，专任研究员三人，兼任研究员二人，技师一人，书记一人。

（五）资产：创办经费40万元，购买下列各项资产：1. 试验机器，2. 纺纱机器，3. 织布机器，4. 空气调节器，5. 马达及其它传动设备，6. 家具及杂项设备，7. 图书及杂志，8. 基地，9. 建筑。

（六）建筑：此馆馆址，择定于上海白利南路中央研究院内，以便与理工试验馆取得联络，已征收基地十五亩，从事建筑。①

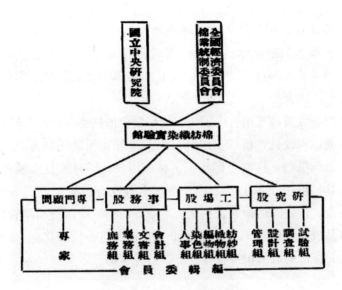

任理卿所绘组织机构示意图

该馆主谋者蔡元培（中央研究院院长）、陈光甫（中国银行总经理）不必说，主任干事是李升伯（南通大生纱厂总经理），会计干事聂其焜（恒丰纱厂总经理），文书干事丁文江（中央研究院总干事），干事童有翼（棉业统制委员会技术专员、技术股主任），干事邹秉文（上海商业储蓄银行襄理），干事兼馆长周仁（中央研究院工程研究所所长），干事兼研究员徐韦曼（中央研究院兼任秘书）；专任研究员是任理卿、傅道伸，兼任研究员聂光垍（聂其焜之子，美国康奈尔大学工程硕士，恒丰纱布厂总稽核，汉口第一纱厂厂长）、李晔（日本桐生高工毕业，恒丰布厂技师），技师陶泰基（日本东京工专纺织科毕业，浙江工专染织科主任），书记杨志清

---

① 任尚武：《棉纺织实验馆之趣旨及其内容》，《纺织年刊》1934年。

（女，上海中西女塾及中东铁路俄文学校毕业，文牍员）。

看看业务骨干们的背景，实验馆的馆长周仁是中国科学社（1915—1952）的创始人之一，在中央研究院负责工程研究领域，4位研究员都是恒丰纱厂所培养，会计干事聂其焜（继聂其杰主持恒丰）更不用说，周仁还是他的妹夫（聂其璧之夫）。当时也只有聂氏企业舍得和拿得出储备的几位高端研究人才，无须到处挖墙脚，引发业内矛盾。从这里才体会到聂其杰培养人才的远见、实效和出以公心。

兼职研究员聂光埙将中国纺织的科学化概括为几点："第一需要原料。须加以改良，推广，培植；而人造丝尤须急谋制造。第二需要自造纺织机械。自制全部纺织机械和附件，同时改良机械和发明新的工具，解决技术上的困难。第三全国应有纺织工业网的计划，以求生产、消耗、运输的合理化。第四各纺织厂应厉行科学管理化，使制造品成本低廉，工作效能增加。第五我们需要研究、实验和检查机关，庶原料成品机械等等，得以精益求精。"①

六　创建学会　引领同行论学术

1930 年，任理卿和纺织界的前辈朱仙舫、黄炳奎、黄云骙、朱公权、钱昌时等自发地组织中国纺织学会，以交流技术、出版刊物、传递信息、组织年会、联络感情等方式培养纺织技术人才，提高技术水平，发展民族纺织工业，与外来的经济侵略势力相抗争。学会成立时已有会员 300 人，规章相当严密，正式会员须有国外纺织专业学历或国内中专毕业且有几年工作经验，或曾任纺织工厂技师者，避免滥竽充数。在学会的第一届年会上，任理卿就当选为执行委员。学会强调"研究（针对纺织工业的）应用学术"，所以成立研究部，职务是提出研究问题、征集和分发研究资料、组织学术讲演、办理

---

① 聂光埙：《纺织与科学》，《科学画报》1935 年第 3 卷第 3 期。

调查事项。下面还设研究委员会，分为 7 组（棉纺织、毛纺织、麻纺织、针织、人造丝、漂染和整理）分别研究。学会还有编辑部，其职务是撰述研究论文、发表研究部报告、介绍国外新学说、编译纺织报告、编制纺织业统计。介绍部的职务是介绍纺织人才于各厂或其他机构，以及受各厂之委托物色纺织界人才。学会每年春季举行学术年会，以及讨论决定学会工作事项。随着会务的开展，会员的增加且分布地域日广，一些纺织业较发达城市或工厂，纷纷成立分会。任理卿当选多届理事，平时、战时只要条件允许，他总是积极参加纺织学会与中国工程师学会联合组织的活动。

　　他曾在学术年会上呼吁政府出手援救民族企业：

　　　　近年来停顿及减工者约减去生产量 30%，已从事纺织工作之劳工因之失业者，在五万人以上。而间接因之连累者十余万人。国内生产能力既减，外货乘虚而入。人民受累，国将不国。为今之计，惟有将现有停顿之纺织工厂收归国有。请述其办法及理由如下。

　　　　办法：1. 政府发行棉业公债数千万元，为国家经营纺织工业之用。2. 凡现有华商纱布厂停工者限于三个月内开工。不能开工者收归国营。3. 原厂财产请商家照市价估计，由政府用上述公债偿还之。4. 原厂办理人员及劳动工人，有限量才录用，务使人尽其才。5. 为鼓励国营员工努力起见，采用分红制。营私舞弊者，国法从事。6. 国营纺织厂，由全国经济委员会之棉业统制委员会管理，不必另设机关。

　　　　理由：……少一个厂停顿，即少一部分失业之民；多一个厂生产，即多抵制几件输入之纱布……如此国利民富，何乐不为？①

---

　　①　任尚武：《纱厂国有论》，《纺织年刊》1935 年。

任理卿还曾建议赶快兴办人造丝工厂：

引言。我国人造丝之输入，逐渐增加……我中国既有人造丝之原料，又有此项销场，加之有剩余之人工，故拟先办一小单位之工厂，预备随时可以扩充，以每日生产六千公斤之人造丝为宜。厂址之选择必须近河，（输入输出）方便，用水甚多，取水便利，水需纯洁。

采用机器。拟采用新式管子制，以其生产高，出品美，制造费低，较之旧式管子制简单多矣。所经之工艺流程不过高速纺织、脱硫、烘干、高速燃丝四种。

机器及工厂设备费。每日出产 3000 及 6000 公斤人造丝厂，纺 120 号丝，照市价计算，得下列数目。1. 地基，68850 方公尺。2. 厂房，8700 方公尺，包含水塔、滤水池、篱笆、道路……。原料动力及用水费用；工人；管理及营业费用；折售；成本估计；资本；利益；结论。（按：以上各条均略）①

抗战胜利后纺织学会工作比较活跃，任理卿出席了学会第 12、13、14 届年会，并都当选为常务理事。在此期间，他参加了中国纺织学会会所的筹建，1948 年底落成。担任了第 13 届年会会刊的主编，参与由学会召开的抗议美国扶植日本纺织业的座谈活动。

"本届年刊，仍本过去体例，推而广之，计有（一）论著，（二）棉纺织，（三）毛纺织，（四）麻纺织，（五）丝纺织，（六）染化，（七）纤维，（八）杂俎，（九）会务，（十）会员录十类。但愿本刊出版后。（一）我纺织同志，由此得到敬业乐群，克己利人之义，而获身心之安慰。（二）我纺织同学，由此得到他人经验之过程，及技术与管理上之改进，而获学术上切磋琢磨之益。（三）纺织以外之其他企业，由此得知纺织业现今状况，及其发展程度，与未

① 任尚武：《创办人造丝厂计划书》，《纺织年刊》1935 年。

来展望，由此而得到联系，互相协助并肩而进。（四）学术界专家，由此了解本业困难及缺陷之点，因而运用聪明才智有所发明，而谋解救弥补之道。（五）政府当局及当世贤达。由此洞悉本业工作，对于国计民生之重要，俾能加意建设，及予以奖励提倡……"① 从这里可以看出，纺织学会开展的学术活动井然有序，分工清晰，目的明确。

在 1947 年《纺织周刊》的社论中，纺织学会提出了对新的一年的期望，摘要如下：

> 胜利后纺织事业，过去一年间成就少而失望多。廉价日纱已到香港，不难重窥国境，美棉外汇虽可望开放，已不许任意输入。而国产原料尚难大量供给。各厂制造工价成本所占百分比大得可怕，为全世界所未有。谨提供若干愿望：第一，让我们先来要求纺管会民主化。第二，纺建（按：指政府接收日资纱厂组成的中国纺织建设公司）归民营应有办法（按：指作出具体计划采取有力措施，而不是一场骗局）。纺织事业应由民营是经济大纲，纺建公司二年后还归民营是政府诺言。第三，日本现有设备迁华赔偿。关于纺织工厂设备部分，自麦帅（按：指盟军驻日最高统帅麦克阿瑟）维护日本生产事业，尤其是棉纺织工业以后，已完全绝望（按：美帝出于对苏冷战的需要，以及所谓保障日本的基本生产生活，庇护日本，致使中国索赔未能实现）。但日本的人造丝厂、毛纺织厂、发电厂以至于制造纺机之铁工厂，也都是我们所需要……作为对华赔偿之用。②

上述见解和建议，特别是对日索赔的正义要求，是一份当年中国纺织界共同通过的历史文件，应可作为今天民间继续进行对日索赔的依据。

---

① 任尚武：《前言》，《纺织年刊》1948 年。
② 《新年愿望》，《纺织周刊》1947 年第 8 卷第 1 期。

七　殚精竭虑　振兴中华纺织业

　　1949 年 5 月上海解放，任理卿和广大职工欢呼"天亮了!"他曾经阅读毛泽东的《新民主主义论》，对于即将诞生的新中国充满期待，即赴北京参加革命工作。中央财经委员会是新中国成立前就设立的机构，由陈云、薄一波和马寅初分任正副主任，这时忙于工商业的恢复和社会经济秩序的管理，特别是新解放区城市的接管，解决市民衣食住行等基本保障问题，稳住私营企业主留下来继续经营。像他这样当过全国知名的老牌企业的主管，政治历史清白，精通专业科学技术的高级人才，十分难得。何况他与任弼时的特殊关系和对革命的贡献，共产党城工部和高层领导早已了如指掌，可以给予充分的信任和倚重，随即任命任理卿为轻工业计划处处长。

　　任理卿见到了陈琮英和她的儿女，朝思暮想的叔侄团聚却要待到一年之后。1945 年，中共在延安召开七大时，任弼时任大会秘书长。会后，他与毛、刘、周、朱并列为中央五大书记。1947 年春，他拖着病体与毛泽东、周恩来转战陕北并担任中央支队司令员，指挥行军，安排住宿，布置警卫，组织物资供应，还参与决策研究。他是中央支队中最忙的人，又是身体最差的人。1948 年春，中央进入河北平山县西柏坡。任弼时的血压、心脏毛病已很严重，却仍竭力协助周恩来工作，协调各战略区的物资调配和后勤支援。1949 年 3 月，他随中央"进京赶考"，在北京主持召开青年团第一次全国代表大会，然后赴苏联治疗。

　　1950 年 5 月任弼时结束疗养，带着分离 10 年（在苏联学习）的大女任远芳回国，陈琮英及子女到火车站迎接。6 月初带病出席中共中央七届三中全会的部分会议，要求恢复部分工作。27 日毛泽东批示："同意弼时意见，试做工作，每日不超过四小时，主管组织部和青委。"这样，任理卿才得到电话通知，两人忙里偷闲安排时间聊叙别后情景。在宅外园林内，任弼时拄着拐杖，缓步细语，谆谆言及国家要吸取苏联优先重工业、忽视轻工业的教训，我国纺织工业要大发展，才能满足人民生活需要，为建设事业积累资金，轻纺工业的任务不轻。

任理卿与任弼时合影

任弼时没按医嘱休息，抗美援朝战争刚打响，他长时间研究战局，病情突然恶化，10月27日去世。毛泽东主席亲视含殓。刘少奇、周恩来、朱德、彭真亲抬遗体入棺，并在遗体上覆盖中国共产党党旗。10月30日首都各界4万余人集会追悼伟大革命家任弼时同志，彭真主持大会，刘少奇致悼词。会后将灵柩送至西郊八宝山人民公墓。任理卿怀着悲痛和惋惜的心情参加这些悼念活动，深切感受中共第一代领导集体成员们的革命情谊，以及人民对领袖的爱戴，真正体会到正义事业的坚实根基和伟力，深信自己可以在其中发挥所有的潜能。

任理卿自幼痛恨封建剥削，但由于长期脱离农村，1951 年被组织安排参加土地改革运动，补上这一课。回京后，国家决定建设纺织研究机构，因为二次世界大战后新的技术革命正在兴起，材料工业中如化学合成纤维日新月异，而我国以往的民族企业本小利微，技术创新难于上青天，现在必须也可能做到集中力量办大事。1952 年任理卿调到纺织工业部，1953 年他和范澄川负责纺织科学研究院的筹建工作。范澄川曾担任湖南纺织厂厂长，抗战胜利后负责接收日本在青岛的 9 家纺织厂，长于技术管理。两人优势互补，由任理卿起草建设纺织实验馆的计划轮廓书，这也是他成竹在胸的蓝图。实验馆负责研究试验全国纺织染业技术工程的改进和改造工作，轮训高级技术人员，提供创造发明及研究技术的条件，是我国研究纺织染科技的最高机构。

1954 年 1 月纺织工业部批准成立纺织试验馆筹建委员会，任命任理卿为主任，范澄川、蔡惠为副主任。在任理卿的主持下，全面开展从征地、委托设计、建筑施工、订购仪器设备直至商调科技骨干等工作。1955 年 11 月实验馆的主楼竣工，经他精心筹划，拥有进口的先进仪器，是名副其实的全国纺织科研实验中心，正名为纺织科学研究院。组织上调来早年留学日本的张方佐任院长，因其曾任中国纺织公司总工程师，理论建树也很高，且比任理卿年轻。任理卿担任副院长。全院设立棉、毛、麻、丝、纤维材料、染化等研究室，专业齐全，设施完善，全面开展科研工作，成立了第一届学术委员会，任理卿任副主任委员。

1954 年中国纺织学会在北京召开第 15 届年会（更名为中国纺织工程学会的第一次代表大会），检阅新中国成立以来纺织战线的成绩，总结经验教训。他参与会议筹备并致大会开幕词，大会选举纺织工业部部长陈维稷（1902—1984，留学英、德，参加地下党，曾任南通学院教务长、交通大学纺织系主任、中国纺织建设公司总工程师）为理事长。任理卿和他的老师雷炳林当选副理事长。雷炳林（1882—1968）是中国留美学习纺织之第一人，1916年任教南通纺织专门学校，在侨资永安纺织公司负责技术和管理，有几项重要发明获得国内外专利。三人的德、才、资堪称楷模，拉动全行业进行技术革新。任理卿担负学会更多的实务，使得学会成为党和政府联系纺织科技人员的"桥梁"和"纽带"，并围绕经济建设和生产发展中的重大问题，组织学术交流，推广先进技术，出版书刊，对纺织工业建设起到了积极作用。在中国科协领导的几百个学术团体中，纺织工程学会一直处于上游地位，所取得的巨大成就，优秀学风，业内的亲和力，以及务实苦干作风，都蕴含着任理卿对学会工作的无私奉献精神。①

八　桑榆晚景　为霞满天献余热

如果说，早年聂其杰还资助过蔡和森、李维汉等人留法勤工俭学，投身革命；如果说，新中国也出现了陈少敏、郝建秀等由纱厂工人上升到中央领导的显例；那么，能在全国轻工业领域规模最大的纺织行业数百万职工中，凭科学技术实践脱颖而出，由徒工成长为顶尖的专家，中国纺织学会带头人，同样堪称奇迹。

任理卿和傅道伸（也任过副理事长）筚路蓝缕，冲决网罗，作为全国第一代纺织专家的杰出代表，以卓著的业绩跻身20世纪科技湘军大将之列。

任理卿不是张謇、聂其杰那样的企业家，他没有属于自己的经济实体，也就没有包袱，非常超脱；他应算无产阶级，因为只有头脑里的知识和手上的技能，一辈子靠为人"打工"生存。他的精神生活富有，社会活动积极，业务和思想成果丰硕。儒家所谓"三立"（德、功、言）他均取得很高成就，所谓"三省吾身"（忠、信、

---

① 《中国纺织工程学会喜迎80华诞》，《毛纺科技》2011年第2期。

习），他是朝乾夕惕地禀遵。他道德高尚，品质纯粹，脱离了低级趣味，对人民忠心耿耿，对事业兢兢业业。

1958 年任理卿因病退休（1979 年改为离休），改任中国纺织工程学会顾问，发挥余热。他关心纺织科技动态，学习新的知识，接受咨询访问。任理卿对看望他的纺织工业部领导说："我一生在纺织界只做了两件事，一是为纺织界培养了一批技术人才。二是为纺织工业建立了科研基地。一个人才，一个科研，有了这两个，衣被苍生的夙愿就不怕完不成了。"

1988 年他 93 岁高龄，在《新年书怀》中表达了爱党爱国的满腔激情：

> 逝水韶华留不住，人生岁月几干支；陶贤禹圣惜分寸，舜日尧天夺秒时；两制并存成一统，岂宜迟误负佳期；共兴祖国共同志，万里长城万古垂。

1992 年 3 月 17 日任理卿逝世于北京。

〜〜〜〜〜〜〜〜〜〜〜〜〜〜〜〜〜〜〜〜〜〜〜〜〜〜〜〜〜〜

任理卿在老板如云、资金如雨、人才济济的纺织行业，能够脱颖而出，众望所归。从个人成长来说，理论学习与工程实践都是循序渐进，从未躐等偾进，而又业绩双优，令同辈口服心服，使领导放心倚重。从综合素质来看，对纺织印染工艺、操作和设备，全套技术和流程均了如指掌；对行业发展高瞻远瞩，全局在胸；工程管理轻车熟路，企业经营临危受命，也干得有声有色。尤其是科学实验馆的谋划实施和纺织学会的学术活动，是他引领全行业实现科学技术进步的最大亮点。他的科技发展观点，基于历史唯物论和科研促进生产的认识：

"民生日用之需，首推衣被。衣被之原料，厥为纺织之成品。吾人既不愿反古以茹毛，又不肯坐视舶来品之输入，则唯有努力研究，自求进步。况人类日益进化，需用亦日繁华，衣料既求精致，故布匹亦由素而花，纱线亦因之由粗而细。其它昔日以为奢侈品者，今渐变为日用必需之物。总之，吾人为人类幸福计，为国用自给计，对于纺织研究机关之设立刻不容缓。"①

任理卿出以公心和全局观："现我国纺织工厂对于技术管理诸端，虽力求上进，而一厂之财力与人力均甚有限，其所能研究者亦不过供一厂一时之用，费力多而收效小。尝考东西各国对于纺织染工业，均有专门研究机关从事探讨……"② 因而力促全行业联手集中力量办科研馆所。

他的另一项主业是育人，深知知识改变命运。他从一个小学毕业的学徒工，20 年后成为大学教授，创建全国第一个纺织系。执教几所高校累计 10 来年，并有别于象牙之塔的书生，他是工厂现场摸爬滚打十八般武艺齐备的全武行。这样的导师我国迄今少有，培养的学生当然是高级应用型人才。

无私更无畏，有为才有位。这应当是任理卿勇于创新，斩关夺隘，不断取得成功的奥秘所在。

---

① 任尚武：《棉纺织实验馆之趣旨及其内容》，《纺织年刊》1934 年。
② 同上。

汤飞凡 微生物衣原体之发现者

　　湘东门户醴陵，清代末年作为汉冶萍公司运煤通道，沾染工业文明气息。20世纪前期的留日留法留俄浪潮，同盟会策动萍、浏、醴起义，共产党领导安源路矿罢工，毛泽东组织秋收起义和井冈山斗争，一波又一波，这里先后参与者众多，时势造英雄，成就了一大批党政军高级人才。科学技术领域人物总体上虽然稍逊风骚，但只要提到医学病毒学"衣原体之父"汤飞凡，国内外医学界无不肃然起敬。正是他和湘雅医学院的学友们，率先将西方医学的精髓，即分析的、精密的、穷源竟尾的研究方法和与时俱进的技术手段，加以引进消化为我所有、为我所用，从而把湘学的医学科学技术分支推向现代化，若干项目晋级世界先进水平。

　　湘东门户醴陵古城，以县北醴泉得名。据《史记》："汉高后四年，封越（按：长沙王刘越）以醴陵国为食邑。"东汉初置醴陵县，属长沙郡。渌江穿城而过，接着往西流淌百余里，到渌口镇汇入湘江。醴陵城北有渌江书院，南宋朱熹曾在前学宫讲学；鸦片战争前左宗棠在此任山长，得到过境的两江总督陶澍的赏识。清末张之洞、盛宣怀办汉冶萍公司，熊希龄办瓷业学堂，这里是近水楼台先得月。地灵人杰，在艰难曲折的科技现代化进程中，产生了攀登医学高峰的杰出代表。

一　湘雅师兄　协和哈佛博士后

汤飞凡（1897—1958），幼名瑞昭，出生在醴陵县神福港乡（镇）汤家坪村南岸山（现归泉塘村），其故居坐落于渌江南边。这里属醴陵西乡，离城几十里，有驿道经过，水陆交通方便。萍乡的煤起初是经水路运往湖北汉阳，自1899年开工修株萍铁路，由矿区过醴陵至株洲，长约200里，1905年底竣工，这时江上的繁忙顿时减少许多。株萍铁路作为粤汉、浙赣两条贯通南北东西干线的交接段，居然最早建成，给儿童汤飞凡带来的，更多的是新奇。汤飞凡祖辈多是读书人，其父汤麓泉是位乡绅，因连年战乱、灾荒，家道中落。为维持家计，设塾馆教书。汤飞凡是他的次子。汤飞凡6岁时，就读于何忠善创办的义塾。汤何两家是乡邻世交，何忠善当过佣工，经营副业稍有积蓄后，购置了少量的土地。儿子何键（1887—1956），青少年时历经朱子祠学塾、渌江中学堂，1906年考入长沙王先谦办的崇古学堂，又读了3年儒学，假期回乡常与汤麓泉讨论经史。见小友飞凡读书勤奋，顺便为他辅导算术和自然课本，因为汤麓泉决定送儿子进新学堂。汤飞凡便在12岁那年随叔父到长沙，进了城南的中路师范学堂（校址是原湘学重地城南书院，后改名第一师范学校）的附属中小学堂。何键这一年考入湖南公立法政学堂，继续做着仕途经济的美梦。辛亥革命带来社会的变化，汤飞凡剪了辫子，改了装扮，但中国人戴的"东亚病夫"帽子却未能摘去，城乡贫民缺医少药的社会现状使人痛心，他便立志学医。

汤飞凡从城南的学校毕业后，长沙找不到医学校，那时湖南工商百业落后，长株铁路刚修通。他想到单是一条萍乡到长沙的300里铁路，前后就修了十几年时间，看来今后发展工业也是很迫切的事，他便考进湖南甲种工业学校，相当于现在的中等技术学校。读的是金工科，即机械专业。他入学后发现对工科提不起兴趣，越读越觉得不是滋味。1914年夏季，长沙出了个新鲜事物，美国耶鲁大学雅礼会与湖南育群学会签约合办湘雅医学专门学校，即将招生。他听到消息喜出望外，赶紧报名。"湘雅"校名出自育群学会书记聂其焜（曾国藩的外孙）的提议，把湖南（湘）与雅礼（Yale，即耶鲁）联结起来，也体现了湘学与西学结合的意思。湘雅入学考试要考英语，数理化卷子也是英文题目，他虽能半读半猜出题意，要用英文作答却犯了难。他万般无奈，央求主考的美国人胡美（Edward.Hume）博士，特许他用中文答题，暂免试英语，将来补考。胡美被他求学心切的诚意和勇气所感动，又见他数理化卷子做得还不错，就答应了他的请求。他被破格录取之后，夜以继日拼命学习英语，一年翻破了一本英文字典，眼睛也变成高度近视（据说全校学生近视率达95%），英语终于赶上了班。这件事令他长出一口气，也使他树立了一个信念：有志者事竟成！

困难接踵而来，后来，汤麓泉的塾馆不让开了。这样一来，汤家的经济更加困难，供给汤飞凡和他弟弟汤秋帆（在武昌读教会办的文华大学）的膳宿费难以为继。湘雅学校一年的学膳费60银圆、预备费16元，书籍、制服、实习等费自备。读者想想毛泽东在北大图书馆当管理员月薪只有8元，就会知道汤飞凡的这笔负担多重了。他在湘雅医院药房找了一份调剂生的工作，还当了英语家庭教师，挣钱缴纳自己的学费和补贴弟弟。

湘雅学校按本科（5年）、预科（2年）及结业后驻院助医1年的学制，本科教育的前3年为医学基础课教学，后两年主要是临床课的教学，最后1学期为临床实习。教学大纲依美国医学校联合会所订课程，开设解剖学、生理学、病理学、卫生学、药学、内科学、外科学、妇产科，总学时5280时。由于采用英文原版教材及英语授课，中国学生听读较慢，所以延长1年。[①] 8年学制这已经相当于我国现今大学本科加硕博连读的时间了。医学教师主要是由美国雅礼会选送来华的外籍教师。1921年，湘雅的13名专任教师中，除1位药剂师外，全部是医学博士，其中外籍教师有8人。湘雅不准教师

---

① 《湘雅医学专门学校概况》，《新教育》1919年第1卷第5期。

私自在外开业，这在国内的医学校中少见。教师对学生十分严格，作业、实验、考试，应接不暇，学生在预科学习时任何一门课不合格都不能进入本科阶段的学习。学生在做实验时只要有一点不合要求，就必须重做。学校每月都有学术交流活动，由师生联合进行交流和讨论。学生毕业前都必须撰写毕业论文。学校规定，校内所有课程一律用英语讲授，包括课堂提问；答卷以及书写病历都必须使用英文。学校采取严格的淘汰制，第一届入学时 30 人，到了本科三年级已只剩下 10 人。[①]

汤飞凡是半工半读性质，要比其他同学付出更多的辛劳，所以丝毫不敢懈怠，以至很难抽出时间参加其他活动。校长颜福庆（1882—1970），是最早的留美医学博士之一，其兄颜惠庆是著名外交家，北洋政府外交总长、总理。1921 年，汤飞凡和张孝骞、萧元定等 10 名学生获得校长颜福庆、育群会会长曹典球签章的毕业证书，及教务长胡美代表美国康涅狄格州政府授予的医学博士学位证书。汤飞凡 7 载寒窗（另还剩 1 年要去当助医）、甘苦备尝，终于贯穿西医学问之门，一窥其堂奥，也锻炼了自己的坚强意志和钻研精神。

然后汤飞凡到北京协和医学院当助医，实际上是在细菌学系进修（助教）。该系的教授田百禄（Care Ten Broeck）注重实验，要求操作精准，动作麻利，掌握良好的基本功，为此凡来进修的必须从实验室准备工作开始。日复一日，简单而烦琐，重复而单调，一般进修生视之为实验室工友干的下手活，迫于规定，不得不走个过场。汤飞凡则不以为苦，放下身段，干得非常认真。还常帮助来做实验的学员观察动物，做病理解剖，分析试验结果，很快引起了田百禄的注意，不久被正式定为助教。汤飞凡在协和进修 3 年多，学院由洛克菲勒基金资助，经费充裕，设备先进，藏书丰富。他带着实际问题读了许多经典论著和最新文献，扎扎实实地掌握了各种实验技术，并明确了他一生恪守的原则：搞科学研究必须手脑并用。19 世

① 刘笑春、李俊杰主编：《湘雅春秋八十年》，中南工业大学出版社 1994 年版。

纪末到 20 世纪初是微生物学发展的黄金时代，大部分传染病的致病菌被陆续发现，使汤飞凡目不暇接，兴味盎然。祖师爷法国的巴斯德和德国的科赫成了他最崇拜的偶像。日本有个北里柴三郎是科赫的学生，因有重要发现被称为"东方的科赫"。汤飞凡对人说："中国为什么不能出一个'东方的巴斯德'呢？"他暗下决心，树立了自己的奋斗目标。

1925 年，汤飞凡被推荐到美国深造（相当于博士后），进了哈佛大学医学院细菌学系。系主任秦瑟（Zinsser）教授是世界闻名的微生物学权威，他的研究重点正转向立克次体、病毒等新发现的微生物种类。他见汤飞凡训练有素，颖悟过人，十分高兴，就叫他直接参加自己正在进行的研究。此时病毒学正处于拓荒时期，汤飞凡参加到开拓者的行列。

他接连在美国《实验医学》、《细菌学》、《免疫学》等核心医学刊物上发表了《疱疹病毒的免疫学研究和疱疹性脑炎问题》、《疱疹病毒和脑炎问题》、《对超滤的研究》、《从家兔脑炎病毒培养细菌的尝试》、《疱疹性脑炎病毒和牛痘病毒的滤过记录》、《对疱疹致病因子的进一步实验》、《对狂犬病病毒和疱疹病毒的补体结合反应》等重要学术论文，引起了美国微生物学界的重视。[1]

屈指算来，汤飞凡从初离老家至今 20 年，到北京和美国进修也已七八年，一头扎进实验室，"两耳不闻窗外事，一心专研细菌学"，沉浸于显微镜下的世界，对故国和故乡政治军事形势的急剧而复杂的变化，偶有所闻，一知半解。他十分牵挂的是父母兄弟，还有何家小妹何琏。他大学毕业时何琏刚读中学，那时全国各大学女生很少（湖南的高校还不招女生），邻家小女素来仰慕汤大哥，小鸟依人，接触最多。后来双方南北远隔，心理距离反而越来越近了。汤飞凡海外孤旅，鱼传尺素，情愫互通，已到相托终身之时。

何键的变化也很大。辛亥革命后，他弃文习武，历经湖南将校养成所、第三陆军中学（在湖北）、保定军官学校，1916 年毕业

---

①　刘隽湘：《医学科学家汤飞凡》，人民卫生出版社 1999 年版。

（这年汤飞凡升大学本科），从湖南陆军赵恒惕的排长（已 29 岁）做起，后来周旋在程潜、赵恒惕、唐生智各派势力之间，到 1927 年升任第 35 军军长。蒋、桂之争中他脚踩两只船，终于攀上蒋介石，但非嫡系，处境微妙，1929 年当上湖南省代理主席。

二　蜚声上海　登楼望尽天涯路

1928 年秋，汤飞凡接到颜福庆的信，希望他回国到中央大学医学院（上海医学院前身）任教。颜福庆在湘雅坚守杏坛 10 年，大革命时学校停顿（因被视为帝国主义文化侵略的基地），才离开长沙，应聘到北京协和医学院任副院长。此时受任（南京）国立中央大学医学院院长，院址设在上海。该院属于初创（1927 年 10 月由沪、苏等地医专组成），物质条件一般，教学师资更缺，配不上"中央"二字。见湖南局势动荡，便挖了一批湘雅学子作为生力军，日后都成了中国医学界的骨干。汤飞凡是他的大弟子，嫡系部队的排头兵，现在已冲锋到科研最前沿，是挑大梁的角色，自然是最理想的人选。颜福庆在信里殷切希望他回来共图祖国的医学教育科研伟业。这正是汤飞凡的夙愿，可使他的理想变成现实。不过从个人的学术发展来说，上海的条件哪能跟美国相比，汤飞凡在哈佛医学殿堂与大师秦瑟合作默契，已进入收获优质高产成果的阶段，离开哈佛等于海员告别了海轮，一切要白手起家。以往不少留学生回国后就退出了科研第一线，因为经费设备条件太差，做不了像样的实验。他心情十分矛盾，可是祖国的召唤、民族的利益，责无旁贷，终于下决心回国。

汤飞凡尽可能将科研资料带上，仪器设备又贵又重，没法购置携走，只有一台放大几千倍的显微镜是他科研须臾不能分离的利器，可以放进手提箱内。船进长江口、黄浦江，吴淞校区在望，晋见颜院长，师生聊叙契阔，感慨系之。颜院长仍是往日在湘的雄心，思虑更加成熟，向他描绘学院蓝图。这里只是中央大学 8 个学院之一，行政、经费、人事等要受南京校部的领导或支配，职称评定标准比别的大学严，资历不深的博士只给副教授职称，汤飞凡并不介意。学院还没有细菌学科（系），更没有专业实验室。汤飞凡把显微镜也捐了出来，才装备起简陋的实验室。教学方面，细菌学、免疫学是全院要开的课程，他驾轻就熟，教得生动而深入，引人入胜。他利用简单的设备开始了研究工作，陆续发表了多篇论文。当然还有一件大事是回乡省亲，迎娶何琏，有情人终成眷属，相携来沪。何女士是贤内助，文静贤淑，善解人意，落落大方，周旋得体，小日子安排得甜蜜滋润。

帝国主义不会让中国人民过上安稳的日子，霹雳一声巨响，九一八事变发生，日本侵略者一夜之间占领了沈阳，半个来月东北全境失陷，空前的民族灾难降临了。转年初，汤飞凡的学校就成了最前线，"一·二八"淞沪抗战打响了，十九路军、税警团英勇战斗在前线。日本出动了几万海陆空军，万吨旗舰"出云号"等大小舰只从吴淞口突入黄浦江，除了军事目标，再就是工厂和文化教育机构。位于吴淞前线的医学院师生匆匆撤离，整个校区成了火海，只好到市区海格路旁购地两亩（1300多平方米），建起两栋临时院舍维持上课。学生实习有医院接受，科研实验就既无房屋又无设备了。汤飞凡的科研受到挫折，血淋淋的事实使他看到，日本侵略者最提防的是中国的教育科研事业的发展，因为他们狂妄地估计政治上、军事上可以打败中国，而要奴化中华民族得毁灭文化教育机构。

1932年医学院脱离中央大学而独立，更名为国立上海医学院，汤飞凡升为教授。为了抢时间解决科研问题，他应聘兼任上海雷士德医学研究所（Lister Institute，又译雷氏德研究所、李斯特学院等）细菌学系主任。该所按英国商人雷士德遗嘱用其遗产新建，位于租界区，所内中外籍研究人员的水平及经费设备可比协和医学院，汤飞凡这才有了进行高深研究的条件。他意识到日本的侵略只会继续加剧，和平的局面维持不长，机会稍纵即逝，必须加倍努力了。除了继续研究病毒外，还做了不少传染病病原学工作，如对沙眼、流行性腮腺炎、流行性脑膜炎、流感、致病性大肠菌肠炎等的研究，并开始了当时很少涉及的牛胸膜肺膜炎研究。短短几年，他发表了有价值的论文20余篇，瞄准着前沿和应用领域，为民族争气，为战备出力。

他的师弟李振翩曾用"微生物学大革命"来形容那个时期的探索："细菌是不是生命的起点？"（有无更小的生物？）[①] 汤飞凡等很多学者的工作就是用新的微生物的发现来回答这个带"挑战性"的问题。20年代末到30年代，还没有电子显微镜、超速离心机等现代化仪器设备，病毒是有生命的还是无生命的仍在争论。汤飞凡和秦瑟利用砂棒滤器、普通离心机等简单设备，用物理方法证明了病毒是可过滤的、能离心沉淀的、能自我复制的、有生命的颗粒，是寄生于细胞内的微生物。他们还研制成第一代微孔滤膜（火棉胶膜），并用它测定出各种病毒的大小。汤飞凡也是最早研究支原体的科学家之一，1936年和他的学生魏曦首次描述了支原体的5个形态不同的发育阶段：颗粒状、丝状、分枝、成链和崩解阶段，阐明了支原体的生活周期。[②]

汤飞凡三十而立，成家立业；四十而不惑，达到了人生第一个高峰。

1935年，上海医学院在枫林桥南购地百亩开始建筑新校区的时候，汤飞凡应邀赴英国国立医学研究院，与埃尔福特（Elford）合作研究分级滤膜课题。他回忆当时的心境：

日本侵略中国的炮火深深震撼了我的宁静，每一个有爱国心的中国人无不为祖国的命运忧心忡忡。1936年，作为访问学者，我在英国国立医学研究院工作。一天，来了一些参观的日本人，不知为什么，见到他们我立刻火冒三丈，当他们伸过手来要和我握手时，一种不能容忍的耻辱感油然而生，当时我拒

①　李振翩：《微生物学大革命的发端》，《东方杂志》1931年第1号。
②　朱既明：《汤飞凡教授的早期研究对病毒学发展的贡献》，《病毒学报》1987年第4期。

绝和他们握手并义正词严地说："你们日本正在侵略中国，很遗憾我不能和你们握手，还是转告你们国家停止对我的祖国的侵略吧！"[①] 真是大义凛然，旗帜鲜明！

下面我们摘引汤飞凡几篇通俗的文字，可见他的兴趣点之一斑。《细菌学最近之进步》一文："科学之研究，在乎精益求精，故其进步无穷，抑亦吾人之学无止境耳。……近年亦有日新月异之势，聊摘数端，以供阅者。"包括：细菌形状变易之说；黄热症；斑疹伤寒；鹦鹉病；沙眼；B. C. G.（即卡介苗）等。文中有两段涉及日本细菌学家野口氏（Noguchi），一是1918年，野口从黄热症病者之血中，发现勾端螺旋体，谓系此病之原。野口氏等俱因研究而染病殒命，为科学而牺牲，至堪敬佩。但"野口氏之说必再无存在之价值矣"。二是"1926年，野口氏发现一极小杆菌于美国沙眼患者之眼中，其菌属革兰氏阴性"。后来汤飞凡证明这个说法也是错误的。[②] 可见汤飞凡时刻关注同行研究进展，知己知彼。

那时肺结核是要命的传染病，流毒极广，人人害怕。他又和学弟魏曦综述"关于结核杆菌的研究"。他们分论"1. 颗粒状结核菌；2. 过滤性结核菌；3. 结核杆菌之生活循环"等成果之后，结论是：

近十年来关于结核杆菌研究之情形，许多未明了之事实，确已得到确实之解释。例如过滤型结核杆菌与胎儿受染结核症之关系，结核菌繁殖时之具有抗酸性及非抗酸性之两阶段，以及结核菌之化学组成，与病理学及免疫学上之种种关系等，皆为研究结核病极重要之基本问题，谅此类新获得之事实，将给予吾人莫大之助力，以解决结核病之各种问题也。[③]

---

① 中国科学院学部联合办公室编：《中国科学院院士自述》，上海教育出版社1996年版，第351页。

② 汤飞凡：《细菌学最近之进步》，《中华医学杂志》1932年第18卷。

③ 汤飞凡、魏曦：《近年来关于结核杆菌研究之情形》，《中华医学杂志》1937年第23卷第3期。

《关于斑疹伤寒之细菌学》，介绍其病原不是细菌，也不是过滤性病毒，大小处于两者之间，叫作立克次体：

斑疹伤寒，虽为一种极老之病症，但是吾人对其细菌之知识，至最近七八年始有进展，

1.1916 年 Da Rocha Lima 氏，将此等小体，命名曰立克次普华策克体，而确定其为斑疹伤寒之病原。2. 立克次体之自然学。立克次体，形似杆菌，大者与普通之杆菌相似，小者较最小之细菌尤小。立克次体，无自生力，只可寄于其宿主之内皮细胞中，除在羊虱内所发现之一种立克次体，皆不可在无生机之培养基中培养，近间有能培养于组织培养内及鸡蛋皮膜上者。3. 斑疹伤寒立克次体之分类。4. 斑疹伤寒之诊断。5. 斑疹伤寒之预防。[①]

三　抗战八年　防疫开发功劳高

七七事变，平津沦陷，中华民族危急！8 月 13 日，日军大举进攻上海，守军奋起抵抗。海外游子更能体验祖国的可爱和可亲，汤飞凡在船上天天听无线电广播的战况，心急如焚。下船回家稍作安顿，动员夫人参加红十字会的后勤支援，自己加入前线医疗救护队，随医学院医疗分队驻扎在宝山，邻近日军舰炮轰击和陆战队突击的吴淞口。他不顾劝阻到离火线只有几百米的急救站抢救伤员。到处断壁残垣，机关枪弹、手榴弹炸片乱飞，时刻有被击中的危险，战士们英勇牺牲，使他忘却了自己的安危。汤飞凡日夜冒着炮火抢救伤员，止血、包扎、注射，还有久已生疏的外科手术，都亲自动手。3 个多月里只回过两次家。他处于险境反而心境澄澈，精神振奋，与军民一同将百年屈辱而郁积的愤怒爆发出来。夫人为他担惊受怕，

---

① 汤飞凡：《斑疹伤寒之细菌学》，《中华医学杂志》1937 年第 23 卷第 1 至 12 期。

汤飞凡要她宽心："因为我目标小（按：身高一米六），炮火打不中我，所以我干这个最合适。"医疗队随部队退守闸北、苏州河南岸，他誓死与八百壮士共存亡。医学湘军大将中他最先在前线经历了抗日战火的洗礼。

上海沦陷，租界已是孤岛，他只好回到雷士德研究所。不久南京失守，日军进犯华中心脏武汉，好像刺刀扎到汤飞凡的胸口。他对夫人何琏说："研究、研究，研究出再好的东西，做了亡国奴，又有什么用？"研究所接到通知，准备撤往英国（当时英德尚未开战）。对汤飞凡来说，到英国继续工作也是一种选项，欧洲大陆反法西斯的科学家不是正跑向英美吗？

这时，颜福庆从武汉来信，提供他另一种选项。颜福庆现任国民政府卫生署署长，约他去长沙主持中央防疫处的重建工作。以往南洋华侨留英医学博士伍连德，在清末民初东北鼠疫大流行时，受命主持防疫取得成功，赢得国际赞誉，开了政府设立机构主管检疫、防疫的先河，此时已退休回马来西亚。北洋政府中央防疫处成立于1919年，哈佛医学博士湖北人陈宗贤（1892—1979），在防疫处创办时就是技师。北伐成功，1928年起该处隶属南京政府，陈宗贤升任处长，可说是"两朝元老"。他还开辟和兼理过北方和西北的分处。现在国民政府迁至武汉，防疫处于1938年春迁到长沙。包括南北两处人员，来到长沙的只有20来人。颜福庆动念换陈宗贤，或觉得陈在职过久，新建树不多，乘机将汤飞凡取而代之，激活汤的潜能以发挥更大作用。卫生署副署长金宝善与陈宗贤在防疫处共过事，不熟悉汤的情况，采取模棱两可的态度。

汤飞凡当即辞去月薪六百两银子（合700多银圆）的雷士德研究所的职务，携家眷返湘。到长沙一看，防疫处已濒临解体。从北平带来的设备一路散失，没有一个高级技师，仅能制备狂犬疫苗，靠出售原有的牛痘苗和抗毒素维持日常开支。日军连日空袭，人心涣散。汤飞凡到来之后，雷厉风行，使防疫处的工作恢复正常。他身先士卒，同甘共苦，与同事们建立了感情，很快增加了疫苗品种和产量。在防疫处树立了威望，取得了大家的信任，大家愿意跟随他献身中国卫生防疫事业。后来政府迁往重庆，颜福庆提出辞职，防疫处往哪里迁？陈宗贤主张迁往重庆，汤飞凡认为重庆过于拥挤而且交通不便，建议迁往昆明，便于从外界取得资源。汤飞凡与陈宗贤都敢作敢当，在重庆闹了一场风波，合则留不合则去。最终汤飞凡胜出，因为原任卫生署长颜福庆是始作俑者，支持汤；何键一年前由湖南调任内政部部长，是卫生署的顶头上司，大概也投了自己的女婿一票。为了平息争端，让陈宗贤暂时出国考察。以后的事实证明，不论颜、何是否顾亲疏，总归做了唯才是举的正确决定。1939 年 3 月 18 日，卫生署正式任命汤飞凡为中央防疫处处长，改派陈宗贤任卫生实验院院长。实际上陈宗贤留在香港，同原卫生署长刘瑞恒创办药品公司，由官方出资在海外购料生产，供应内地军民急需。

　　汤飞凡回到长沙，传达卫生署的命令，因政府财政困难，没有搬迁费，要求一切自筹。员工除北平旧人外一律就地遣散，仪器装备就地处理以节省运输费。但他预见这样弃置宝贵的人员物资，到昆明另起炉灶，不知要到何年何月才能恢复生产和研究，便声明不会照办。汤飞凡恳切宣布，愿意共赴国难的人员一道去，设备能带的都带。他迅速卖掉从北平带来的全部疫苗和抗毒素，筹集了两千银圆，好不容易添雇长途运输汽车，运力捉襟见肘，几件大件设备暂留在长沙，其余必需的重要的设备尽量装车出发。时值初冬，这支国家防疫特种部队，风餐露宿三千里，一路颠簸到了昆明。他们离开长沙仅半月，省府张皇失措，采取焦土抗战，自烧"文夕大火"，防疫处的房舍全毁，所留设备也只剩了一个烧不烂的旧锅炉。若非汤飞凡当机立断，防疫处老底都输光，大家齐觉万幸。殿后的两名职工为之感召，千辛万苦费尽力气把这台锅炉运到昆明，还派上大用场。①

　　汤飞凡后来自述这一番曲折的经历："第二年抗战全面爆发，我匆匆回到上海。得到夫人何琏的支持，我先是参加红十字救护工作，

----

　　① 刘隽湘：《医学科学家汤飞凡》，人民卫生出版社 1999 年版。

随后离沪赴滇。抗战的需要，我不得不把精力转向发展当时急需的疫苗、血清和青霉素的研制工作，从此便和生物制品事业结下了不解之缘，我怀着科学救国思想，甘心情愿在我的专业范围内做些应用性的工作。"战场上临危不惧，视死如归的豪气，让他带到大后方的研究制造工作中来，办事大刀阔斧，善于突击，冲破各种障碍。①

当时全国许多机构汇集昆明，防疫处几无立锥之地，经费也毫无着落。汤飞凡手中只剩300银圆，是防疫处的全部资产。他只得祭出内政部旗号，何部长曾给云南政要写了几封信以备应急，凭着这些关系，使防疫处在昆明借到了房舍，从银行贷到了款。于1939年初恢复了狂犬疫苗、牛痘苗等几种简单的菌苗疫苗和诊断试剂的生产，这些在大后方均是医药市场的抢手货，收入除维持日常开支外尚有盈余。汤飞凡必须建设防疫处的新址。日军的轰炸使他选择了郊区，西山滇池外有块地，被土豪把持，开价高出市价十倍。汤飞凡只得请求何键的难兄难弟龙云出面，靠"云南王"压服地头蛇，以市价的五分之一让出了这块地。建材、人工费用又拿不出来，汤飞凡三上重庆找卫生署，还是无钱可拨。他想到上海医学院1935年曾用抵押贷款的办法筹资建房，一位金融界的朋友教他在内地如何操作，冒着资金链断裂坐牢的风险，1940年建成了防疫处新址。

这里远离市区，如何安排好职工生活，靠自办"小社会"。设医疗室，办子弟小学。物价飞涨，在汤夫人的带领下，养猪养鸡、种菜种花，自给有余，职工安居乐业。

汤飞凡认为，那时中国已经没有一个机构进行微生物研究，防疫处应当承担这个责任，着眼于控制传染病。汤飞凡全面改造旧的结构，设立了检定室，对产品进行质量监督和控制；设立培养基和消毒室，统一供应实验用培养基和消毒器材；设立动物室，并分设菌苗、疫苗和血清室。参考国外建立了技术管理制度。在产品上，停止生产无效或副作用大的老产品，增加当时防疫需要的新产品，

---

① 中国科学院学部联合办公室编：《中国科学院院士自述》，上海教育出版社1996年版，第351页。

改进了各种菌种。汤飞凡到处搜罗人才，并通过科研和生产，加以培养提高。到 1942 年，防疫处发展到近百人，经过汤飞凡的调教，很多人后来成为新中国卫生防疫事业的骨干，防疫处的生物制品质量达到欧美同类产品水平。

1942 年，滇缅暹罗（泰国）战场的盟军中发现天花病例，表明就近采用的印度疫苗靠不住。他们找到中央防疫处的牛痘苗进行分析，检验结果是中国苗比印度苗好。盟军派专人来考察，实验室的技术水平也得到承认，检定室被选为美军指定临床化验室。于是盟军决定，其他疫苗和血清也不再越洋运来，改由防疫处供应。正是由于汤飞凡制定的严格的生产规范和改进的生产工艺，中央防疫处提供给盟军的疫苗才万无一失。以狂犬疫苗为例，国外的疫苗接种后有万分之一到三千分之一出现严重反应，其中四分之一死亡。使用了中央防疫处用中国天坛株制备的狂犬疫苗的盟军，没有发生一起意外。

中央防疫处的任务和责任增加了很多，不仅要生产高质量的疫苗和血清，满足大后方的防疫需要，还要及时发现诊断各地的传染病，并且尽快制备防疫用品，为中国军民以及盟军服务。例如云南和境外缅泰一向流行斑疹伤寒，中央防疫处于 1943 年制成了中国最早的斑疹伤寒疫苗，供应缅泰区域盟军和国内的免疫区域。又如，1945 年在滇缅边境战场上，一种"不明热"流行，严重威胁着部队战斗力。美国派了一个以哈佛大学专家为主的考察团来调查，没能搞清病因。求助于中央防疫处。汤飞凡派技正魏曦前往调查和实验，证实是恙虫病。问题迎刃而解，魏曦获得美军"战时功绩荣誉勋章"。

防疫处还有一项秘密任务：据国内外情报，日寇一直在研究生物化学武器。曾对常德等地投放病菌且隐秘，汤飞凡率领防疫工作的先驱们，在看不见的战线，多次挫败日寇的阴谋。①

① 刘隽湘：《医学科学家汤飞凡》，人民卫生出版社 1999 年版。

四　研青霉素　生物制品全自力

汤飞凡的下一个目标是生产国产青霉素。第二次世界大战杀戮、致伤、致残的军民超过一亿，战争环境瘟疫流行患病者更是无数。幸亏有了磺胺药，接着就是 Penicill（盘尼西林）的发明。自英国弗莱明发现后，1941 年英美研究出了提纯方法，使青霉素得以临床应用。

汤飞凡闻风而动："忆于民国三十年秋，昆明中央防疫处文献会之某次周会，曾由魏曦技正报告：关于 Abraham，Chain 和 Florey 诸氏在 Lancet 杂志上，所发表对于青霉素或盘尼西林之研究一文。据称青霉素，既无毒质，且具充分杀菌效能，对于战争必有莫大贡献。因此引起吾人深切之注意，……我国处于敌人封锁之下……尤以彼时英美等国，关于青霉素之研究，与夫制造等问题，尚极守秘密，完全为军部所统制，收集参考，更属非易。""自三十年冬，以迄三十三年春，吾人致力研讨者，要以青霉菌之分离为目的……随时留意于鞋靴、旧衣、水果、古钱等物之上，及其他一切地方，无论何处发现青霉，立即取以涂布培养基上……历经数百次试验，共得盘尼西林菌或帝状霉菌四十余株，其中能产抗生素者，计 11 株，而此 11 株内，又以卢锦汉君及作者得自肉渣培养基中及鞋油上者为最佳。"内行知道，高产菌株如稀世珍宝，他们精诚所至，竟然得自皮鞋油上长出的一层绿毛！

"霉菌分离之后，即入培养程序。吾人于培养工作之研究，费时亦久，最初为选择适宜之培养基……始克正式培养。彼时培养器皿，只能用玻璃瓶，每瓶装盛液体培养基二百余公撮（CC），接种后，在室温摄氏二十四五度中，二三日内，培养基表面上即可长满霉菌，至四五日之间，霉菌颜色变青，（芽苞成熟）有时青霉上常有呈金黄色之珠状水滴，其情形状况，殊似雨后荷叶上之水粒，灿烂夺目，备极美丽。此种珠滴内，即含有所期求之青霉素。"汤飞凡求实而浪漫，用"灿烂、美丽"来讴歌这心血的结晶。之后还有几道提炼、干燥工序，需要自制关键设备，都经努力而克服。"但惭愧可笑，第一批出品仅有五瓶，每瓶亦仅五千单位。"（按：通常药用一小瓶针剂为 20 万单位）

汤飞凡毫不居功自傲，而是历数众多参与者："除黄有为君之外，朱既明技士及中华血库范静生先生，亦均参加工作。尤以朱君为个中翘楚，大部工作类多朱君所为。彼时童村大夫在美国专事青霉素之研究，恒常互相通信，获益之处，亦复不少。当此时前后，对青霉素之研究，深感兴趣者，颇不乏人，除作者几人外，国内尚有清华大学之汤佩松教授，上海余贺医师，及重庆张昌绍博士，以及吾人未能尽知之志士等，彼等于试验室内，或作同样之研究，或为文字上之介绍，莫不积极求知，以资造福于人类。"①

世界科学界公认为权威的英国《自然》（*Nature*）杂志，1943 年对昆明防疫处有一篇报道："这里还有一个小型的青霉素车间……汤博士的工厂保持了高水平，虽然没有自来水，但他的马厩和动物房都非常清洁。他有一个效率高的培养、分装和检定系统。尤其有趣的是，他有一个自己的玻璃厂，能制造各种中性玻璃器皿。"文中还说："这个工厂只有一台锅炉，而且常漏，不安全，每晚用毕都要检修，幸而没有发生事故。就靠它，解决了所有的器皿消毒和蒸馏水供应……一套重新利用废琼脂的设备代表了这个工厂的传统……一只破木船，放在湖里用来透析（取水）……没有商品蛋白胨供应，就自己制造。"这段生动、真实的描写，出自李约瑟博士，他由中英科学交流协会派遣，走遍中国大后方，向盟国介绍调查情况，作为援华的参考。②

---

① 汤飞凡：《吾国自制青霉素的回顾与前瞻》，《科学世界》1949 年第 18 卷第 1 至第 2 期。

② 薛攀皋：《"汤氏病毒"·启迪·思考——汤飞凡分离沙眼病毒成功 35 周年纪念》，《生物科学信息》1990 年第 3 期。

《中国自制盘尼西林》，《联合画报》1947 年第 197 期至第 198 期，所登车间生产情景

抗战胜利了，各单位"复员"，卫生署要汤飞凡在 3 个城市中选择：上海、南京或北平。他决定搬回北平防疫处原址。因为中国防疫前辈在那里艰苦经营 10 年，日本人窃据 8 年来发展到相当大的规模，疫苗和血清制造设施，实验动物室，可用于大规模的科研和生产。他豪情满怀，要以这里为中心创建全国性防疫和生物制品系统，并初步布局在昆明、上海设立了分处。可是防疫处接收人员到达北平现场，不禁大失所望，愤慨万分：日方已在一周内破坏了全部设备，将器材用坦克压碎，菌种血清销毁，动物杀死后深埋地下，只

剩破烂空荡的几栋建筑物。汤飞凡满腔激愤，痛下决心，要在这里建设一座更大、更好的研究生产基地。

日本人冒天下之大不韪，倒行逆施的原因，到1949年冬终被揭露：汤飞凡的部下钟品仁进入封存了4年的地下冷库时，在散布满地的垃圾之中，发现了6支写有日本女人名字的试管。经过培养实验，发现前5个试管是毒性鼠疫杆菌，另一支试管的毒性已经消失。罪犯们慌乱中没有来得及毁灭的这些证据，表明日军多年来在这里进行着万恶的细菌战研究。汤飞凡这时才知道侵华日军研制生物武器的大本营原来暗藏在这里。当年丧心病狂的日本人一定将汤飞凡视为他们这个灭绝计划的最大障碍。真是天理昭彰，冤家路窄，恰被汤飞凡逮了个正着。

1995年，日本投降50周年之际，原西村部队（1855部队）卫生兵伊藤影明和其他一些老兵，来到北京天坛等处指证日军的犯罪遗址。北京市崇文区地方志编纂委员会根据这些最新线索，广泛收集采访，使日寇细菌战的研究真相大白。臭名昭著的731部队的石井四郎曾在这里指导，惨无人道地用俘虏进行人体试验，仅培养的霍乱菌就够杀死全球人类，1943年北平霍乱流行竟是他们故意散布的。全北平人最先成为其实验对象，被夺走了两千条生命。①

汤飞凡依然没有得到重建经费。他在昆明结识的美国人谢拉曼此时担任联合国善后救济总署中国分署北平办事处负责人，拨给防疫处几批救济面粉（后来却给汤飞凡带来了大麻烦）。汤飞凡用面粉支付了施工和设备费用，在新址修建过程中，防疫处于1946年春已经开始恢复生物制剂的生产。1947年元旦，中央防疫实验处总处建成，面积达万余平方米。中国第一个抗生素生产车间随即安装投产，汤飞凡有美国医药援华基金会捐赠的一套小型青霉素制造设备，除青霉素外，他们还要开发生产其他抗生素，所以命名为抗生素室。1948年生产出堪比进口产品的每支20万单位的青霉素，"而事实上中央防疫处所制造的盘尼西林仍比美国货价廉得多。这给了我们一

---

① 《1855细菌部队北京7年血腥研究曝光》，《北京晚报》2001年1月18日。

点自信。就是……我们的民族工业是可以有希望站起来的，至少拿中央防疫处制造盘尼西林的这类例子来看是如此"[1]。这个室后来发展成为中国医学科学院抗生素研究所。汤飞凡还在北京西郊建立实验动物饲养场，能够饲养繁殖实验动物，并且培养了中国第一代实验动物人才。

何键长期遭蒋介石猜忌，在 1941 年后就被解除实权，且被戴笠监视。后来去了台湾，自顾不暇，没有对女儿的生活施加限制，倒是英美研究机构伸出了援手。汤飞凡回忆："最难忘怀的时刻是在上海解放前夕，我再次面对国外寄来的两张半飞机票，请我带着妻儿离乡赴港，同学也这般相劝。令我俩在'去'和'留'的矛盾中度过了多少个不眠之夜，整天陷入极度的苦闷之中，没有笑脸，没有欢乐。直到整装待发的前一天深夜 11 时，当我再次也许是最后一次和她商量时，她终于说出我盼望已久的沉甸甸的几个字'不—走—就—不—走—吧！'顿时，我们高兴得眉开眼笑，在热烈的拥抱中泪水浸透了彼此的衣襟……。终于在人生转折关头，我俩共同作出了最佳抉择。"[2] 汤飞凡与何琏自觉自愿地迎接解放。

新中国成立后，1950 年春，原察哈尔省北部（今属内蒙古）鼠疫流行，汤飞凡领导突击组，只用了两个多月，就制造出鼠疫减毒活菌苗 900 余万毫升，得以迅速遏止鼠疫流行。他又承担黄热病疫苗研究，解决病毒毒力变异问题，并首次制成黄热病减毒活疫苗，解决海港检疫接种黄热病疫苗的需要。当时卫生部门最紧迫的任务是控制烈性传染病的流行。政府决定普遍施行预防接种，指令研究所扩大生产，保障疫苗供应。汤飞凡集中精力组织大规模生产和解决生产中的各种技术问题。在全所职工的努力下，制品产量 1951 年比 1949 年增加了 7 倍，1952 年又比 1951 年增加了 13 倍。这个研究所承担主要的牛痘苗生产任务，汤飞凡研究出乙醚杀菌法，痘苗产量迅速增加，1949 年底，每天产量已超过 10 万支。保证了给未种过

① 吕耀宗、陈新谦：《国产盘尼西林》，《科学大众》1948 年第 4 卷第 3 期。

② 中国科学院学部联合办公室编：《中国科学院院士自述》，上海教育出版社 1996 年版，第 351 页。

痘者补种，常抓不懈，中国在 1961 年就消灭了天花，比全球消灭天花早 16 年。

他看到共产党敢于、善于办大事。1950 年卫生部筹划在全国建立 6 个生物制品研究所，并将生物制品划归国营生产，汤飞凡坚决拥护这个计划，并提出一项重要建议：设立生物制品质量管理的中央机构。汤飞凡被任命为卫生部生物制品研究所所长，并主持组建中央生物制品检定所，兼任所长，制定第一部《生物制品制造及检定规程》，保证产品质量。专业培训、基础教育也是汤飞凡所重视的，他不以大学者自居，挤出业余时间和谢少文、张乃初、陶善敏合著《细菌学》（商务印书馆 1953 年版），供助产学校作教本；又和白施恩、谢少文合著《微生物学》（人民卫生出版社 1953 年版），卫生部卫生教材编审委员会审定作为护士学校试用教本。

学术职务方面，1956 年汤飞凡当选中国科学院学部委员，还担任国家菌种保藏委员会主任、中华医学会理事、中国微生物学会理事长、中国生物制品委员会主任等职务。

五 擒衣原体 沙眼病因得确证

沙眼在世界上广泛流行，至少已有三四千年，中国人口中有 50%患有沙眼，边远农村有"十眼九沙"之说。自微生物学发轫之始已受到重视。1887 年，微生物学创始人之一科赫曾从沙眼病灶中分离出一种科——魏氏杆菌，最早提出了沙眼的"细菌病原说"，但很快被否定了。1907 年哈伯斯忒特和普罗瓦采克在沙眼病灶中发现包涵体，认为可能是病毒，但未定论。20 世纪 20 年代中，尼古拉证明沙眼材料用砂棒滤掉细菌仍有感染性，首先提出了沙眼的"病毒病原说"，无法证实。1928 年野口英世从沙眼材料里分离出一种细菌——"颗粒杆菌"，认为是病原菌，重新提出了"细菌病原说"，此说曾引起广泛注意。1930 年，汤飞凡和眼科医师周诚浒（湘雅同学、上海医学院同事）曾重复野口的试验，却得到阴性结果；再接再厉，1933年，汤飞凡用美国保存的野口"颗粒杆菌"种进包括他自己在内的12名志愿者的眼睛里，证明它不致病，又推翻了"细菌病原说"，"病毒病原说"又占了上风。[①] 有如剧烈的攻防战，山头几次易手。

新中国到了第一个五年计划时期，烈性传染病已被控制，防疫的重点转向常见的、多发的传染病。1954年，汤飞凡呈请卫生部批准他摆脱行政事务，恢复中断了20年的研究工作。他得以继续开展对沙眼的研究。关键是要把"病毒"分离出来。汤飞凡过去研究病毒的性状和包涵体本质时，省视微生物发现史逐渐形成了一种想法，即微生物是从小到大的一个长长的系列，在已知的（小）病毒和（大）细菌之间存在着"过渡的微生物"，如立克次体、牛胸膜肺炎支原体等。他认为沙眼病原体是比牛痘病毒要大的、接近立克次体的"大病毒"，许多性质近乎鹦鹉热和鼠蹊淋巴肉芽肿病毒。循着这条思路，他制订了研究计划，同步进行了沙眼包涵体研究、猴体感染试验和病毒分离试验。吸取前人教训，要保证病理材料可靠，他特请北京同仁医院眼科专家张晓楼鉴定所选的典型病例再提供给他。从1954年6月开始，汤飞凡亲赴同仁医院沙眼门诊取回材料201份，在48例中找到包涵体，并发现包涵体有四种形态：散在型、帽型、桑葚型和填塞型，阐明了它们的关系，澄清了既往同行对沙眼包涵体的混乱认识。他在论文里写道："原体和始体均为沙眼病毒的演变形式……我们可推论沙眼病毒的原体侵入或被吞噬至上皮细胞内，即增大其体积变为始体，繁殖发展成散在型包涵体，以后继续发展成帽型或桑葚型，终至填塞型的包涵体。此时或在此以前，始体复变为原体，最后细胞被原体填塞以致破裂，原体涌出，再侵袭别的健康细胞，重复感染。"这样一个动态过程，就是沙眼病原体侵入宿主细胞后发育的一个周期，在沙眼衣原体分离成功后，在人工感染和动物模型中得到证实，并确定沙眼衣原体的一个发育周期约

---

① 汤飞凡、周诚浒：《沙眼杆菌与沙眼之研究》，《中华医学杂志》1936年第22卷第10期。

为两整天。①

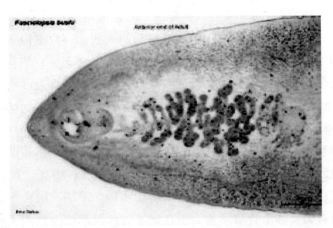

沙眼衣原体

　　"借鉴前人研究的经验（按：指 1951 和 1953 年日本学者荒川和北村报告用幼鼠脑内接种或鸡胚绒毛尿囊膜接种法分离病毒）制定我们的实验策略，并得到同仁医院眼科张晓楼主任的合作，提供可靠的活动期沙眼标本，接种实验动物，采用与人眼结膜囊内相同的 35℃培育和盲目传代增殖等手段，经小白鼠体内（按：脑内）多次实验（按：从 201 例患者中取样，接种了 2500 余只幼鼠）失败（按：没分离出一株病毒）后，改用鸡胚继续实验，并小心地加用小量抗生素以控制杂菌污染。这样，我们在 1955 年 8 月和 1956 年 4 月的第 8 次和第 55 次实验中首次获得成功：盲传至第三代的感染鸡胚规律死亡，卵黄膜涂片染色看到密集的病毒原体。病毒株命名为 TE8（意即沙眼、鸡胚、第 8 号病毒）和 TE55。"

　　有人建议汤飞凡立即发表成果，因为世界上许多实验室在竞相分离沙眼病毒，若不赶快发表，怕被人抢先。汤飞凡没有同意，"为

---

　　① 汤飞凡、张晓楼、黄元桐等：《沙眼病原研究：Ⅳ. 接种鸡胚、分离病毒》，《微生物学报》1956 年第 4 期。

了最后证实分离物与沙眼致病性的关系，我再一次想到 Koch 定律，把它种入我眼内观察病状。想起 20 年前为否定沙眼的细菌病源学说，我接种的是 Noguchi 的颗粒杆菌，而这次却是自己分离的病毒。这一天，由我的助手将浓浓的病毒材料滴入我的一只眼内，几天后红肿起来，带着炎症的刺激和疼痛坚持观察 40 多天，直到获得确诊沙眼的全部第一手实验材料，证实我们分离的病毒就是沙眼的病原体。"他还用分级滤膜证明 TE8 是可过滤的并测出它的大小在 120—200 纳米。

而且，汤飞凡所进行的猴体感染试验也获成功。他和助手使猴子造成沙眼，又把病原体从猴子眼里再分离出来，得到"纯培养"。还发现：猴子与人的眼结膜解剖学构造不同，患了沙眼后症状也不同：没有瘢痕和血管翳。他们还在猴子的沙眼病灶中找到了从来没有人发现过的猴沙眼包涵体。[①]

现在达到科赫定律的所有要求了，汤飞凡才把"这项成果在 1957 年中华医学杂志外文版上公开发表。就在这年夏天，英国微生物学家史普勒（Spooner）正巧在我国访问，他兴奋地来到实验室，在电子显微镜下观看到了分离的病毒颗粒，应他的要求带走上述两株病毒，回英国后由 Coller 医生按我们提供的操作方法重复实验亦获成功。从此，沙眼病毒学的研究从我国传至西方，先是在英美，而后传到其他国家，形成全球性的沙眼研究热潮，对病毒学界和眼科学界影响最深"。[②] 这里最后半句话意味深长，从病毒学来说，有了病原体便可进行系统的、深入的研究，得以确定了沙眼和鹦鹉热及鼠蹊淋巴肉芽肿的病原体同属于介于细菌与病毒之间的一组微生物。1958 年，琼斯在美国从一个患性病的妇女子宫颈中分离出沙眼病毒，证明它还可以引起性病。有了病原体可供试验，消毒、治疗、

---

① 汤飞凡、张晓楼、李一飞等：《沙眼病原研究：II. 猴体传染实验》，《微生物学报》1956 年第 4 期。

② 中国科学院学部联合办公室编：《中国科学院院士自述》，上海教育出版社 1996 年版，第 351 页。

预防都好研究，很快取得进展，迄今世界上许多地区沙眼已经基本绝迹。1970年，国际上将沙眼病毒和其他几种介于病毒和细菌之间的、对抗菌素敏感的微生物命名为衣原体，汤飞凡是实至名归的"衣原体之父"。

汤飞凡与国际同行锲而不舍、竞相争夺的科学高地被拿下了，"20多年的梦想终于成为现实。获得科学上的成功是令人高兴的，然而更值得兴奋的是它和祖国荣誉联系在一起。成功是我的所有同事们多年来用汗水共同培植的结果。"

汤飞凡满怀深情表示对党和国家的挚爱和感激："滴水之恩当涌泉相报。愿祖国更加繁荣昌盛，望科学的春天百花斗艳，更加灿烂辉煌……"①

六　含冤逝世　零距诺贝尔金奖

沙眼衣原体分离成功后，汤飞凡将研究重点转向当时对儿童的健康和生命威胁极大的麻疹和脊髓灰质炎。1955年，他就带领闻仲权开始建立了人胚和猴肾细胞的组织培养。1958年，在他的指导下，吴绍元分离出中国第一株麻疹病毒M9。组织细胞培养技术的建立，不但使麻疹病毒分离成功，而且为制造脊髓灰质炎和麻疹疫苗奠定了基础。他对夫人说："到底是在新社会，我这一生从来没有在这样短的时间里顺利地作出这么多工作。"②

1957年的反右运动没有冲击到他，1958年初又开始被批判，后来对他的斗争越来越激烈，帽子也越扣越大，在此情况下，作为一个笃信实事求是、珍惜清白名声的科学家来说，活着还有什么意思！

---

① 中国科学院学部联合办公室编：《中国科学院院士自述》，上海教育出版社1996年版，第351页。

② 何琏：《回忆沙眼病原体发现者汤飞凡教授》，《湖南文史资料选辑》1986年第23辑。

1958 年 9 月 30 日晨，汤飞凡选择了自尽……①

改革开放之初，1980 年 6 月，中国眼科学会收到国际眼科防治组织（IOAT）的来函：鉴于 Dr. F. F. Tang（汤飞凡博士）在关于沙眼病原研究和鉴定中的杰出贡献，国际眼科防治组织决定向他颁发沙眼防治的最高荣誉金质奖章。正式邀请他参加 1982 年 11 月在旧金山举行的第 25 届国际眼科学大会。可是 IOAT 不知道，他们准备推荐申报诺贝尔奖的大师，辞世已 24 年了！他的奖项由"提供可靠的活动期沙眼标本"②的合作者去领取。

汤飞凡被认为 20 世纪最有希望获得诺贝尔奖的中华人民共和国公民。

著名的中国科学技术史权威李约瑟爵士在得知他的死讯后，给北京生物制品研究所的一封信里说："回顾能结识你们国家的这样一位杰出的科学公仆，感到荣幸。"他称赞汤飞凡是"19 世纪英国谚语里的'人类的朋友'"，是"预防医学领域里的一位顽强的战士"③。

1982 年他的研究团队获得国家自然科学二等奖。

汤飞凡有一位忠贞的伴侣何琏："是她在战火纷飞的岁月里总是陪伴着我，支持我的事业；在危难的日子里给我以温馨的照料与安慰。"对他的生活照顾得无微不至。汤飞凡死后，她为维护他的名誉和保卫他的学术成果进行了坚韧不拔的斗争。④

为纪念他的卓越贡献，邮电部于 1992 年 11 月 22 日发行了汤飞凡纪念邮票。

---

① 刘隽湘：《医学科学家汤飞凡》，人民卫生出版社 1999 年版。
② 同上。
③ 邱佩芳：《"科学公仆"汤飞凡》，《档案春秋》2007 年第 3 期。
④ 青宁生：《中国邮票上唯一的微生物学家——汤飞凡》，《微生物学报》2006 年第 6 期。

~~~~~~

　　病毒（Verus）和维娜丝（Venus，爱神）在英语中只有一个字母之差，给人的印象却是丑和美的判然对立。汤飞凡和他的学弟李振翩、魏曦都以细菌学、病毒学研究闻名于国际医学微生物学界。其科学意义和对人类的价值，李振翩有一段精彩的描述："1892 年，Iwanowski 研究烟草的病，见通过滤器之滤液，尚能致病，因揣想其为……滤过性毒。譬如很普通之天然痘，其病原即为一种传染毒（按：李振翩译为'传染毒'，今称病毒）。又细菌亦患传染毒病，细菌多么小，但一个细菌身上，恐怕能藏千百传染毒呢……这种东西，小不可言，无论用什么显微镜（按：指光学显微镜），也看不见。却能生育繁殖，能适应环境。也许是死活莫辨，也许是生物死物之间，没有鲜明的界限，他们是在生死之间。"①读之令人毛骨悚然。日本研究沙眼病原的野口英世，就死于病毒感染。汤飞凡们为了追求真理，了解真相，拯救病人，不惜冒险犯难，这是何等崇高的义举！

　　回顾 2002 年与 2003 年冬春之交，SARS 病毒在全球肆虐，人人自危。北京一位院士通过电子显微镜观察到非典型肺炎病人的尸检肺标本上有衣原体，2 月 18 日经媒体向世界宣布这就是病原。广东临床医生立即提出质疑（次日见报）②。香港大学研究团队于 3 月 22 日宣布发现病原是一种冠状病毒，以后陆续被国际上相关研究部门证实。当年即有人感叹，如若汤飞凡在，且不说可以尽早揭露病原；即以坚守科赫定律，SARS 元凶的发现该不会被误读和让浮躁的媒体迅速乱传。而导致人类感染的冠状病毒源头是来自猪？果子狸？还是蝙蝠？又得一番追究。10 年后，中国科学院武汉病毒研究所石正丽带领的国际研究团队，分离到一株与 SARS 病毒高度同源的 SARS 样冠状病毒，进一步证实"中华菊头蝙蝠"是 SARS 病毒的源头。发表在国际著名学术期刊《自然》（Nature，2013 年 10 月 31 日首先在线发表）上。还有没有更上一层的源头？不好乱猜测。研究无止境，科学无顶峰，向汤飞凡学习，这才是结论。

---

①　李振翩：《微生物学大革命的发端》，《东方杂志》1931 年第 28 卷第 1 号。
②　段功伟：《非典型肺炎病原是衣原体?》，《南方日报》2003 年 2 月 19 日。

刘敦桢　中华古典营造学之传承者

　　进入民国初年，留日的速成法政、师范热被追求"科学救国"和"实业救国"所取代，湘籍学生除李待琛、李承干以外，如李烛尘（化工）、李国钦（矿冶）、杨邦杰（蚕桑）等，以及土木建筑学科的蔡泽奉、俞征等，都属"先遣队"成员。建筑学的特点是文理交融，不同于纯粹科学技术，而带有鲜明的民族文化色彩。因之在国家现代化过程中，不能与传统文化割裂，愈是民族的愈能走向世界，丰富全人类的科技文化宝藏。因此，如何正确认识和发掘抢救我国建筑技术和艺术的瑰宝，加以继承和发扬光大，让中华科技文明辉耀全球，是20世纪中国建筑学界的首要课题。在这个关键时刻，湖南西南角的新宁山乡，走出一位敦谨桢干的书生，他与梁启超的长子梁思成通力合作，支撑起这副大梁。

　　1901 年，张之洞与刘坤一连上"江楚三折"，敦促清廷速推新政。张之洞与张百熙主管学务，秉持"中体西用"原则，倡导留学东洋，好处多多："一、路近省费，可多遣；一、去华近，易考察；一、东文近于中文，易通晓；西书甚繁，不切要害，东人已删而酌改之。中东情势风俗相近，易仿行，事半功倍，无过于此。若自欲求精求备，再越西洋，有何不可？"[①] 留日运动遂形成高潮。湖南学习土木建筑科的留学生比较多，如许推、熊瑞龄、蔡泽奉等。他们初见日本的木构纸糊单层民居，室内地面铺着"榻榻米"（草席），连一床一凳都没有，固然好笑；而对其精心保存的中国唐式风格亭台楼阁，就不得不反省本国历代的败家子行径了。从刘坤一的湖南新宁旧居仅一墙之隔的大院里，走出来的青年学子刘敦桢，暗暗立下心愿，来日要为祖国的古代建筑文物保护尽力。

　　① 　张之洞：《张之洞全集（第 12 册）·劝学篇》，河北人民出版社 1998 年版。

一　湘军族裔　九载东洋磨一剑

现今湖南大学建筑学院大楼大门正厅设立了两尊开创者的铜像——刘敦桢和柳士英（苏州人），那深沉的目光仿佛默察着往来的每一位师生，饱含着殷切的期望。

中国建筑学（史）界有"南刘（敦桢）北梁（思成）"的口碑，另有"建筑四杰（五杰）"等说法。较全面而权威的采择，该是由中国科学技术协会主持编纂的《中国科学技术专家传略》的"土木建筑卷"，内中第一批建筑学名家共8位，他们（按年齿排列）是：

庄俊（1888—1990），1910—1914年和1923—1924年留美；吕彦直（1894—1929），1913—1921年留美；刘敦桢（1897—1968），1913—1922年留日；赵深（1898—1978），1920—1926年留美；童寯（1900—1983），1925—1930年留美；杨廷宝（1901—1982），1921—1926年留美；梁思成（1901—1972），1924—1928年留美；陈植（1902—2002），1923—1929年留美。

其中确以刘、梁最具学问家、理论家气质和身份，成为建筑学界最早的两位院士（中国科学院1955年首批学部委员）。而且唯有刘敦桢留学东洋，在国外学习时间最长。

刘敦桢（1897—1968），字士能，号大壮室主人，出生于湖南省新宁县。那里汉、瑶、苗、壮民族杂居，民族风情丰富多彩，五岭逶迤云蒸霞蔚。世界著名地质学家、丹霞地貌学术创始人陈国达院士，晚年到崀山考察："半生长誉丹霞美，方识崀山比丹霞。"诗翁艾青咏叹："桂林山水甲天下，崀山山水赛桂林。"奇峰异石形成天下第一巷的深远，亚洲第一桥的高长，平地兀立、头大脚小的辣椒峰；更有那将军石屹立山巅，下临夫夷江，威震八方。钟灵毓秀，才人辈出。新宁有民谣："大清皇帝来，新宁大发财。隔墙两制台，对门两提台，五里一道台，七里一府台。"①

刘敦桢的曾祖父刘长佐是刘长佑的二弟。儒将刘长佑
（1818—1887）属最早的湘军江忠源的余部，以战功得曾国藩举
荐，官至两广、云贵总督。他尝游学于濂溪书院、长沙城南书院
和岳麓书院，他的书法在同辈同僚中可以摘冠。刘长佑任云贵总
督，镇守边陲，任用冯子材，力荐刘永福，防备法国侵略越南。
晚年被参归家，居"余庆堂"。刘敦桢虽没赶上这个全盛时期，却
将这熟悉的院落写进了《中国住宅概说》一书，作为江南民居的
典范之一。

刘长佑的嫡孙有刘永济（1887—1966），字弘度，室名易简斋，
晚年更名微睇室。与族侄刘敦桢的室名一"微"一"大"，相映成
趣。他幼攻文史。19 岁离乡入长沙明德学堂，1911 年考入清华学校，
因批评学校而被开除。成为古典文学大师。未见两叔侄有亲密交往
之记载。

刘敦桢另一位族中长辈是两江总督刘坤一（1830—1902），算
刘长佐之族叔。因受刘长佑之邀率乡团与太平军作战而崛起。刘
坤一故居叫"光厚堂"，与"余庆堂"隔邻。刘敦桢与之辈分差距
更大，从未高攀提及，只是一般读者见他们都属新宁刘氏，容易
联想而已。

刘敦桢 4 岁起接受诗书启蒙教育，从小浸淫文史。1908 年，刘
敦桢离家赴长沙，就读于楚怡学校。校长陈润霖，曾入岳麓书院，
与陈天华、杨伯笙并称"新化三杰"。1902 年，由湖南首批官派留
日读速成师范科。1906 年在长沙北区营盘街创办楚怡学堂，取"惟
楚有才，怡然乐育"之意。城中心的储英园有原任云贵总督劳崇光
之房屋，他陆续筹款买下，学校迁到这里，附近书肆林立，刘敦桢
饱览新书，眼界大开。学校实行"自动、自学、自治"的教育方法，
刘敦桢如鱼得水，学业猛进。校长提倡工业救国，刘敦桢考取官费，

---

① 刘福海：《班会活动领会崀山之美丽可爱》，新浪博客 2011 年 4 月 1 日。

东渡日本。

刘敦桢先读预科，学好日文，1916 年考入东京高等工业学校（今东京工业大学）机械科（即系），次年转读建筑科。该校建于 1881 年，初名"东京职工学校"，明治政府用来培养近代化技术工人和工程师，以迅速追赶西方科技。现已成为世界一流理工大学，其排名在工程与技术类大学列世界第 19 位，自然科学类排名世界第 48 位。那时的校址位于东京东部的藏前地区，自幕府时代以来该地便汇聚了很多手工艺讲习班。日本注重工匠技艺的传统。甲午年老湘军刘坤一所部曾战败于辽宁，刘敦桢就更加不敢懈怠。不但得到建筑学知识，也受到日本先后流行的"和魂汉才"、"和魂洋才"思想的影响。"和魂"指"大和民族"的精神，"汉才"、"洋才"指中国、西方的学术知识。日本对唐代遗风古建筑十分重视和着意保护，也给予他许多警示和反思。

他由机械转学建筑，在基础课方面有数理的优势，机械制图不弱于土木制图，不难赶上班。徒手画效果图等，对于他这"手性"好的中国青年也不在话下。因为刘家毛笔悬肘临帖的幼功扎实，宣纸上浓淡浸染的分寸把握也到家，工笔花鸟虫鱼的描摹精细，综合起来就是高手。专业课方面，他区别对待，调动各种手段，成了学业突出的优等生。课外学术活动方面，1916 年留学生在日本成立的中华学艺社日本分社，不同学科的学子一起研讨，从中获得不少信息与灵感。拥有古典诗词的扎实功底，在以文会友的学子圈里，使他游刃有余。

当时中国人被西方人讥为"东亚病夫"，这关系到我国的国际声誉和中华民族的尊严。本来身体羸弱的刘敦桢，为适应在日本的生活学习，积极锻炼身体，爱上了田径、游泳、足球，成了运动场上的健将。至于所谓"野球"（棒球、垒球）以及柔道、相扑之类日本国粹，他不必去以短敌长。中国的围棋在日本很受欢迎，他的棋艺足敌一般高手。日本饮食简陋寡味，入乡随俗，他不得不吃生鱼片，喝酱汤。

二　沪苏湘宁　几番肇建试霜刃

1922 年，刘敦桢学成归国，在上海绢丝纺织公司任建筑师。绢丝指蚕丝，供作织绢纺绸的原料，本是中国的特产，这时已被法国、意大利和日本产品超越。外国还发明了人造绢丝，大量生产，咄咄逼人。上海的绢丝厂多而小，他的工作杂七杂八，主要是维修房舍车间，新厂房设计业务很少，几乎轮不上。他趁机了解工业与民用建筑的特点，以及中外建筑施工的特色，增加阅历，积累经验。这一年，他愤于出席东亚运动会的中国选手成绩不佳，编译了《田径游泳竞技运动法》①，这可能是他在国内发表的第一篇学术性文章。

同年，他与留日同窗柳士英，敢为人先，在法租界的霞飞路（今淮海中路）肇建了江南第一所由中国人经营的建筑师事务所，取名"华海建筑事务所"（一说"华海公司建筑部"）。从全国来看，也仅有天津基泰工程司（留美回国建筑师关颂声创建）比它早（两年）。顾名思义，华海就是中国上海，直译成英文也显得独立沪上，好与外国建筑师争雄。柳士英任设计部主任，刘敦桢为副，参与华海创业的还有王克生（经济师）和朱士圭等。他们除建筑设计，还要学习经营方法，研究市场动态。华海第一个设计工程是（杭州）武林造纸厂（今华丰造纸厂）厂房及全部建筑物（1922 年），其后设计工程从上海、杭州延及苏州、南京、芜湖等地，势头看好。

柳士英（1893—1973）曾就读陆军学堂，追随同盟会员兄长柳伯英参加辛亥革命，率领队伍攻打南京。1913 年 9 月二次革命失败，柳士英随兄逃亡日本，改名飞雄，于 1914 年考入东京高等工业学校建筑科，先读预科，一年后升入本科。刘敦桢称他为学兄，因为年龄、经历、班级都居长，加上刘敦桢也有同盟会会员的亲兄。柳士英 1920 年毕业回国，"正值殖民主义者在上海依靠治外法权统治着

---

① 刘敦桢：《田径游泳竞技运动法》，《教育杂志》1922 年第 14 卷第 5 期。

整个租界地域，市政工程、建筑业务也不例外，他们操纵着工部局机器，控制着这方面的一切业务，当时公共租界管辖地区较大，多为英人所掌握，经营建筑设计业务几为他们所垄断，索取高额报酬加上中国营造商的迎奉，贿赂风行，不独分润资本家的所获，剥削劳动工人的血汗。此风尤以法租界为甚。"①

海外学成的建筑界学子纷纷归来，建筑事务所也陆续继起。如庄俊的建筑事务所，陈植、童寯、赵深的"华盖建筑事务所"，而关颂声（毕业于美国麻省理工学院建筑系）的"基泰工程司"又新加盟朱彬、杨廷宝、张镈等人，他们大多是从清华留学美国宾夕法尼亚大学建筑系的。因有国外学历，在与强势的外国洋行竞争及沟通时方便一些。志同道合，自强不息，日后成为中国建筑界的中坚。

刘敦桢和柳士英独立开业从事建筑师实务一年后，工作有所转向。原来，苏州工业专门学校校长刘勋麟慕名聘请他们来该校创办（4 年制）建筑科（该校先有土木、机械、纺织、化工科），柳担任科主任，与刘敦桢、朱士圭共同办学。于是苏州城南沧浪亭畔，我国第一个正规的高等建筑学专业（有别于此前若干工专学校的土木工程科）呱呱坠地，目标是"培养全面懂得建筑工程的人才，能担负整个工作从设计到施工的全部工作"，与日本学制基本一致，以建筑学为主，适当加强其他课程。专业课有建筑意匠（建筑设计）、建筑史、中西营造法（建筑构造）、结构、测量、美术课等。② 于是这里培养了国内的首批建筑设计人才。

学生升入二年级就要开设"中西营造学"课程。几经寻访，终于找到了时任苏州鲁班协会会长的"香山帮"匠师姚承祖。一位工匠受聘执教高等学校，讲授中国建筑学，这是没有先例的，迄今中国高校也没有这样的做法（现在规定没有教师证不能上讲台），而柳士英、刘敦桢敢于挑战清规戒律，不拘一格物色良师。姚承祖根据祖父姚灿庭所著的一套《梓业遗书》手稿，和其他家传秘籍、施工

---

① 柳士英：《回忆录提纲》，《南方建筑》1994 年第 3 期。
② 张镈森：《关于中大建筑系创建的回忆》，《建筑师》1982 年第 24 期。

图册，加上自己的丰富实践，在既有的"营造原图"基础上编写了讲义《营造法原》，将建筑分门别类，详列名目、构造、用料、做法，甚至工日计价也一一列入。关键之处还编成口诀，以便记忆。刘敦桢见之，十分欣赏，促其正式成书。①

　　1925 年，他回到长沙，执教于湖南工业专门学校土木科，为学校次年并入湖南大学打下坚实基础。当时岳麓书院作为湖南大学"（第）一院"已不敷应用，他在其东北边山势宛转绵延 200 米的脚下，设计了新教学楼"（第）二院"，供湖南大学文法院系使用。限于财力，只建二层，本色红砖，外观略似北京大学红楼而小巧。屋顶盖铜官镇所产筒瓦，坚固美观，比琉璃瓦便宜很多。内部空间对称布局，结构紧凑而不显逼窄，会议室连着阳台，视野开阔，可遥看书院和自卑亭。虽为西式建筑，不觉洋气，与岳麓书院协调和谐。历经 90 年，抗战时遭日军多枚炸弹震动，附近图书馆被炸毁，"二院"仍傲然屹立，现为物理系实验楼。

刘敦桢设计的湖南大学（第）二院

① 陆觉：《规矩千秋在，方圆一代新——记建筑经典〈营造法原〉成书始末》，《苏州杂志》2001 年第 1 期。

其时长沙的市政建设，将城墙拆除改修马路，仅存东南角城墙敌楼，决定圈入古稻田部分台地，辟为天心公园。他为之设计，将残破敌楼改建为著名的"天心阁"。墙堡高峙，飞阁流丹，湖南大学商科学长黄士衡（后任教育厅长、湖大校长，是刘敦桢妻妹之公爹）触景生情，为之撰题一副遐思湖湘人物风情的名联：

高阁逼诸天，且看那洞庭月、潇湘雨、衡岳烟云，十万户棋布星罗，到此一开眼界；

江山留胜迹，最难忘屈子骚、贾生策、朱张性理，数千年声名文物，有谁再续心传。

就在刘敦桢任教湖南时，经人介绍结识了女学生陈康祖。陈康祖前几年曾入湖南私立福湘女中，一度与杨开慧、李淑一同学。她在这所教会学校成了基督徒。福湘女中重视课堂教学，英语要求高。舒新城（后来成为著名教育家、出版家，《辞海》主编）时任该校教导主任。受五四运动影响，学生自治会很活跃，发展了她的能力。刘敦桢与陈康祖相见之后，彼此印象很好，开始交往。

这时，刘敦桢还在上海商务印书馆出版了田径、球类技法著作，[①] 比 3 年前的单篇文章补充了很多内容。

第二年，刘敦桢再返苏州，仍在工专授课并兼任建筑师。柳士英出任苏州工务局总工。

1927 年，南京国民政府上台，蔡元培任大学院（主管教育与科技）院长，将东南大学改为第四中山大学（后定名中央大学），建筑学科"实由蔡元培、周子竞（周仁，中央大学工学院院长，中国科学社创始者之一）两先生，鉴于时代之需求，与夫中国建筑学术之落伍，力主添设；乃将苏州工业专门学校建筑工程科移京（南京），组织中央大学建筑工程科，并聘刘福泰为主任教授，李毅士为

---

① 刘敦桢等：《田径游泳竞技运动法》，商务印书馆 1925 年版。

专任教授。当斯时也，所有学生，俱由苏工转学。又以事属首创，一切规模设备，未臻完善。嗣经卢奉璋、刘士能（敦桢）、贝季眉三先生相将来校，主持教务……于是逐渐成为国内唯一之建筑工程科"①。这段话虽区分主宾关系，工学院先聘了刘、李，但承认实际上还是个空壳；待到苏工原有师生设备搬来，又由刘敦桢等"主持教务"，反客为主，才走上正轨。可知刘敦桢实为该系最早的元老（从苏工算起）。他结合教学从事建筑设计实践，1927—1932 年，设计了南京北极阁下和城南夫子庙一带的若干民用建筑（均毁于抗日战争），以及中山陵前东侧的光化亭，石构的八角重檐建筑，这是他"自习"中国古建筑后的首件创作。

这位快乐的单身汉保持着爱好体育的习惯，常于周末乘夜班火车到上海，第二天看球赛、踢球，晚上再返回南京。同时进行着爱情长跑的通信比赛，到 1930 年冬天，两地书邮递完毕，刘敦桢与陈康祖在长沙基督教青年会举行婚礼。新郎身着长袍马褂，新娘披戴西式婚纱，有男女傧相和牵纱的男童女童，对长辈鞠躬而不是叩头。岳父陈朴（1882—1961，字友古）是湖南大学商学系主任，长沙人。入读经正（明德）中学第一班、上海复旦公学，1905 年官费留日，1909 年与清华"史前期"首批学生（内有湘军子孙曾昭权、李进隆）同年赴美。官费入美国俄亥俄州立大学获经济学士学位，得庚款津贴以继续学业，1915 年获宾夕法尼亚大学商学硕士学位，是湖南乃至中国最早的 MBA（之一）。1919 年应陈嘉庚礼聘去新加坡华文学校任教，1921 年回国。讲授银行学、货币学。他学贯中西，是南社湘集社员。陈康祖是他和原配曾氏夫人（已逝）唯一的女儿。父亲陈朴留学离别很久，养成陈康祖自主、坚强而达观的性格。恋爱几年（可能是等待大学毕业）终成眷属，意味着对婚姻的珍重。陈康祖后来改名陈敬，可没忘祖。

还有一段佳话：陈敬的伯祖父陈启泰（1842—1909）曾参劾刘敦桢的伯曾祖父刘长佑，导致刘降职下台归家。现在陈、刘缔结秦

---

① 《中央大学建筑工程系小史》，《中国建筑》1933 年 8 月第 1 卷第 2 期。

晋之好，可谓尽释祖上的前嫌。王闿运挽陈启泰联云："抗疏劾三公，晚伤鼹鼠千钧弩；治生付诸弟，归剩鹅洋二顷田"。所说"治生付诸弟"，主力就是四弟陈文玮，即陈敬的祖父。陈文玮无意科举，从绸缎庄小伙计起步，成为巨商，跟得上时代潮流，辛亥革命后任省督军署财政司司长。1909 年，陈文玮等发起组织"湖南电灯股份有限公司"，陈朴有 10 万元股金。他分成若干份，让每个家庭成员都成了电灯公司的董事。

这里稍费笔墨，实因读者们对才女林徽因（及其父亲林长民）太熟悉，而对陈敬（及其父亲陈朴）毫无所知，影响到对刘敦桢的全面了解，不得不先在家世背景上做点交代，也让今人知道"民国名媛"不只少数人，而且各具特色。

三　营造学社　双雄聚会探骊珠

刘敦桢对中国古建筑的研究历程，同行们一般认为可分三个阶段。

第一阶段（1923—1932），若干局部的和不连贯的工作，如第一篇论文《佛教对中国建筑的影响》，发表在 1928 年的《科学》杂志上。后来，又将日本学者滨田耕作的《法隆寺与汉、六朝建筑之关系》及田边泰的《"玉虫厨子"之建筑价值》论文译为中文，并详加补注，刊载在《中国营造学社汇刊》三卷一期中，受到营造学社社长朱启钤的器重。

1930 年，刘敦桢加入了刚设在北平的中国营造学社，1931 年暑假他即带领中央大学建筑工程系学生北上考察，请营造学社予以关照。该学社是我国最早专门研究中国古代建筑的学术机构。社长朱启钤（1872—1964）就是创始人，字桂辛，祖籍贵州开州（今开阳）。幼孤家贫，1881 年流寓长沙（其母傅梦琼为贵阳傅寿彤之长女。寿彤曾署河南布政使，晚筑"止园"于长沙，居十余年），随外公读书，又受教于姨父（傅梦琼三妹幼琼之夫）瞿鸿禨，结交唐才常、杨笃生。1891 年随瞿鸿禨（时奉督四川学政）赴川，越年保举知县，分发江苏。1903 年任京师大学堂译书馆监督，后任北京城内警察总监。民国初由交通总长到代理国务总理，内务部总长兼任京都市政督办。1915 年拥护袁世凯复辟。1919 年任南北议和北方总代表，后退出政界，1921 年游历欧美，寓居津、沪，并曾经办几个企业。朱启钤因清末新政的机遇和民初从政北洋政府，发迹迅速，颇富胆识。

朱启钤自幼在湖南成长，因历任工程、交通、市政等职务，对土木工程比较内行；曾主持拆北京前门城墙和修中央公园（中山公园）；清理故宫资产创办古物陈列所（1946 年与故宫博物院合并），以及任《四库全书》印刷督理，使他对古建筑和古文献的保护有了很深的认识，遂着手古典建筑文献的整理研究。经他积极奔走，争取庚款经费，1930 年营造学社得以正式成立。

长沙人瞿鸿禨（1850—1918），字子玖，号止庵。同治进士，八国联军进攻北京，随慈禧太后西逃。护驾有功，深得慈禧赏识，任军机大臣、内阁协办大学士。1907 年因与奕劻有矛盾，被袁世凯用计参劾，又忤慈禧旨意，被开除回籍。他是清廷覆亡前夜最有见识和最有作为的湘籍高官。朱启钤是他教导提拔起来的，而居然为瞿的政敌袁世凯称帝出力，可见朱在政坛手段之圆滑。

朱启钤以自己对《营造法式》的研究成果，申请到中华教育文化基金会的资助，连续 3 年，每年 15000 元。朱启钤把表弟瞿宣颖（1894—1973，瞿鸿禨之子，字兑之）也招来，瞿兑之毕业于上海复旦大学，曾任国务院秘书、国史编纂处处长，后在南开、燕京、清华、辅仁大学任教。他深具国学功底，精诗词书画，文史掌故。瞿宣颖与梁启雄、单士元 3 人担任学社编纂。还有朱启钤的表侄瞿祖豫，中学西学都很好。当年营造学社还前景莫测，他们出于友（亲）情协助而来。

"九一八"之后，梁思成办了 3 年的东北大学建筑系流离失所，没法延续，便带了几个学生加盟学社，梁被聘为法式（部）主任。因为朱启钤自从获得建筑学稀世珍宝、北宋李诫《营造法式》的抄本后，首要问题就是彻底读懂和准确注释它，这任务由自己转移到先来学社的梁思成肩上。

1932 年，刘敦桢以义无反顾的勇气，从国立大学到民间社团，也前来加盟。他被聘为文献（部）主任，任务更广（《法式》仅一部，文献却很多）。梁有助理邵力工，刘的助理（编译）是瞿祖豫。学社还有干事会（12 人）、评议（13 人）、校理（17 人）、参校（7人），都是名人和专家，他们扶掖学社、扩大社会影响，参谋业务，不承担具体研究任务。所以学社的研究班子只有刘、梁两根台柱，以一当十。林徽因有病，当校理员，另有马衡、叶公超、吴其昌、谢国桢这些文史专家。陈植、赵深等建筑学家是参校员。干事如周诒春（原清华校长）、陈垣（辅仁校长）、叶恭绰（原交通部长）、华南圭（工程界元老），银行家周作民、钱新之、徐新六等，社长朱启钤本人也是干事。由于学社运作有方，声名鹊起，国际上也建立信誉，经费境况有所改善。刘敦桢在这个官（绅）学商精英圈子里，被膺寄重任，沉着应对，不卑不亢；在中华经典建筑学领域，充当着一头开荒牛。

他携妻带子（叙杰）来北平，几年内，陈敬又生了两个女儿（叙仪，叙彤）。"在北京，我们后来租住了一个五重院落的大宅院，维持了一个小家庭的中上层生活水平。但父亲的书房是孩子们的禁区，孩子们吃饭时有自己的小桌椅，睡觉也与大人分开。父亲不是外出考察就是在营造学社，除了在某些假日和家人一起去北海公园外，很少见到他。"在刘叙杰的记忆里，父亲总是埋头于学术研究，不苟言笑，就像电影里的古板的老夫子。即使面对母亲，父亲也是很严肃，在孩子们面前更是威严了。有时父亲的老友到家中玩，谈话间父亲偶尔笑一笑，朋友们说"士能（刘敦桢字）一笑黄河清。"可见，就是与朋友相处，父亲的笑容也是难得一见的。刘叙杰小时候，父亲忙着调查古建筑，不常在家，一回来就整理资料，难得和家人说上几句话。家里的事全是母亲打理。刘叙杰记得，小时候父亲从没带他们到公园玩过，都是母亲带着他们。看着别的小朋友都由父母带着，亲亲密密的，他总觉得家里缺点什么。①

　　刘敦桢对中国古建筑研究的第二阶段（1933—1943），是全力投入对中国古建筑的多方面研究。可划为七七事变前、后两个时段。鉴于日本帝国主义以东北和内蒙古为基地，从山海关、热河等方向日益进逼平津，他与梁思成、林徽因夫妇及其他专家对华北地区古代建筑遗物遗迹，抓紧进行调查与测绘，并致力于古建筑文献的发掘和考订。1933 年秋，刘敦桢以平汉铁路北段为中心，调查沿线的古建筑：定县的北齐石柱、易县清代帝陵，以及各种阁楼、寺庙、民居。他们有时在山野道中露宿，树下庙中暂避大雨，干旱天气沙尘漫天，旅馆臭气熏天，蚊蝇跳蚤虱子，夜不能寐。苦中有乐，乐以忘忧。多次田野古建筑调查和对古建筑文献的发掘与整理，在世人面前大致显示出我国古代官式建筑（宫殿、坛庙、寺观……）的发展与演变过程。而各时代的建筑特征，也有较为明晰的辨析。

　　营造学社的社址得天独厚，近水楼台，"租借该园（中山公园）行健会东侧旧朝房十一间，即皇城天安门内社稷街门南首之千步廊"，"且为旧日紫禁城之一部"，"即考订故迹，证验实物，尤有左右逢源之益。"② 故宫建筑群集传统营造技艺之精华，堪称古建筑博物馆。各类房舍的具体布局、形制、结构、材料、尺寸，一览无遗；昔日的维修老匠师还有在上班的，这是真顾问，活字典。这里也是刘敦桢、梁思成他们的大教室、实验室、实习场，随时可供考证检索，查验核对。很多从未想到见到的秘密诀窍隐藏其中，等待细心察觉破解。不用出门，刘敦桢和梁思成共同完成的《清文渊阁实测图说》③，便是一个就近取譬的例证。

　　刘敦桢与梁思成虽有分工，实际上研究内容你中有我、我中有

　　① 刘见华：《知道梁思成的人就应该多了解刘敦桢》，《潇湘晨报》2012 年 11 月 26 日。

　　② 《本社纪事》，《中国营造学社汇刊》1932 年第 2 期。

　　③ 刘敦桢、梁思成：《清文渊阁实测图说》，《中国营造学社汇刊》1935 年第 6 卷第 2 期。

你，是分不开的。更多的是合作突破难点，或一同调研探索。例如两人共同署名的《大同古建筑调查报告》①、《汉代的建筑式样与装饰》②。至于一人先做，另一人踵事增华的事例，更是不胜枚举。如宋、清官式建筑著作《营造法式》和《工部工程做法》即需通过调研考校，参与工作很自然甚至不落痕迹。细心的读者可能看出端倪，一般人只觉得目不暇接，毋论谁何了。

中国营造学社成员们提出了中国营造学的研究对象，确定了学科性质，发掘了大量的珍宝，破译了古奥的谜题。几年内取得的丰硕成果，使荒弃于世界建筑史学领域边缘的中国古代建筑史，迅速成为该领域的显学，并使中国（及东亚）古代木构建筑成为在世界上独树一帜的、独特的建筑体系。其中刘敦桢的工作占有颇大的比重，在1933—1937年，他共写出论文、调查报告、读书笔记等35篇，约65万字。另有与其他学者合撰的7篇，约30万字。

1932年刚来学社，刘敦桢就将姚承祖的《营造法原》书稿面呈朱启钤审看，朱的意见是继续完善。1935年秋，刘敦桢将书稿交给原来的学生、青年教师张至刚（字镛森，1926年就读于苏工建筑科，从中央大学毕业后留校任教），郑重嘱咐他要按现代建筑学教学的要求，使《营造法原》成为研究和整理江南建筑的经典之作。③这也表明刘敦桢虽移步换形埋头经史，目的仍在有裨建筑实务。

1936年4月，实业部（工字第15390号）通知，核准他的申请，登记为"建筑科工业技师"。一位教授、研究员，还不忘自己工业技师的身份，并请官方登记在案。该部曾请"驻日中国大使馆代为调

---

① 梁思成、刘敦桢：《大同古建筑调查报告》，《中国营造学社汇刊》1934年第4卷第3至4期。

② 鲍鼎、刘敦桢、梁思成：《汉代的建筑式样与装饰》，《中国营造学社汇刊》1934年第5卷第2期。

③ 朱启钤：《题姚承祖补云小筑卷》，《中国营造学社汇刊》1933年第4卷第2期。

查"核实刘敦桢的留日学历。①

卢沟桥的炮火突然袭来,平津迅速陷落,不愿留下来做顺民的刘敦桢与梁思成,仓皇携家带口,提着放有随身衣物的行囊,顾不上书籍文稿,挤上平津间的火车,从日军的枪刺下逃生。车上日本人兴高采烈,中国人伤心无言。到大沽口乘船过海,经烟台到青岛乘胶济线火车到济南转津浦线中段,绕了一个大弯,因为津浦线北段是中日交战的火线,火车过不来。船上、车上拥挤不堪,刘家3个幼童有赖社里叔叔帮扶,又经陇海、平汉、粤汉铁路,总算到了长沙。朱启钤年老不能南下(在北平8年,保持了民族气节),营造学社就由刘、梁做主了。频繁空袭中长沙梁家险遭不测,决定按西南联大的目的地西行。梁家先走,刘敦桢一家回湘西南角的边城老屋省亲,乘汽车到邵阳,雇一条小木船溯夫夷江到新宁。白帆、篙桨、篷盖,激流、浅滩、纤夫,斜雨、江声、渔火,刘叙杰回味6岁时这段经历:"这生活似如梦幻","但父亲总是坐在舱里看书"。

新宁再往南,过越城岭,就是广西的资源县(资水之源)、全州(太平军冯云山阵亡处)。刘敦桢夫妇曾计议在年迈时返乡,远离尘嚣,颐养天年,可这次短暂回乡,不料以后竟再无第二次。他与父母盘桓两月,在老家过完年,便辞别至亲,经广西过海至越南海防港,到河内乘滇越铁路火车至昆明,一路有惊(日、法军)有险(山、海),终在云南与学社南下成员会合,重打锣鼓又开张。原来的工作被打断,东方不亮西方亮,调整方向,1938年刘敦桢就考察云南西北部。古大理国长期封闭自守,少数民族很多,地形气候差异,使建筑式样不同于华北。各地并不宁靖,有时需地方政府派兵护送。除1939年、1940年的两个春夏季节外,他常年奔波于山水间。1939年8月—1940年2月,考察四川、西康是为时最长的一次。他们对云南、四川等地的古建筑调查,填补了一大空白。特别是对汉石阙、唐和宋摩崖石窟、东汉崖墓等第一手资料的收集,尤

① 《通知刘敦桢该声请人准》,《实业部公报》1936年第276期。

为重要与珍贵。艰难的岁月，辛劳的工作，刘敦桢的身体已不如昔日，考察途中常发支气管炎，咳喘终夜次日不能出行，他便坐卧床榻借阅当地县志或族谱。

1940 年秋因日军占领越南，陆海通道都被阻断，昆明似又成了前线，敌机天天袭扰轰炸，物资供应紧张，物价高涨，只好北上避难于川南南溪县的小镇李庄，那里靠水路连接宜宾。刘敦桢仍继续开展对西南地区古建筑的调查，以及理论上的研究。

在滇川辛劳工作 5 年后，1943 年初，刘敦桢向学社同人宣布，他将离职到重庆中央大学建筑系任教。林徽因在给费正清夫人费慰梅（威尔玛）的信说道："刘先生是一个非常能干、非常负责任的人。全部账目以及思成力不能及的复杂的管理工作都托付给他。现在这些将要全部落在思成肩上了！这还不算。如你所知，自从我们南迁以来，营造学社干活的人一共只有五个。现在刘先生一走，大家很可能作鸟兽散。"这 5 人中的另 3 位，莫宗江是梁思成的助手，陈明达是刘敦桢的助手，刘致平（东北大学建筑系第一期学生）未做明确安排。

据梁思成遗孀（继室）林洙撰写的《建筑师梁思成》一书中记载，他们分手的原因："到了 1943 年因学社缺少经费，研究工作难以开展，刘遂决定离开学社到中央大学建筑系任教。"好些文章叙述，在刘敦桢离开李庄的前一天晚上，梁思成和他促膝长谈，两人边谈边流泪，直至号啕痛哭。有人猜测因为梁思成《中国建筑史》的撰写没有要刘参与，但他另写一本岂不更能总结自己的成果，不受限制地表述个人的观点吗？中国营造学社老资格的研究员单士元（已离社）后来有这样一段文字："据与梁思成夫妇共事的陈明达生前对其外甥殷力欣说，梁、刘在李庄后期不能合作，生活艰苦是一个方面，主要的还是刘认为林徽因过于霸道，对营造学社事务干涉过多，最后不得不离开李庄另谋他职。"①

---

① 单士元：《中国营造学社的回忆》，《中国科技史料》1980 年第 2 期。

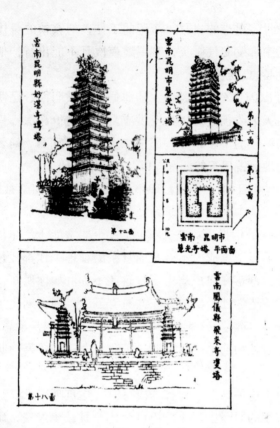

《中国营造学社汇刊》1945 年第 7 卷第 2 期，被迫改铅印为油印的版本，刘敦桢原绘图

四　中央学府　春风桃李满天下

　　1943 年秋，刘敦桢正式受聘于中央大学，迁居重庆沙坪坝，回到阔别 10 年的建筑工程系。物换星移，他已是一位搜罗古今的建筑学大师，趁此良机，在中央大学创立建筑系，他出任系主任，1945年兼工学院院长。这也是中国最早的（以往是"建筑工程科"，现在性质更纯粹了）、规模最大的建筑系（梁思成 1928 年创办东北大学建筑系，但不过 3 年东北沦陷，毁于一旦）。在建筑界燃起希望，

筑起港湾。因为战争的关系，内地虽有建房的需求，只能因陋就简，多数建筑事务所支离破碎，建筑师大材小用。刘敦桢敞开大门延揽高人，借以培育战后建设英才。最宝贵的是请到杨廷宝和童寯两位建筑巨擘以及哈雄文、李惠伯等建筑权威来兼课。他们可以兼顾其建筑业务，并使得教学联系实际，学生得以实习乃至参与业务。刘敦桢在中央大学建筑系的建系方针为：综合欧美与日本等国建筑学专业之所长，培养以建筑设计为主，加强建筑结构和建筑营造等工程知识，使其成为既具有广泛的科学知识和较好的设计与表现能力，又能妥善解决我国实际问题的建筑师。规定学制为 4 年，按课程学分计算总分以达卒业标准。这些原则不但成为该系数十年办学的依据，而且还成为兄弟院校新建这一专业的重要参考。

抗战后期西南的生活，愈加艰苦，米珠薪桂，配给有限的平价米，只得变卖衣物补购柴米油盐，连工作必不可少的《辞源》也忍痛割爱。刘叙杰看见父亲一生唯一的两次流泪，就是在这段岁月里。"一次是在昆明，父亲接到祖父去世的消息而无法回家奔丧；一次是在重庆，小妹叙彤患脑炎无法医治，不幸夭折"。因为那时缺乏治疗急性炎症的药物，青霉素国外刚开始应用，价格可比黄金。他没有颓唐，无论是教学、科研或是行政事务，他都兢兢业业，一丝不苟，力求完美。初创时三年级只有三个人听课，他还像给大班学生上课那样正式讲。他的黑板画十分精彩，线条清晰，讲解有序，为学生们所称道。他留下的文稿和笔记，"每个字的一钩一画和标点符号，都写得十分端正整齐"。这是在昏暗的油灯下，潮湿的陋室中，靠粗旧的文具完成的。

抗日战争胜利后，随学校返回南京。全国到处断壁残垣，他没有投身建筑事务所取得高收入，仍坚守三尺讲台。期间仅为破败的校园设计了学生宿舍、食堂和中央图书馆阅览楼等（共十几栋）。

1949 年中华人民共和国成立，中央大学易名南京大学。刘敦桢的学术工作进入第三阶段（1950—1965），科研与教学同步进行。1950 年，他参加了南京市和江苏省的文物保管委员会工作，对南京城内外的古建筑和古墓葬，进行多次调查，写出了修整或保护计划。

1952 年全国高等学校院系调整，南京大学工学院分出，集纳其他几所大学工科，成立南京工学院（今又改回东南大学名）。刘敦桢仍在建筑系任教授，后又兼系主任及专门成立的中国建筑历史与理论研究室主任（兼）。1949 年后，刘敦桢的气管炎导致支气管扩张症，当时一流胸科专家黄家驷、吴英恺、石美鑫诸人的根治办法就是肺叶切除，动这种大手术的主客观条件都不很具备，只得采取保守疗法。在病痛折磨下，连续讲话已很困难，他最终辞去本科课堂教学职务，只带助手与研究生，培养中、青年教师。后来由杨廷宝接手建筑系主任。

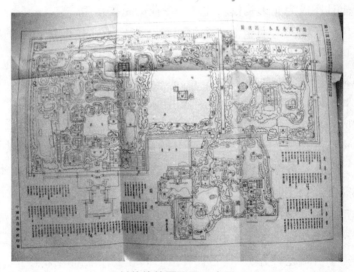

刘敦桢的圆明园研究图

1952 年，学术界发动建筑的民族形式问题的探讨。民居最富有地方色彩和民族特色，它是许多重要建筑类型（宫殿、坛庙、寺观、宅邸……）产生的渊源，研究它就抓住了实质和根本。刘敦桢开展了对国内传统民居的调查，这是一项开拓性的与大规模的研究，1956 年形成专著《中国住宅概论》出版，还指导助手写了论文、报告多篇，在国内学术界掀起了对这一领域全面研究的热潮。

自 1955 年起开展了中国古典园林的研究，他率领助手们，对苏州大、中、小典型园林详细测绘，八九年间绘制测绘图纸 2000 余张，摄影 2 万余幅，文字稿 10 万余字。"构图与表现技巧都达上乘"。每一次绘制都是相当艰巨的任务，而其中又要大量返工，1957 年，发表了阶段性成果《苏州的园林》。刘敦桢而后又从各方面加以补充提高，研究成果驳斥了流行于西方的"东方园林最早与最高成就出于日本"的错误观念。许多造园原则和具体处理手法，都对今后的园林建设起着积极的作用。此项工作因"文革"而中断，遗稿于 1979 年由他的助手和儿子整理出版。出版后，蜚声中外，又被译成英、日文出版。而"文革"前夕对南京瞻园的改建，则是他最后与最成功的建筑创作，也是他对园林研究的具体实践。

1959 年，为了庆祝中华人民共和国建国 10 周年而编辑的"三史"——《中国古代建筑史稿》、《中国近代建筑史稿》和《建筑十年》，在此基础上，他集中了建筑史学界和部分考古学界的老、中、青学术精英，主持、编写了《中国建筑简史》和《中国古代建筑史》，理论上做了进一步深化和提高。刘敦桢尤其对《中国古代建筑史》投入了极大精力。历时 7 载，改稿 8 次，终于在 1966 年成书。该书在建筑学界至今仍是重要参考书，1988 年获全国高校优秀教材特等奖。他在参加并主持对我国建筑历史的全面总结与撰写等方面，同样做了许多卓有成效的工作。

刘敦桢 1951 起被选为南京市、江苏省人民代表，1964 年被选为第三届全国人民代表大会代表。1955 年，被任命为一级教授和中国科学院技术科学部委员。1956 年，加入了中国共产党。此外，他还任全国和省、市中国建筑学会的理事、理事长等职。1957—1959 年间，曾代表我国建筑界和文化界，先后访问了波兰、苏联和印度，为促进各国人民之间的文化交流，做出了许多努力。在当年对外封闭的形势下，他当作极为难得的学术观摩和交流的机会，全神贯注，四处留心。

有着刘敦桢一贯的支持和督促，1937 年夏，姚承祖、张镛森两人心血结晶的《营造法原》终于完成了。全书计 24 章，约 12 余万言，附图版 54 幅，插图 71 张。八年抗战时带到重庆，姚承祖已故，张镛森继续修改。1959 年 7 月，《营造法原》由建筑工程出版社出版。成为当代建筑师及工程技术人员的基础典籍和正宗范本，被敬奉为"至尊天书"，广为应用。[①]

师恩难忘。朱启钤从 20 年代起，首先致意和致力于中国古代建筑史，创建最优研究平台，厥功至伟。刘敦桢、梁思成勇挑大梁构筑完整体系，甘苦备尝。

1961 年，朱老先生 90 寿辰，周恩来总理为之贺寿，刘敦桢敬献寿礼并致贺函：

> 桂师尊鉴：……回忆民国初季，先生发现《营造法式》抄本，究心"宋法式"与"清做法"进而组织营造学社，以完成中国建筑史勉励后进，培养人材。今日建筑学术界在党领导下，蓬蓬勃勃，一日千里。然当年先生荜路蓝缕之功固亦垂诸不朽。
>
> 敦桢亲聆教益三十余年，于兹受惠之深，楮墨难馨。际此九秩大庆，理应赴京祝瑕，乃疾病纠缠不克北上……谨此专函祝寿，兼述歉忱，尚恩海涵于格外，临颖不尽万一。
>
> 敬叩寿安
>
> 　　　　　　　　　　　　门人刘敦桢上，陈敬同叩
> 　　　　　　　　　　　　1961 年 11 月 16 日

刘敦桢一生的 3/4 是在学校中度过的，特别是对自己所创建的建筑系，有着深厚的感情。早年他助柳士英、帮刘福泰做了许多繁重的工作。他先后讲授过建筑设计、中国建筑史、西方建筑史、建筑营造法、阴影透视、建筑测量、施工估价，甚至钢筋混凝土结构和木结构等多门内容不同的课程。自己也教学相长，同时为他主持系、院行政，积累了宝贵的经验。

---

① 陆觉：《规矩千秋在，方圆一代新——记建筑经典〈营造法原〉成书始末》，《苏州杂志》2001 年第 1 期。

他在中央大学（南京、南工）系主任任上，培养了如戴念慈、黄康宇、陈其宽、严星华、黄宝瑜，以及去清华大学的吴良镛、汪坦、刘致平等，去天津大学的徐中、卢绳、童鹤龄等，去同济大学的谭垣、戴复东、吴庐生、项秉仁、卢济威、常青等杰出人才。1960年前后刘敦桢再度担任系领导，教职工和学生人数、图书资料和仪器设备有了很大增长，课程的门类与内容都有显著变化。刘敦桢通过授课、科研和生产实践，大力培养青年教师和研究生，其中不少人，校内如潘谷西、郭湖生、齐康、章明、邵俊仪、叶菊华、詹永伟等，都成为许多领域的带头人和学术骨干。此外，如建筑设计大师张镈和张开济，还有台湾著名的建筑设计大师兼画家陈其宽（曾任哈佛大学建筑系主任），台湾湘籍女建筑师修泽兰（中山楼设计者）等也先后毕业于中央大学建筑系。

历次政治运动中刘敦桢总是对象，只是轻重主次的分别而已。历来批判者却找不到像样的口实，因为他既没当过旧官僚，也不是资产阶级，更没什么贪污腐化和生活品质问题，至于出生封建家庭，他在13岁时就已离家。只能抓住他的《苏州古典园林》之类批"为封建腐朽阶级张目"。"文革"变本加厉，他被诬蔑为"封建与资产阶级反动学术权威"，受到无端迫害和残酷批斗，身心严重受创，体质更加虚弱，罹患癌症终于不治，1968年5月10日默默辞世。1979年冬为他平反，学校召开了隆重的追悼会，他的骨灰被安放在南京雨花台公墓。

五　宏文十卷　承先启后警愚氓

改革开放以来，城市化进程迅猛，房地产业空前繁荣，无数高楼拔地而起，成就巨大，值得夸耀。但水泥森林，千城一面。建筑师乐于抄袭，短于创新，把全世界各个时期建筑造型都搬来，生吞活剥，不伦不类，为国际媒体所诟病。原因在于学风不正，急功近利，浮躁喧嚣。刘、梁两大师若在，对于数典忘祖、唯利是图的不肖子孙, 也当痛哭。他们有哪些警示呢? 请直接读读其著述吧。刘敦桢的论文、调查报告、工作日记、学术报告、读书笔记、书评以及讨论学术问题的信函等, 曾搜集 69 篇, 100 余万字, 汇编为《刘敦桢文集》4 卷, 由中国建筑工业出版社出版。2007 年为纪念他诞生 110 周年, 又由他的弟子、儿子补充收集整理了更为完备的 10 卷本《刘敦桢全集》。

刘敦桢根据自己研究生涯, 对建筑史人才有 10 项要求:

1. 研究过马列主义, 决心为人民服务。2. 通晓唯物主义辩证法。3. 对中国的历史、文化、考古、艺术以及地理、气候、材料、地质等有广泛的基本知识。4. 懂建筑设计。5. 懂建筑结构, 并多少有点工程经验。6. 对雕刻和绘画有辨别能力。7. 通晓世界建筑史及世界各国的文化艺术。8. 最少能看懂两国文字, 不断吸收国外的新材料。9. 多调查古建筑遗迹, 由实物中了解中国建筑艺术与绘画、雕刻的演变与特征。10. 能速写、拓碑、照相、测量等。[①]

由此可知建筑史家绝非以钻故纸堆、循章摘句便好当的。相反, 综合素质、广博学识、动手能力、实践经验都要超常具备。刘敦桢常对助手们讲:"写作要言简意赅, 字字掷地应作金石声"。文稿千锤百炼, 深思熟虑, 连信件也要写改几次誊清才寄出。他说:"我不过具中人之资, 捷思聪睿不及思成, 细致慎重莫如仁辉 (杨廷宝字), 博通中外无逮伯潜 (童寯字)。能够做出点成绩, 主要靠多干了一点。"对那些有事业心和富于才华的中、青年, 尽量发挥他们的作用, 帮助解决其生活上的困难, 在学术上则悉心指导, 诲人不倦。他一贯反对弄虚作假, 蔑视争名夺利。他有不少好友, 但"朋而不党"。为后人树立了一个良好的榜样。

---

① 郭湖生:《忆士能师》,《建筑师》1997 年第 77 期。

　　刘敦桢以系主任、工学院长和一级教授、学部委员之尊，从来没有为自己或亲友营谋过私利。抗战前日军已占领了东北和热河，要他去承德为伪满整修避暑山庄，答应给报酬 10 万大洋，他严词拒绝。他一生大部分时间生活很清贫，未给自己盖过一砖片瓦。在众多同事挚友中，只有他一人是"贫无立锥之地"。然而他却安之若素，始终坚持初衷，不改变自己的生活道路和奋斗目标，而是一步一个脚印，努力攀登一座又一座科学和道德高峰。

　　夫人陈敬女士曾在原南京工业学校、南京九中等学校任英语、俄语老师。她的日常生活很有规律，还喜欢作古典诗词，能把一些诗词翻译成英文。活过百岁的养生之道是"常乐才能长寿，一切顺其自然"。根源于她的性格，坚强、乐观，待人忠实，心胸宽阔。

　　受刘敦桢的影响，刘家的儿孙也都是把工作和事业看得很重，私事不占地位。刘敦桢 60 岁生日的时候，学校为他在玄武湖祝寿。刘叙杰班上有点事要处理，竟错过了参加父亲贺寿仪式。刘叙杰说，现在他对父亲才有真正的了解，都是从父亲的书稿里得到的。父亲去世以后，他常常感到很后悔，自己与父亲在一起的时间很多，父亲活着的时候，他为什么没想到抽空与他聊聊天。①

　　刘敦桢的女儿叙仪在北京某肿瘤医院，也当上了教授。女婿李正邦（1933—），钢铁冶金专家，1995 年当选为中国工程院院士。刘敦桢的妻弟陈耀祖（1925—2000），有机化学家，1991 年当选中国科学院院士。陈敬及亲友于 2003 年捐款 4 万元，在东南大学设立"刘敦桢奖学金"。奖给建筑系建筑历史与理论学科的优秀研究生。每年奖励 1 人，奖金 3000 元。

---

　　① 钱锦绣：《大师刘敦桢一生"贫无立锥之地"》，《南京报业网》2005 年 11 月 29 日。

明末清初传教士入华所译著的科学技术书籍不下数百种，真正与土木工程有些关系的，只有几种测量学书籍及《泰西水法》；另外，《远西奇器图说》（1627 年）有起重机等，《则克录》（1643 年）提了几句筑城学。后来圆明园由传教士设计西洋建筑，郎世宁还介绍了西方透视学，中国的年希尧（年羹尧兄弟）消化吸收，完成《视学》（1729 年）一书。反过来，中国的园林艺术也通过传教士传播到西方。鸦片战争后，上海、天津等城市的租界，出现了"万国建筑博览区"，所谓"希腊复兴"、"罗马复兴"、"文艺复兴"、"哥特复兴或浪漫主义"、"折中主义"，还有俄国的"帐篷式"、"战盔式"、"拜占庭风格"，以及法国、英国、俄国乃至日本所理解的西洋古典主义，纷至沓来。这对于刘敦桢来说，可以就近参考和比较；上海的营造业在技术和观念上对外来文化的包容与适应，也给他以启迪。刘敦桢因拥有东西方古今建筑工程全面学识，通过比较而返身尊崇华夏经典。

刘敦桢不辞辛劳的田野调查，对古建筑实体和遗迹的实测，加上北京宫廷建筑（堪称明清古建典范）及算房（标准、计算）、样房（模型、图纸）的遗物，中国营造学社从华北到西南的迁徙，他和梁思成等人如入宝山，岂能空回！从感性到理性，方能读懂以《营造法式》为核心的中国建筑古籍，深刻理解中华古典营造学的精髓。循此继进，只有理解了的东西才能更好地感觉它，于是苏州园林、江南民居、圆明园遗址，再入他的法眼。这是认识论所称的一个循环，螺旋上升到更高一个层级。可惜他和梁思成都不获永年，未能等到改革开放之时做出具体指导。新时期的初期，人才断层和仓促临阵，不免惶惑；但如果继续挥霍历史机遇，乃至遗祸子孙，就该深刻反省了。刘、梁的警示意义在此。

欧阳翥 捍卫民族"球籍"的神经解剖学家

　　屈原的旷世奇文《天问》对宇宙提出了百多道问题，唐代贬官湖南永州的柳宗元写奇书《天对》，借助千年来科学的新进展做了正面的回答。周敦颐的《太极图说》从根本立论，"太极"是宇宙的本原，"惟人也，得其秀而最灵"。这些都是湘学渊源中的奇峰幽潭，高深莫测。人们在崇拜叹服之余，不免会提出：人类（首先是学问家）又是如何得到这些奇思妙想的呢？凭借什么器官来感知和认识客观世界的呢？也就是说，人的主观世界（精神）"住"在身体的什么地方，如何运行的呢？以往的湖湘学者像全国同行一样，对之束手无策或一知半解。直到有人去西方取得"神经解剖学"这把解剖刀和相关的科学技术，才开始研究，试图索解。长沙人欧阳翥就是这样的先进分子。他握起柳叶刀，揭秘脑科学，还迎战西方种族主义者伪科学的挑衅，维护着中华民族的尊严。

　　人类的思维器官是心还是脑？《黄帝内经》认为："心者，神之舍也。""心者，君主之官也，神明出焉。"孟子也有名言"心之官则思"。世界各国唯有古希腊、古罗马的个别哲人模模糊糊猜想到是脑，例如德谟克利特、柏拉图等。尤其是名医希波克拉底和盖伦，后者用钳子夹挤动物的大脑时，发现它们立刻失去全部感觉与随意运动，而夹挤动物的心脏时，出现急促的喘息和吼叫反应，却看不出有明显的感觉和运动障碍。中国明代李时珍在《本草纲目》中提出"脑为原神之府"，"泥丸之宫，神灵所集"的观点。西方自汤姆·威利斯1664年的《大脑解剖》起，进入愈益科学的研究论证的阶段。湖南洋务派、维新派某些人士接受了很多新知和现代理念，因为《万国公报》、《时务报》及《格致汇编》等刊和江南制造局翻译的书籍已稍有介绍。长沙人欧阳翥到西方学得"神经解剖学"，比前人又大进一步。他还与西方种族主义分子斗智较真，痛斥其污蔑诋毁中华民族的反动谬论，在国际学术界戳穿其伪科学本质，真是令中国人解气。

一　文理兼修　生物学科成主业

欧阳翥（1898—1954），字铁翘，号天骄，出生于湖南长沙县（今属于望城县）一个书香家庭。自幼跟从祖父欧阳笙楼、父欧阳鹏学习儒家典籍，到清末民初已熟读经史子集的精华，五四之前又学到不少新学堂的科学知识。目睹中华民国成立，袁世凯称帝，蔡锷护国和病逝，希望失望交替，他深感家国安危与自己的责任。春游触景生情，写下了《咏桃花》诗："落英如海耀残阳，凝碧嫣红两擅场。绝似三河年少客，欲将肝胆献明堂。"习文还是从武？军阀混战去当炮灰？社会还是靠"明教化"吧！那时湖南高等学堂早已停办，高等师范也合并到武昌高师，只剩湖南工专、法专、商专和湘雅医专。他憧憬综合大学的学习环境，因家境一般，最好的选择便是国立师范大学，费用低廉。如果北上，有北京高师，坐火车方便；若从长沙乘船，票价更便宜，顺流而下，南京高师底蕴雄厚声誉日隆。近邻的上海是引进西学的门户，商务印书馆《教育杂志》、中华书局《中华教育界》和苏浙地区教育改进会的活动，对他影响很大，他选择去东南。

1919 年欧阳翥考入南京高等师范学校，起初进的是国文史地部，得到柳诒征等大师的指点，获益良多。但对于他这样国学基础扎实的学生来说，不久就感到课程吃不饱，缺乏挑战性。五四运动"德赛两先生"已深入人心，吸引力更强，他转攻教育学科。因为从校长郭秉文（1880—1969）、教务长陶行知（1891—1946），到俞子夷（1886—1970）、徐养秋（1896—1972）、陈鹤琴（1892—1982）、廖世承（1892—1970）和稍迟来到的孟宪承（1899—1967）等教授，该校这个学科可谓盛极一时，全国找不到第二家。教授们除俞子夷以外，全都有外国名校学历学位（俞子夷也曾去日、美、欧考察），学贯中西。他们抱着迅速改变中国教育落后面貌的强烈愿望，具有献身精神，拥有新颖的知识结构，意气风发地投入教育的改革。其中陈鹤琴、廖世承等对于教育心理学的引进尤其积极,合编出版《智力测验法》等中国最早的智商测验专著。教师们带领学生搞调查、做测验,进行统计分析;运用仪器设备,活用物理化学生物学知识;新颖的心理学,对于从事教育科学,是有力的工具。欧阳翥觉得这些才算教育科学,兴味盎然地投身其中。

附带提一下在此就读的两位著名的湖南老乡:向达(1900—1966)1920年考入南京高师理科,后转文科。周世钊(1897—1976)于1921年辞谢毛泽东、蔡和森创建社会主义青年团的邀请,考入南京高师教育系,1922年转入国文系,广涉古文词新文学。向、周两人对新转的专业也很满意,但恰与欧阳的动向相反。

欧阳翥在寒假回家完婚,对象是父亲的好友之女。这门亲事是家庭包办的,缺乏感情基础,两人格调习气差距很大,以致夫妻关系不融洽,"极少回家,偶尔晤面,亦不交谈。抗日战争中,妻卒。先生亦未再娶。"① 这是一个悲剧。

那时西方心理学从哲学独立出来还只有半个世纪,科学心理学的创始者德国的冯特博士,率先采用实验方法。跟进的一些大师各显其能,创建了不同的流派,令学习者目迷五色,莫衷一是。欧阳翥觉得,不同流派不同观点不同方法,就像一些瞎子在摸一只大象,各人所处的位置、角度不同,各人的感触、悟性有异,或许还有更复杂的因素,要统一认识,获得真理,道路还很长。但不论哪个流派,最终总得触及对人脑的分析研究,对其结构、机制、功能和运行实况得到科学的认知,才有可能使哪些假说得到验证,哪些被否证,以逐渐形成统一的结论。

欧阳翥于是决定先跳出围城,学些更基本的东西,为自己打下更扎实的基础,也为学科建立更坚实的基地。这就必须转到生物学科(系)。恰好在校长郭秉文的运作下,南京高师归并东南大学,学校将国文史地部和数学理化部合为文理科,成为国内最具综合性的

---

① 《欧阳翥教授生平大事年表》,南京大学档案馆藏,长期乙169卷。

高等学府。① 心理学系兼属文理科和教育科，生物学系兼属文理科和农科，跨度更大，包容更广，转系是可行的。

生物学系有两位最著名、最活跃的大师：胡先骕（1894—1967）和秉志（1886—1965）。胡先骕从京师大学堂入美国加利福尼亚大学和哈佛大学，学习农学和植物学，1916 年学成回国，到南京高师任教，1921 年任东南大学农科教授。1922 年他与秉志、钱崇澍等在南京共同筹建中国科学社的生物研究所，任植物部主任。1923 年兼东南大学生物学系主任。再次赴美在哈佛大学攻读植物分类学，1925年获博士学位回国。秉志是动物学家，参与创立中国最早的综合性学术团体中国科学社和《科学》杂志，是中国动物学会的创始人。他在脊椎动物形态学、神经生理学等领域做了大量开拓性的研究，指引着欧阳翥的专业方向。

胡先骕则对欧阳翥的学风有着深远的影响。东南大学的梅光迪、胡先骕、吴宓等人在五四以前留美阶段，就对于以胡适等人为代表，主张全盘西化，打倒文言文，推行白话文的活动持有异议。梅光迪、胡先骕等人认同、捍卫中国文化及文言文。回国后形成两派，1917年胡适在《新青年》上发表《文学改良刍议》（陈独秀进而提出"文学革命"），胡先骕在《南高日刊》上发表《中国文学改良论》，批评陈、胡"过于偏激"。胡先骕、梅光迪、吴宓以及刘伯明、柳诒徵等人创刊《学衡》杂志（1922 年 1 月），主张"以儒家之根本精神，为解决今世人生问题之要义"。形成"学衡派"。当时被批为保守，今天学术界人士反思这段历史，则认为学衡派是现代新儒家的学术源头，是中国现代人文主义的先驱。

欧阳翥作为转换专业的学生，新旧功课压力很重，我们从《学衡》和《东南论衡》（校办刊物）未发现他的文章，而向达则被学术史界列入学衡派成员。但欧阳翥毕生撰写的大量诗篇从来没有白话诗，连诗集序言、注释也非纯白话，与老师的主张相同。不过，

---

① 王德滋等编：《南京高等师范学校和国立东南大学》，载《南京大学百年史》，南京大学出版社 2002 年版。

除了旧体诗篇，欧阳翥的科学文章并非文言文。他不是要开倒车，只是对文学作品的鉴赏品位很高，与时髦流行趣味有别罢了。

欧阳翥从刘伯明发表的论文《论学者之精神》、《再论学者之精神》、《论学风》等也得到不少启发。刘氏倡言，"学者应具学者精神，作为一体的学者精神，可分五端"：一是学者应具自信之精神。二是学者应注重自得。三是学者应具知识的贞操。四是学者应具求真之精神。五是学者必持审慎之态度。① "真正的学者，一面潜心渺虑，致力于专门之研究，而一面又宜了解其所研究之社会的意义。其心不囿于一曲而能感觉人生之价值及意义。或具有社会之精神及意识。如是而后始为真正之学者也"。② "苟冀为学者，必于科学有适当之训练而后可。所谓科学精神：其最要者曰唯真是求，凡搜集证据，考核事实皆是也。唯真是求，故其心最自由，不主故常。盖所谓自由之心，实古今新理发现之条件也。"中国"古来学风，最重节操。大师宿儒，其立身行己，靡不措意于斯。虽经贫窭，守志弥坚。""不为燥湿轻重，不为穷达易节。""学校既为研究学术、培养人格之所，一切权威应基于学问道德。事功虽为人格之表现，然亦应辨其动机之是否高洁，以定其价值之高下。若通俗所重之名利尊荣，则应摈之学者思想之外。老子曰：虽有荣观，燕处超然。此从事教育者应持之态度，而亦应提倡之学风也。"③ 这些观点，针砭时弊，树立高标，引欧阳翥朝乾夕惕，反复对照。

这时发生的科学与玄学之争，科学派认为科学万能，玄学派认为科学不能解决人生观的问题。这是对五四推崇"赛先生"的一番回观审视，也使欧阳翥深思科学的功能，科学的局限，以及如何正确处理东西方文化关系等问题。

1924年欧阳翥毕业于生物学系，获理学士学位，留校任助教，研究动物学。1927年南京国民政府上台，学校几度改名，最后定名中央大学。他曾到中国科学社生物研究所从事短期研究工作，学习

① 刘伯明：《学者之精神》，《论衡》1922年第1期。
② 刘伯明：《再论学者之精神》，《论衡》1922年第2期。
③ 刘伯明：《论学风》，《学衡》1923年第16期。

秉志、胡先骕的学术研究方法。按秉志所说:"此研究所为公开机构……盖主持者极愿藉所内设备之利便以惠益学人……凡从事研究者,若起初即专治一门,则偏狭之见,固所难免,而学力浅仄,智识隘陋,殊不足以应大学之邀,以主持学系。故初入该所之研究员,必先使其练习各方面之学识,然后就性所近,自为选择,以专攻一学……其人既在国内精治所专之学,基础甚深,故在欧美研究机关从事研讨,亦复驾轻就熟。"[①]

中央大学的学术带头人及梯队组成有了变化,理学院生物系主任为张景钺(亦是植物系首任主任)、动物系主任蔡堡(1897—1986,后任院长),教授还有王家楫,讲师有王守成、秦仁昌等,助教有欧阳翥、耿以礼、张肇骞、陈义、童第周等。蔡堡曾留学耶鲁大学、哥伦比亚大学,对遗传学泰斗摩尔根的工作比较了解。童第周后来也访学耶鲁大学,对鱼类的遗传特性有独到的研究。欧阳翥兢兢业业,虚怀若谷,吸纳众师友之所长,从课桌到讲席,10 年光阴悄悄溜走。

二 神经解剖 民族之林卫"球籍"

近代中国解剖学研究的重要成就之一是神经解剖学。它是在 19 世纪中期逐渐形成的解剖学的一个分支学科。我国的神经形态学研究从 20 世纪 20 年代开展起来,早期主要集中在人脑的沟形与测量方面。

1929 年欧阳翥获得中华文化基金赴欧留学资格,先在法国巴黎大学攻读动物学、神经解剖学和人类学,后去德国,在柏林大学从名师福格脱学习。欧阳翥在留学期间,对于人脑研究,论著颇多,在岛区发现叉形细胞,在横纹区发现特殊细胞结构。1931 年出席在瑞士举行的第一届国际神经学大会,开阔眼界,初识诺贝尔生理学

---

① 秉志:《国内生物科学近年来之进展》,《东方杂志》1932 年第 28 卷第 13 期。

医学奖获得者、苏联的巴甫洛夫。1933 年获德国柏林大学哲学博士学位。1932 年至 1934 年间在柏林威廉皇家神经学研究所任研究助理。

1934 年 7 月，欧阳翥回国前和学兄吴定良（1893—1969）出席在英国伦敦召开的第二届国际人类学会。吴定良 1924 年从东南大学教育心理学系毕业后留校当助教，1926 年赴美国哥伦比亚大学心理学系攻读统计学，次年转入伦敦大学著名的统计学与人类学家卡尔·皮尔逊（Karl Pearson）门下，从事"生物测量"研究，获博士学位。这年夏正在瑞士做博士后，几年来接触过世界很多国家的古今人类标本，特别是头骨，为他回国研究"北京人"头骨化石做准备。欧阳翥与吴定良都看到，一个时期以来，"中国人脑不如西方人脑进化"的谬论甚嚣尘上，其罪恶意图就是为帝国主义侵略、奴役中国人民制造依据，煽动舆论。如果听之任之，则不但亡国，还会灭种。是可忍孰不可忍？他们决定迎头痛击。两人同仇敌忾，珠联璧合，优势互补，一内（解剖）一外（形态），亦群体（统计）亦个体（测量），在会前到英、法、德、荷兰等国广泛收集证据，进行仔细的比较，科学的分析，撰写论文准备批驳。欧阳翥这时获知慈母病重，心急如焚，归心似箭，可会议时间不能更改，忠孝无法两全，终于未能与慈母诀别。

到了会上，果然香港大学的美籍教授施尔石（Joseph Lexden Shellshear）宣读了《中国人脑与澳洲人脑的比较》的论文，冥顽偏狭，混淆视听，继续发表谬论："中国人脑有猴沟，曲如弯月，与猩猩相近，进化不如白人高等。"欧阳翥、吴定良针锋相对，根据收集之材料力驳施尔石的观点，在科学的证据面前，许多与会专家认为此种黄种人脑比白种人脑低等的观点站不住脚。会后欧阳翥将材料和理论继续完善，在德国学术刊物发表《人脑之种族问题》（*Uber Racsengehirne Zeitsch Ressen Kunde Bd.* Ⅲ S, 26. 1936）等文，从外形大小、重量到内部结构、显微解剖等诸多方面，论证了黄种人和白种人的大脑并无显著差异，雄辩地驳斥了西方种族主义学者诋毁黄种人脑结构和功能不如白种人的谬论，得以改变了部分西方人对中国人的歧视心理。

会议结束，离开欧陆之际写《感怀》诗两首："神州望断雁行斜，异域飘零逐岁华。客邸无金谁共语，书城有味此为家。洪炉宝剑冲霄汉，大陆腾蛇走塞沙。好斩楼兰归故国，更穷沧海趁无涯。""菩提树下几经过（原注：柏林大学在菩提树下），作客年年感若何？西陆鸣蝉归思急，北堂梦醒泪痕多。层楼日照披坟典，秘阁风开拂绮罗。经籍文章何所用？欲将弓箭学廉颇。"寓意几年来钻进书城穷搜力索，彻悟科学经典炼成宝剑，像引弓张弩的猛将，豪情满怀，报国之时到了。

他随身携带自费购置的精密切片机和照相机等宝贝登上海轮，航程过半，作《过苏门答腊海峡》，感喟："狂澜烟树总茫茫，万里秋风岛国长。五百年来空寂寞，更无人解渡重洋。"（自注：自郑和通南洋后，国威久不振于海外，清咸同之际，左文襄公独主征琉球，而举朝无应之者，以至于今，哀哉！）《再过星加坡（之二）》："金汤百里足龙韬，雄视南圻压怒涛。无数艨艟横海去，将军犹带赫连刀。"[①] 叹息国弱失策听任琉球沦于日本。这种海权思想，在今天看来真有先见之明！船到上海，搭火车回南京。车过安亭站，在寒风中阅报，有东北义勇军（抗联）第四军成立和艰苦战斗的消息，感慨"秋尽江南闻画角，几人曾忆霍骠姚"。

1934年秋欧阳翥回到母校中央大学，任生物学系教授。他继续从事神经解剖学的研究，先后撰写了《人脑直回细胞之区分》、《人脑岛回新特种细胞》、《关于叉形细胞之新发现》、《灵长类视觉皮层构造之变异》等20余篇论文，分别在国内以及德、英、美、法、瑞士等国发表。许多中国学者又进行了广泛的研究，获得了大量资料，著文批驳那些顽固地抱着种族偏见，罔顾事实，对中国人进行攻击的报告。

---

① 欧阳翥：《过苏门答腊海峡等》，《文史杂志》1942年第2卷第5至6期合刊。

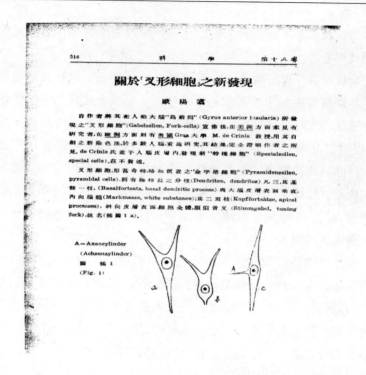

1934 年 12 月，他和吴定良请蔡元培出面，会同刘咸、凌纯声、何联奎等人发起，吸收专业会员 30 余人，多为大学教授及研究员，在中央大学成立中国民族学会，他当选理事（之一）。

欧阳翥回国后在中文刊物上发表了一些论文，下面摘录其较通俗的部分文字。

欧阳翥新发现之"叉形细胞"："自作者将其在人类大脑'岛前回'所发现之'叉形细胞'宣布后，在美洲方面未见有研究者，在欧洲方面则有奥国大学教授用其自创之新染色法，于多数人脑，重施研究，其结果，完全证明作者之所见……叉形细胞，形甚奇特，略如倒置之'金字塔细胞'，而有极粗长之分支凡三，其基部一支，与大脑皮层表面垂直，内向脑髓；其二顶枝，斜向皮层表面，细胞全体，颇似音叉……此种细胞之出现，仅限于岛前回一部分之第五层及'亚猛氏角'中之金字塔细胞层。岛前回之有此种细胞者，仅有少数区域……"① 表明他对大脑皮层研究之深入。

欧阳翥和其他科学家查遍猿猴和人类的大脑，证实只有人类和猿类才有这种细胞，所以欧阳翥这个发现为证明灵长类位于进化的最高层次提供了新的证据。这对于进化论的高端"从猿到人"之说也是一种验证和支持。

欧阳翥关于人脑横纹区之亚区的研究：自奥地利学者发现人脑横纹区细胞构造之特征后，英德人士继起研究，认为此区所占之地位极广袤，且依据瑞典人之说，多以之为大脑视觉中心。最近德人与英人各用神经纤维髓鞘切片，于横纹区内发现亚区，并依据荷兰人之说，以其所见为中央视觉与周围视觉之分野焉。"作者用神经细胞切片详细研究此问题，于人脑横纹区内发现亚区凡十有六，其间界限分明，殊易识别，枕极四亚区，内细胞平均较之沿鸡距沟前部诸亚区内者为多，前部下半六亚区所含之细胞，又较其上半六亚区者微多，详情兹不赘述。依此吾人可以断言人脑横纹区之构造，全部大同而小异。"②

关于间脑中之分泌问题，欧阳翥列举诸家之新发现，从中指出可以进一步研究之点（这里只摘几句总括语，没有逐一具体列出）："间脑为一切身体感觉之总枢，由此以上至于大脑中后回之感觉区域，吾人知之已久，然间脑之构造既如彼其繁，其功用不应若是之简单，固彰彰明甚，晚近以来以科学方法之进步，新发现益多，而间脑之功用，乃日即于光明……"③ 这是对神经中枢研究的细化。

现今全国三级甲等医院的神经外科，均能实施高难度的脑部手术，其生理学、病理学基础是神经学。欧阳翥也积极将生理研究应用于病理研究，服务人群：

---

① 欧阳翥：《关于"叉形细胞"之新发现》，《科学》1934 年第 18 卷第 2 期。
② 欧阳翥：《人脑横纹区之亚区》，《科学》1934 年第 18 卷第 7 期。
③ 欧阳翥：《间脑中之分泌》，《科学》1937 年第 21 卷第 6 期。

　　神经学一词，含义极广，举凡关于中央神经系统或周边神经系统之解剖生理，及病理临症等皆属之。而以解剖为出发点，知神经系统中某部之构造如何，从而推究其生理上应有之功用，以断其失常态时之病理现象，然后定所以治疗之方，此为研究上不可逾越之步骤……①

　　欧阳翥指出，研究大脑，在于了解它如何指挥动物的行为。其各部分的发育进化，与行为的复杂化，同时并进。有所谓"比较神经学"来研究关于神经系统；之发达与行为之关系。即神经和精神、心理、行为的关系，是他关注的重点：

　　物质基础之构造愈繁，则动作之形式随之，二者互为因果，交相递嬗，依环境之推移，循序渐进，所以便生物应环境之需求以图存者也……欲知行为与神经系统并行发达之关系，可从比较解剖学及胚胎学两方面窥测之。"（1）从比较解剖学观行为之变化……""（2）自胚胎学观人类行为之进化。人类在自然界中地位最高，以其有理解思维，足以表现至高无上之智力也。然自其心理发生观之，则自胚胎以至于成人，一切心理现象，次第呈露，颇可与动物心理之系统发达相比较，虽谓之心理复演可也。三月之胎儿，四肢能动，四月而能呼吸，六月而能吮乳，八九月而能听。生后约一月而能注视，六月而能坐，十五月而能行。至于语言、注意、领悟种种，发达较迟矣……""物质为之因，行为为之果……②"

　　日本帝国主义步步进逼，中华民族处于危急存亡之秋，欧阳翥运用其生物学知识，奋力敲响警世钟，唤起民众。例如关于生存与

①　欧阳翥：《神经学略说》，《图书展望》1937年第2卷第9至10期。
②　欧阳翥：《神经系统之发达与行为之关系》，《科学》1935年第19卷第7至12期。

竞争的道理：

> 适者生存，殆含二义，一曰适合；二曰适应。二者因环境
> 移易，变动不居，交相递嬗。有生界自下等以至高等，其间变
> 化繁多。
> 科学落后之国，势不能故步自封，宜取人之长，以补不足，
> 其国人尤需同心戮力，共赴国难，不屈不挠，持之以坚毅，必
> 如此，民族生存庶几有望。①

他极力宣传民族团结，振作自强，以免被开除地球人的球籍，
振聋发聩：

> 优胜劣败，适者生存。此不限于个人，国家民族亦莫不然
> 也。个人之生存，视其能力为断。集个人而成种族，故种族之
> 盛衰，除个人能力而外，尤赖通力合作。种族竞存，于今为烈。
> 以无文化之民族，与有文化者抗，虽甚努力，靡不败者。文化
> 相当之民族相遇而争衡，则努力者胜，颓废者败。至若文化既
> 不如人，又不知奋发卓厉以求自拔，其能幸胜者鲜矣。夫开化
> 发较早之民族，文化灿然，光耀史册。譬之堂堂华胄，其子孙
> 若袭先人之余荫，宜可以踵事臻华，永保休祚矣。然使其人不
> 自振作，安坐而食，且习于奢华，日事挥霍，产业不加丰，而
> 耗费无所底止，则其颠覆计日可待。若兄弟不相能，日寻干戈
> 以相攻伐，祸既起于萧墙，连结而不解，卒之精疲力尽，两败
> 俱伤……②

---

① 欧阳翥：《生存与竞争》，《国风半月刊》1936 年第 8 卷第 4 期。
② 欧阳翥：《救亡图存声中国民应有之民族觉悟》，《国风半月刊》1936 年第 8 卷第
8 期。

三　八年抗战　教学科研育良才

1937 年日寇大举侵华，中国全面抗战爆发，中央大学西迁重庆沙坪坝。欧阳翥随校迁渝，其间妻子去世，后未再娶。1938 年起长期担任系主任，并曾担任理学院代理院长、师范学院博物系系主任。自回国以来历经罗家伦、顾孟余、蒋介石（兼，1943—1944，由朱经农教育长协理）、顾毓琇、吴有训、周鸿经等校长之领导。期间，战火连绵、社会动荡，主持系务十分艰巨。

师生们唱着罗家伦作词的《国立中央大学校歌》："国学堂堂，多士跄跄，励学敦行，期副举世所属望。诚朴雄伟见学风，雍容肃穆在修养。器识为先，真理是尚。完成民族复兴大业，增加人类知识总量。进取、发扬，担负这责任在双肩上。"欧阳翥和师生们确实承受着沉重的压力，负起了时代赋予的责任。

仓促迁移几千里，实验设备毁损无从添置，他克服重重困难，继续从事神经解剖学的研究，也常应邀作有关人脑的科普讲演，以消除某些人的民族自卑感。他热爱学校，诲人不倦，为人师表。在校 20 余年，他先后主讲过"组织学"、"胚胎学"、"神经解剖学"、"生物学"、"动物学"、"比较解剖学"、"动物切片技术"等课程，内容丰富，联系实际，效果甚佳，学生好评如潮。

松林坡校舍落成，教室、实验室处在荒山秃岭。屋陋人多，布局拥挤，他随遇而安。他住在教员寓舍第 11 号，"终日吟诵之声不断"，赞颂艰苦奋斗的精神："荒丘千载莽荆榛，南国人来忽作春。自启山林续弦诵，非关避地学逃秦。""蜗居栉比满山头，人去人来似水流。此是复兴根本地，春风桃李遍神州。"

敌机轮番空袭重庆，进行"疲劳轰炸"，欧阳翥寄望航空机械系学生："晨光初上晓钟催，树里书声入户来。唯有飞鸢能蔽日，朗吟梁父已非才。"勉励他们造出我国自己的"飞鸢"去"蔽日"。故乡长沙遭遇文夕大火，他痛心疾首。以后进行几次长沙会战，我军胜利，他十分兴奋，在《湘北大捷》诗中对日本侵略军伤亡惨重、溃败逃窜的丑态做了辛辣的讥讽：

> 萧萧木落洞庭秋，新鬼烦冤故鬼愁。惟见颓垣闲噪鹊，更无驰道足传邮。
>
> 横尸欲断投鞭水，宵济空争掬指舟。犹有得臣忧未歇，月明吹笛依高楼。①

环境艰苦，教育经费严重短缺，他团结师生、排除万难、坚持每年招生，正常教学，培育人才。如日后成为学术界精英的人类学家吴汝康院士、世界著名原尾虫专家尹文英院士、微生物学家李季伦院士（1925—）等，均为他的得意门生。

吴汝康（1916—2006），他师从欧阳翥、吴定良，经欧阳翥推荐，到美国华盛顿大学医学院解剖系做研究生，获得博士学位。后来他发现和研究古人类化石如蓝田人、马坝人、资阳人等，把中国古人类的出现推前很多万年。

尹文英（1922—）本来报考地学系，到学校报到时，由理学院院长欧阳翥教授面试，他问了几个问题之后，就说："女孩子读地学不合适，你还是到生物系来吧，我们欢迎你。"说罢，笑哈哈地把尹文英的名字移到生物系了。就这样改变了尹的初衷。但在日后的发展中，欧阳翥尊重学生的意愿，并不强人所难。

尹文英回忆："欧阳主任早早表态要留我做助教，但我自己并不特别喜欢长期做大脑组织切片方面的工作。英国寄生虫学家史若兰女士（N. G. Sproston）应聘来中央研究院动物研究所工作，来中大参观访问，系里缺女教师，就由我陪同接待。得被她引导进入中央研究院。"

李季伦（1925—），1948年毕业，1995年当选为中国科学院院

---

① 欧阳翥：《诗录》，《中国文艺》1944年第1卷第3期。

士。他对欧阳翥（主讲神经学）、秉志（主讲进化论），以及沈其
益、耿以礼、段续川、王希成教授等名师们言传身教，所表现的渊
博的知识、正直不阿的精神，终生难忘。

我国自古以农立国，农业发达，林牧副渔等辅业也随之发达，
在世界上长期处于先进地位，从业人员之多更是绝对第一。自从引
进西方近代生物学，列为中学和大学课程，教师和研究人员也形成
一支庞大的队伍。为了加强联络，促进学术发展，迫切需要建立学
会，欧阳翥的年资晚于一些先辈，但已是骨干分子。

1934 年 8 月 23 日，在江西庐山举行了中国动物学会的成立会。
选举了会长秉志，副会长胡经甫，书记王家辑，会计陈纳逊，理事
伍献文、武兆发、孙宗彭、辛树帜、经利彬。第二年欧阳翥就和辛
树帜、孙宗彭担任司选委员，负责推选下届理事会。1942 年又被推
举为第四届理事司选委员，可见大家对他秉公办事、诚笃待人品格
的信任。第四届会长是陈桢（与秉志、胡先骕同为南京高师生物系
的开创者，以研究金鱼遗传闻名），副会长经利彬。理事会决定参加
中国科学社召集的联合年会，请王家辑、辛树帜、卢于道、伍献文、
欧阳翥负责就近筹备。1944 年 8 月第五届会长是王家楫，副会长蔡
堡，书记陈世骧，会计伍献文，理事卢于道、欧阳翥、童第周、吴
福桢、陈义。1948 年 6 月第六届大会，欧阳翥继续当选理事。新增
监事部门，由秉志、王家楫、胡经甫、陈桢、林可胜五位元老组成。
可知欧阳翥热心会务，责任加重。新中国成立后，第七届大会选出
理事 15 人，没有欧阳翥，大概因为不能连任三届理事之故。[①]

从他的著作中可以看出他不仅具有很深的生物学造诣，还具有
深厚的忧国忧民的爱国情怀，希望通过国家科技的振兴来解除国家
面临的内忧外患。当然，由于科学发现和发展程度的限制，以及处
于特殊的斗争年代，将生物学规律沿用于人类，在现代人看来，需
要更加审慎。这是不可以苛求于前人的。下面继续摘引他部分具有
科普性质作品的要点：

---

① 　郑作新：《中国动物学会五十年》，《中国科技史料》1985 年第 3 期。

　　欧阳翥科学地论证中国人种优秀。首先驳斥黄种人源于"红猩猩"（比黑猩猩、大猩猩低等）之说，引用国际学术界多领域的成果："况近今学者于大脑之外，从胚盘，精虫，额窦，肾脏，腕骨及血属（按：血型）各方面研究之结果，皆证明人猿中唯有黑猩猩与人类最为近似。因信人类虽与猿猴同祖，须于黑猩猩以后，始行分支，故皆赞成人种一源论，Weinert 主之尤力，至谓黑猩猩为人类唯一之先驱，此说在现今学术界中亦颇占优势也。"①

　　但种族歧视者又变用手法（如提出文化一源论），欧阳翥结合自己的调研和国际上多方面的研究，加以揭露和批驳："总上观之，持人种一源论者，有解剖学上确鉴之证据，自较可信。而谈民族文化者乃利用之，倡文化一源之说。谓一切欧洲东来，以图抵抑吾人固有之文化。其主多源论者，证据既不充足，亦未顾及同种内之变异，故不足恃。"今天借助 DNA 的研究认为现代人类源于东非。

　　欧阳翥指出，"各人种间各种体质特征，亦呈波浪式之进化，而非直线形之进化。以嘴唇而论，白人者最薄，最近猿猴，可谓最不进化。黑人者最厚，最为进化。然不得据此遂谓白人不如黑人也。即以人类与猿猴相比，人之嗅觉较强，犹较近于犬嗅动物，而视觉之发达则不若猿猴之甚，亦不得据此遂谓人类进化不若猿猴之高也。彼好诋吾人者每以脑之构造为言，诚以脑为人身最重要之器官，其构造与发达果不如人，则其人种之优劣可不言而喻。独惜此辈皆见他人之短长，而未尝自顾其国人也。"其实，例如白种人体毛多，岂不更近兽类？

　　"Karplus 谓虽孪生兄弟之脑，其构造亦不尽同，则异种间之同异，又何怪焉。即以猴沟而论，人之所据以诋吾人者，吾人于欧洲人脑种曾亲见之。即英法俄德奥瑞士荷兰诸国学者所见关于猴沟之变异，见于记载，斑斑可考。至脑盖发达不全，面显露而不掩蔽者，吾人于欧洲人脑中亦屡见之。必谓此为人类不进化之特征，则各人种无分轻重矣；若谓此同种内之各个变异，则于异种者不得肆其诋

———————————
　　① 欧阳翥：《中国人种优秀之科学根据（一）》，《新民族》1938 年第 2 卷第 10 期。

毁矣。且大脑构造之变异，不仅人类为然，猿猴亦有之。关于此点，载籍之多至不可数。熊脑狗脑皆有变异，下至鸟类与爬虫，亦可适用此原则焉。Economo 见人脑横纹区之形状有似猕猴者，即吾人于黑猩猩之脑中亦见横纹区有似猕猴者。然则人脑中某种特征之出现，讵可断定其限于某种人乎。"①

西方种族主义者又以脑重量说事，"欧美学家 Metjzka，Hrdlicka 及 Fick 辈研究甚多。自社会人类学观之，智力高者其脑宜较常人为重且大……营养对于体重于脑重之增加，影响固甚大也……然稽诸载籍，欧洲天才学者之脑，重者轻者皆有之。"其实，决定智力高下的非脑重，而是大脑皮层。欧阳翥引德国学者用显微手术解剖华人大脑皮层纤维构造，以及灰质与白质之系数，还有灰质与白质对大脑总容积之百分比，都与欧洲人无差异。又举美国对华侨儿童做智商测验，与欧美儿童为（99：100），因测验题偏于欧美知识，知华人儿童智商绝不低于白人儿童。②

欧阳翥进而引外国研究数据，脑的平均重量，白人为 1335 克，中国人为 1332 克；另一种统计，荷兰人为 1226 克，中国人为 1217 克（日本人为 1212 克）。可知中国人仅稍轻于白人。按高等动物中，鲸和象的脑重超过人类，但其脑重与体重之比，大不如人类。所以可知"中国人之绝对脑重虽微不及白人，而比较脑重有过之者乎！"（按：因为平均身高体重白人显然大于中国人。）"中国之文化，赫然光被四表，使吾人之聪明智力，果不如人，岂能臻此上乘？美国大学学历测验，与小学智力测验，中国人皆居前列。大学生固国内之上选，而小学生则为侨美工商子弟，多出中人之家，犹复如此，岂非中华民族优秀之证乎？""欧美学者未能祛除种族偏见，惟种族特征之是求，则以劣点归于人，而优点归于己。近百年来中国承屡战屡败之余，凡百不振，战胜者乃拾优胜劣败之说，蔑视吾人，谓黄种为劣等民族。其体质人类学家，更虚构证据，……且其结论均

---

① 欧阳翥：《中国人种优秀之科学根据（二）》，《新民族》1938 年第 2 卷第 11 期。
② 欧阳翥：《中国人种优秀之科学根据（三）》，《新民族》1938 年第 2 卷第 12 期。

远轶出科学范围之外，如谓'一种民族在体质上尚保有原始特征如猴沟者，则其在种族竞争中之命运可想而知矣。'凡此所云，纯属信口雌黄，不足置信。吾人于国际人类学会及国际神经学会中早加辩证。"欧阳翥再次唤起民众，增强民族自信心，不要上当受骗。①

《脑与种族之关系》

关于中国民族问题：

"国家的构成有三大要素，是土地，人民，和主权，三者之中，

---

① 欧阳翥：《科学论坛：脑与种族之关系》，《科学》1941年第25卷第9—10期。

尤以人民为重要，因为有了人民就能保卫土地和保卫主权，古曰；人民为邦本，就是这个道理，但世界各国的人民，大都是民族混杂，语言风俗固然不同。虽同为一国的人民，而习惯风俗不同相差很远，每每发生隔膜，而至于分崩离析，结果便给那借口殖民的帝国主义者所利用，而召覆亡之祸，这类的是近今的史实是不胜枚举的……但还恐怕他们余灰未熄，死灰复燃，对自己不利，更凭借他们的政权和武力，威胁利诱的，无所不用其极，废弃他们的语言，改变他们的习惯，企图消灭亡故的人民固有文化而同他自己的国家同化，这就叫同化政策了，甚至不惜更施怀柔政策，利用被征服者的体质上的特征，说是同征服者在种族上同源，且减少被征服者亡国的痛苦，因而使他们消灭其对于征服者的仇视与报复的心理，这就叫种族政治。"[1] 欧阳翥揭露敌人挑拨离间的毒计，以及欺骗蒙蔽的鬼蜮伎俩。

关于我国婚姻与优生制度：

"夫优生在于存善而去恶，如农夫之务去草焉，恶者尽而后善者信，则预防之法宜备，故凡青年男女之相爱悦而欲结婚者，体格宜受严密之检查，苟其一人有可遗传之疾病，则不得结婚焉，而患恶疾如精神病之类者，遗传所及，流毒尤甚。"[2] 如我国近年对婚前体检任凭自愿，残疾缺陷婴儿比例则增加不少。

四　求与时进　病患缠身竟自沉

欧阳翥还担任过中国科学社、中国心理学会、中国解剖学会等多种学会的理事，并为国际人类学会、国际神经学会的会员。关于我国科学之过去与将来，他强调应用，重视为国防以及经济和社会服务，要提高效益，依靠"精研"：

---

[1]　欧阳翥：《中国民族问题》，《广播周报》1940 年第 183 期。
[2]　欧阳翥：《我国婚姻与优生制度之商榷》，《民族学研究集刊》1940 年第 2 期。

"科学为国家所必需，尽人皆知之真。诚以科学不独析理探微造育冥之境，可以震惊举世学人之视听。即对于国计民生亦有莫大之贡献，则以其为军事经济社会之所基，举凡国防攻守之具，日常器用之资，欲求便利而效力宏大者，自非汲汲讲求，改进不息，必不能至。而欲求改进，非精研科学不为功，故世界各国无不竭力从事焉。"① 对基础理论和尖端科技，必须精益求精，追求卓越。欧阳翥对于国学、艺术等学科造诣很深，一生创作了大量古典诗作，结集为《退思盦诗草》6 卷，《退思盦文稿》2 卷，《退思盦诗抄》13卷，《退思盦杂缀》36 卷。艺术方面，他曾是享誉江南的书法家，收藏丰富。赠送南京大学的古籍、碑帖多达 1058 种，占馆藏碑帖的47%，其中善本碑帖 20 多种。②

1945 年抗战胜利，1946 年学校迁回南京，欧阳翥从图书、仪器、标本的装箱搬运，到恢复重建图书室、实验室等工作都指挥若定，亲自参加。他负责先行回去安排，准备迎接大队伍。他满怀着胜利的喜悦，基于重庆谈判和政协会议的召开，两党关于联合政府的承诺，他憧憬着今后的和平建设，教育科研条件的改善，仿佛年轻时的豪情又回到身上，直冲霄汉："扶摇万里向天池，云海苍茫振翼时!"③ 岂知接收大员们"五子登科"，老百姓仍旧陷于水深火热之中，希望成了失望。内战爆发，教育科研经费杯水车薪，物价飞涨远远超过了抗战时期的速度，教职工生活无着，正常教学无法进行，实验室坐不下去了。国民党政府陷入全民包围之中，他也日益觉悟。

在中共地下党领导下，学生运动高涨，他不顾个人安危保护进步学生。南京解放前夕，行政院企图强迫中央大学南迁广州、厦门或台湾，遭到中大师生的强烈反对，他掀髯做狮子吼，带头抗声。挚友回忆："前中大教授会议迁校，摧残文化，铁兄首先反对迁移，

---

① 欧阳翥：《我国科学之过去与将来》，《中原》1944 年第 9 卷第 1—2 期。
② 史梅、李钟梅：《古籍暗香觅流年——南大馆藏古籍善本一瞥》，《南京大学报》2007 年第 945 期。
③ 欧阳翥：《乘飞机归南京》。

反对托庇美帝，极力主张保留学校精粹，前中大之不迁台湾，及文物得保留无损者，铁兄等疾呼，与有力焉。"① 1949 年 1 月 21 日，校务会议做出"以不迁校为原则"的决议。27 日，中大校长、训导长、总务长三人弃职而去；31 日，教授会投票选出梁希、胡小石、郑集、欧阳翥、张更、蔡翘、刘庆云、吴蕴瑞、楼光来、吴传颐、刘敦桢 11 名委员等人组成"中大校务维持会"。由维持委员会负责安排全校师生日常活动，应变护校，清理档案财物，准备移交人民政权。他们的功绩显著，得到解放军南京军管会和军代表的表扬。中央大学更名南京大学，他仍任生物系教授兼系主任，他作为民主人士参加了九三学社。

　　新中国成立了，他对新的时代表现出了极高的热情和期待，他写了多首诗歌真切地表达了歌颂解放，拥护新政权，竭诚奉献的心声："国亦从此富，民亦从此足。乐土惟中华，吾宁羡他族？"（1953 年《首蓿》）"城市已呈新气象，胶庠不用旧文章。""汉家城阙飘红帜，异国衣冠进寿杯。垂老喜逢全盛日，愿将枯朽委蒿莱。"②"神州一片欣欣意，尽瘁同心正此时。"③ 诗中充满他与好友们积极追求进步的情怀，正待继续深入研究神经解剖学，尽瘁同心报效国家。

　　当时强调对苏联"一边倒"，他对苏联科学技术的真正先进部分心悦诚服，从善如流，例如巴甫洛夫大脑皮层和条件反射学说，他早在 1936 年就发表过《巴夫洛夫教授纪念册序》④ 等文。但对政治骗子李森科的反科学行径，深恶痛绝，无法保持沉默。一次南京大学有位苏联专家来讲学，斥责"孟德尔学派"为"伪科学"。欧阳翥在走廊里愤激地大声说："我实在忍不住，不得不直言。这位专家讲得太不对头。科学是追求真理的，孟德尔的遗传学绝不是伪科学，孟德尔打不倒！"然后拂袖而去。招来批评和劝告。随即病魔缠身，

---

① 陈义：《欧阳翥诗草序》。

② 《得潭秋参加合川土地改革诗赋此奉答》，1951 年。

③ 《次韵酬张雪帆兄见寄》，1953 年。

④ 欧阳翥：《巴夫洛夫教授纪念册序》，《国风半月刊》1936 年第 8 卷第 11 期。

又患视觉飞蚊、动脉硬化等症，加之政治运动接二连三，想系罹患抑郁症，忧心学问后继无人，竟于 1954 年 5 月 26 日夜投井自沉，年仅 56 岁。

《巴夫洛夫教授纪念册序》

南京大学党委应对这一突发事件是很严肃认真的。校党政领导孙叔平、陈毅人在 1954 年 6 月 1 日报告华东文委党组，分析欧阳翥自杀原因，及校方的认识和处置的态度："在学术上欧阳为颇有造诣的高级神经解剖学家，但我们未能注意发挥他，给他以开展科学研究的便利，而我们一些年轻同志在一年以前对他认识不足，只看到他在教学改革、学术思想上保守，而未考虑向他学习，相反有时听学生片面反映，提出肤浅的意见……以致（他）在病中认为所学无人继承。""但我们考虑到他的自杀并不完全是由于对新中国现实不满，而主要是由于对生命绝望，且顾虑后事，而且他在学术上还有一定成就，在学术界还有相当影响，经请示省委，还是为他治丧，妥为营葬。这一事故的发生，对我们是一警号，说明我们对老教师真实思想情况是认识不足的……"①

南京大学成立了有 51 位著名教授组成的治丧委员会，委员会出版了《追悼欧阳翥教授》。学校的挽词是"发扬先生重视工作、重视研究的积极精神，加强团结，更好地开展教学改革，科学研究，以更大的决心，办好生物学和动物学专业，以弥补此无可挽回的重大损失。"②

1954 年 6 月 13 日将欧阳翥的棺木安葬在南京著名的栖霞山风景区。人们叹息："峣峣者易缺，皎皎者易污，《阳春》之曲，和者必寡……"（《后汉书·黄琼传》）

秉志当然更理解欧阳翥的内心世界，含泪作《挽铁弟诗》：

每忆从游卅载初，轩昂志读五车书。性情差与古人近，旷达转与世故疏。

何事轻身同敝屣，直如负气碎琼琚。丛榛永闷栖霞麓，谁复椎心叹丧予！

历史是公正的。30 年之后（1984 年），中国召开了孟德尔逝世 100 周年纪念大会，中国遗传学会理事长谈家桢宣称："（20 世纪）30 年代后期，在苏联出现了一个打着学术幌子的伪遗传学派，那就是李森科学派。他们禁止研究和发展真正的遗传科学，指控孟德

① 《关于生物系教授欧阳翥自杀事件的报告》，南京大学档案馆藏，长期乙 169 卷。
② 《南京大学给欧阳翥教授的挽联》，南京大学档案馆藏，长期乙 169 卷。

尔—摩尔根遗传学在政治上是反动的，在哲学上是唯心的，在方法论上是形而上学的。并且对苏联许多正直的卓越的遗传学家进行了残酷的迫害。……由于盲目地学习苏联，李森科的'学说'也曾一度支配过我国的遗传学教育和科学研究工作（引者按：欧阳翥见到的苏联专家正是李森科派来中国推行的干将），以致严重地阻碍了我国遗传学的发展并贻害非浅。"[①]

欧阳翥在几十年的求知、教学和科研中，学到了并坚持着实事求是的学风。他长期在中央大学工作，更能直接观察感受到国民党反动派背叛孙中山先生的三民主义，大搞专制独裁，贪污腐化，弄得民不聊生。因此，他对共产党、新中国满怀信任和向往。从他在抗战胜利后政治上快速的进步，支持学生运动，积极迎接解放和新中国成立后对新社会、新气象的赞美讴歌，可以看出是发自内心的。南京大学校长潘菽（即潘有年，与其兄潘梓年、堂弟潘汉年，都是长期从事白区工作的共产党员），是五四运动学生积极分子，留美心理学博士，与欧阳翥是老同事，学科相近（潘菽后来当选中国科学院生物学组首批学部委员），彼此很了解，所以欧阳翥参加了潘菽领导的九三学社。新中国成立初期的政治运动中旧知识分子人人要过关，欧阳翥并非重点批判对象，比起胡先骕、秉志等人，受的冲击小得多，仍在担任生物系主任。至于导致他最后一年心情郁结的因素，一是身体出了毛病，没有家人温暖照料，赴京治病又无良好预期，当一个"废物"了此余生，作为追求人生贡献最大化的他是不可接受的；二是精神负担太重，发展到抑郁症的程度，这在今天已是屡见不鲜，当年却无法令人理解，导致恶性循环，愈演愈烈；三是生物学是重灾区，苏联李森科在斯大林支持下以政治高压推行反孟德尔—摩尔根学派的活动，波及整个

---

① 《中国遗传学会主编：孟德尔逝世一百周年纪念文集（1884—1984）》，科学出版社1985年版。

社会主义阵营学术界。欧阳翥一眼可以看穿李森科的"获得性可以遗传"十分荒谬,而被他们攻击的孟德尔—摩尔根的遗传物质论（1956 年证实是DNA）,才符合唯物辩证法（内因是变化的根据）。但科学被政治绑架,也要"一边倒",崇尚科学真理的欧阳翥是何等痛苦。可惜他没有能从容等到DNA 的发现（现已成为中学课本知识）和毛泽东《论十大关系》的发表①（内有对苏联模式的分析批评②）及"双百方针"的宣布!

① 毛泽东:《论十大关系》,载《毛泽东文集》第 7 卷,人民出版社 1999 年版。
② 逄先知、金冲及主编:《毛泽东传（1949—1976）》上卷,中央文献出版社 2003年版,第 483 页。

曾昭抡　中国化学教育与科学研究之主将

　　洋务运动追求的科学技术目标——火炮、兵舰制造，最早是以徐寿、徐建寅父子为核心的中国科学家自行摸索，并取得初步成果的。1863年他们在曾国藩设立的安庆内军械所试制"黄鹄"号轮船成功。1866年底，曾国藩、李鸿章在上海兴建江南机器制造总局，徐寿等襄办；继而在总局内设立翻译馆，聘请傅兰雅、伟烈亚力等西方学者合作。徐寿所译的《化学鉴原》（1871）等书和徐建寅译的《化学分原》，合称《化学大成》，将西方近代无机化学、有机化学、定性分析、定量分析、物理化学以及化学实验仪器和方法做了比较系统的介绍。所以徐氏父子是中国近代化学的奠基者。继起的有曾国藩二弟曾国潢的曾孙曾昭抡，在20世纪20年代赴美留学，取得哈佛大学化学化工博士学位，此后成长为中国化学会的理事长，中国现代化学化工事业的主要推进者之一。

　　1853 年，无锡人徐寿、华蘅芳同往上海墨海书馆访问，结识了与西方学者合作搞翻译的数理学家李善兰，购买了书籍和仪器，回乡自学和实验，学业大进。徐寿、徐建寅父子被誉为中国近代化学的奠基者。1874 年，徐寿和傅兰雅等人在上海创建了格致书院，1879 年正式招收学生，开设矿物、电务、测绘、工程、汽机、制造等课程。同年，徐寿等编发我国第一家科学技术期刊《格致汇编》。1900年，徐建寅应张之洞的邀请到湖北汉阳钢药厂，研制成我国第一代无烟火药。因一次试验火药意外爆炸，成为我国近代首位身殉于科研现场的科学家。

　　曾国藩的儿女是第一代受益于江南机器制造局和翻译馆的曾氏家族成员，而在化学领域能比肩徐寿、徐建寅父子，乃至青出于蓝胜于蓝的曾家后人，首推"两院院士"（中央研究院和中国科学院双料院士）曾昭抡。他著述等身，跨越自然科学、社会科学两大领域，含科、教、军、政、经、文、民族、地理诸方面，堪称中国现代渊博专精、影响深远的湘学通人、教育巨匠和科学大师之一。

一　无凭祖荫　清华麻工勤研读

曾国藩一共有四个弟弟：老二曾国潢，老三曾国华，老四曾国荃，老五曾国葆。兄弟们共有 6 个儿子，14 个孙子，41 个曾孙。曾国潢（1820—1886，原名曾国英，字澄侯）是兄弟中负责留守经营家业、照顾长幼三代的，未得官爵，所以其后人没有荫袭的身份，要靠个人奋斗。曾国潢长子曾纪梁（1842—1925）的第四子曾广祚（1879—1931，字延佑，号泳周）考取举人，在曾氏家族（孙辈）中算是不坠家风了。曾广祚以江苏候补道居南京，和谭延闿（南京国民政府主席）是儿女亲家。

曾昭抡（1899—1967）字隽奇，号叔伟，是曾广祚的第三子，生于长沙（母亲陈季瑛的娘家，陈季瑛是湖南巡抚陈宝箴之女，陈三立之妹），幼居南京，后随父母返双峰。曾昭抡 1912 年考入长沙雅礼中学，1915 年考入清华留美预备学校，插班读四年级。在清华适逢五四运动，"科学与民主"的思想熏陶深入他的内心。曾氏家族的祖训："余生平有三耻：学问各涂，皆略涉其涯涘，独天文、算学，毫无所知，虽恒星五纬亦不识认，一耻也；每作一事，治一业，辄有始无终，二耻也；少时作字，不能临摹一家之体，遂致屡变而无所成，钝而不适于用，近岁在军，因作字太钝，废阁殊多，三耻也。尔若为克家之子，当思雪此三耻。"[①] 也激发他克服困难、攀登高峰的勇气。1920 年从清华学校毕业，赴美国麻省理工学院攻读化学工程，这里有世界最早的化工系（之一）。

从曾昭抡的《大波斯顿中国学生的生活》[②] 一文可以窥见他在美国的日常生活。大波斯顿指波士顿和康桥（坎布里奇）两城，有哈佛、麻省理工等大学，当时中国留学生约有 150 人。他回答待出

---

① 曾国藩：《曾文正公家书·家训·谕纪泽（咸丰八年八月二十日）》。
② 曾昭抡：《大波斯顿中国学生的生活》，《清华周刊》1924 年第 316 期。

国的学弟们最基本的几个问题：

（1）80美元/月的官费够不够、怎么用？（答：）大体上20元住，30元吃，5元娱乐应酬，5元衣服，4元书籍，4元洗衣，1元理发，1元会费，1元运动用品，8元作意外开销，总显得紧巴巴。如房子租私人的，每周4—5元；吃饭每天0.9—1.2元，中晚餐标准是1盘菜，2块面包，1块牛油，1杯咖啡，初来觉得吃不饱；穿衣，中国带的嫌短，两年得要新买3套衣，每套30—40元，鞋子半年一双，每双8元左右，这里雨雪多，这些穿戴"总要顾全国体"；每周去中国城吃一顿饭也应当，因口味要调剂，且可在饭馆遇些熟人，1元不可少，看场电影要0.6元；到青年会运动场馆要交年会12元，也是为了与外国朋友交往，互有请客送礼、看戏等，一次5—6元，都少不了；哈佛书费60元/年，麻工约40元/年，纸张、邮票、洗衣店、烫衣、理发，都不能省，关系到"观瞻"（中国学生的形象）；还有社会和学术活动费，例如我一年交的会费有：留美学生会3元，清华校友会2元，麻工校友会3元，麻工系俱乐部3元，环球学生会2元，麻工中国学生会3元，学校化学会1元，中华工程学会2元，中国科学社2.5元。还想加入美国化学会，另外经常有捐款、抚恤等项目要出钱。所以大多数学生入不敷出，暑假要设法打工，得点钱也可周济别的同学，偿还负债。国内有些人"以为我们在这里舒服，是完全错误的"。

（2）功课如何？（答：）必须非常用功，出课堂就进图书馆，晚上很少12点以前睡觉。课外活动，时间紧张也得参加，如校友会等，因为可促进同学间交流。

（3）带哪些东西来？（答：）穿的从头到脚都要有、要实用，不多带，因式样、质料不合，在此要买新的。国内的皮鞋走路太响，衣裤穿久不洗烫会变成"圆桶形"……。

（4）假期做什么？（答：）打工，实习，游览，熟悉社会，不要再去夏令学校补课，要休息好。到工厂去，"可以借此研究工人心理，工厂管理等。"

　　这篇报告为大家算了细账，很切实，反映他观察和思维之缜密，毫不虚浮。"不是诉苦，是希望大家来，波士顿各校的学业是很好的。"也使人知道他在国外生活中很注意人格、国格，绝非后来某些人所传的曾昭抡从来不修边幅（按：近年网络上有《曾昭抡逸事》等文更是捕风捉影，添油加醋，形容他邋遢）。他加入的学生团体和学术组织也多，为的是联络感情，交流学术。他还是中国科学社《科学》月刊唯一的"驻美编辑"。

　　平时看来不苟言笑的曾昭抡，是运动健将，还积极参加文艺活动。先是1924年闻一多到纽约艺术学院后，结识了余上沅、赵太侔、张嘉铸、熊佛西，自编自演《杨贵妃》英语古装剧大获成功。波士顿的留学生也见猎心喜，由顾毓琇赶编了《琵琶记》，梁实秋把它翻译成英文，谢文秋、冰心、徐宗涑、沈宗濂、曾昭抡、王国秀、高长庚、黄仁霖等人都参加了演出，亦引起轰动。他们趁热打铁，成立"中华戏剧改进社"，梁思成、林徽因也参加进来。

　　曾昭抡3年内修完了4年的化工课程；其后又转攻化学科学（理科），成为工科、理科双修型的学者。他于1926年完成博士论文On The Use of Selected Derivatives in The Specific Characterization of Alcohols, Phenols, Amines and Mercaptans（有选择性的衍生物在醇类、酚类、胺类及硫醇鉴定中的应用），长达380页，由引言、文献综述、问题、实验部分、结果与讨论、摘要、附录等七大部分组成，仅附录就占了45页。作者引言称："该研究旨在通过制备并比较几个系列的衍生物，探索其作为鉴定醇、酚、胺和硫醇之终极试验的实用性。顺便提一句，正是由于所制备的许多化合物在结构上的紧密相关，使得我们把研究的重点放在化合物的结构与熔点的相互关系上。"该论文由一系列复杂的试验结果分析与研究性总结组成，它奠定了曾昭抡回国后所作的一系列化学研究的基础。[1] 经答辩，获得

----

　　① 戴美政：《曾昭抡评传》，云南人民出版社2010年版。

科学博士学位。导师萨·莫利肯是无机分析方面的权威，其子罗伯特·莫利肯是曾昭抡的学兄，1966 年获得诺贝尔化学奖；该系还有位教授阿·诺伊斯是美国《化学文摘》的创办人，该刊负责及时搜集和反映国际化学界学术成果。他们的学风和工作领域对曾昭抡颇有影响。

二　初上讲台　示范科研结硕果

1926 年，曾昭抡回到大革命策源地广州，在兵工试验厂当技师。他也热爱教育工作，在美国时即关心教学法研究，发表过《对于初级化学教学法之一建议》[①]。1927 年转到南京中央大学（由原东南大学等新组建）化学系当副教授（按：中央大学对于尚无教学经历的高级学者，只授副教授职称），他觉得不能空谈理论，对《理论科学与工程》[②] 的内在关系早有深刻见解，故又兼化工系主任。特别注意及时总结教学经验，发表《一年余之有机化学教学》[③]，希望引起同行讨论。1931 年后，曾昭抡北上，任北京大学化学系教授兼系主任，着力将那里建成全国重点学科。他扩建了 4 个试验室，进行了设备改装和增补，购置了许多新的实验仪器和化学药品；订购了许多外国的化学图书、期刊，亲自选定书刊目录，保证师生能广泛查阅资料，接触到学术领域的最新发展动态；要求重新编写教材，给学生介绍一些最新动态和成果。他执教过普通化学、有机化学、物理化学、有机合成、有机分析、炸药化学和化学工程等多门课程。重视实验，除一边讲课，一边做示范实验外，还集中一段时间让学生去做实验。例如有机合成课要求学生用一定数量的原料，在规定时间内完成 20 个合成实验；又如有机分析课要求学生对 10 个未知化合物和 5 个未知混合物进行分离、鉴定并写出报告。

---

① 曾昭抡：《对于初级化学教学法之一建议》，《科学》1924 年第 9 卷第 5 期。
② 曾昭抡：《理论科学与工程》，《科学》1924 年第 9 卷第 2 期。
③ 曾昭抡、王葆仁：《一年余之有机化学教学》，《科学》1929 年第 13 卷第 12 期。

曾昭抡是我国化学界最早倡导学校要搞科学研究的人，他要求每个学生在毕业前必须接受科学研究的训练，一定要做毕业论文。受他和北大教师的推动，自 1934 年开始，我国各大学也相继实行。

他自己也在 1932—1937 年间，发表了 50 多篇论文，其中对亚硝基苯酚的研究成果已载入《海氏有机化合物词典》，被国际化学界所采用；他改良的马利肯熔点测定仪，曾为我国各大学普遍使用。

在有机理论方面，曾昭抡和孙承谔等提出了一个计算化合物沸点的公式，指出一个化合物的沸点与所含原子半径有一定关系，只需将原子半径代入公式，就可以算出化合物的沸点。同时他们还提出了计算二元酸和脂肪酸熔点的公式。

在分子结构方面，曾昭抡等测得四氯乙烯的偶极矩为零，证明了该化合物有对称结构。他还测出了己二酸的偶极矩为 4.04D，并推断该酸有桶形结构。

在制备无机化合物和有机卤代物方面，发表了 10 多篇论文，在谷氨酸、醌、有机氟化物及有机金属化合物方面，进行了一系列研究；在制备胺类化合物、盐类化合物、酚类化合物以及合成甘油酯方面，也做了不少工作；对有机化合物的元素检出和测定方法，提出了不少改进意见。

仅以 1935 年《（国立北京大学）自然科学季刊》（*The Science Quarterly of The National University of Peking*）第 2 期和第 3 期为例，共发表 13 篇论文，他（排名第一）和助手们的文章就占了 10 篇，全部是用英文撰写的，有如井喷，令人敬服。这里录下标题：

　　"Preparation of Inorganic Reagents. Ⅰ. Arsenic Chloride", pp. 317 –323

　　"Preparation of Inorganic Reagents. Ⅱ. Phosporus Tribromide", pp. 324–336

　　"Preparation of Inorganic Reagents. Ⅲ. Hydrobromic Acid",

pp. 337-231

"Preparation of Inorganic Reagents. Ⅳ. Mercuric Bromide",
pp. 342-345

"Preparation of Inorganic Reagents. Ⅴ. Sulfuryl Chloride",
pp. 346-349

（按：以上 5 篇论文标题大意都是：某某无机化学试剂的制备）

《北京大学自然科学季刊》封面

"Laboratory Preparation of Hydrazobenzene", pp. 350-357

"Preparation of Alkyl Bromides by the Phosporus Tribromide
method. Ⅱ. Preparation of Capyrl, Cyclohexyl and Tertary Amyl
Bromides", pp. 371-374（按：下面最后一篇是综述性报告《中

国化学研究的进展》)

　　"Preparation of n-Butyl Bromide", pp. 375-381

　　"Nickel-plated Parr Bombs for Peroxide Fusion", pp. 382

　　"Progress of Chemical Research in China", pp. 383-388

　　这样，他可以有把握地概述："1930 年左右起……当时国内化学研究之中心点，除协和不计外，有北平之清华大学，南京之中央大学，及广州之中山大学。嗣后不久以人事上之变迁，南方研究空气渐见消沉，而平津两处，乃成为全国化学研究之中心。""现经教育部核准设立化学研究所或理科研究所下之化学研究部，招收研究生者，有清华、北大、燕京、南开及金陵大学。"[①]

　　为了准备全民抗战而宣传普及军事科技知识，《炸药制备实验法》是曾昭抡在中央大学、北京大学教学之余，冒着生命危险进行实验制备的科学总结，其制备方法为"以采用最简单之设备为原则"。有一次爆炸试验，他让学生们先离开试验地，他点燃导火线后还在那里仔细观察，学生都为他捏着一把汗。

　　他的科技译著有数百万字，论文近 300 篇，散见于《中国化学会会志》、《化学》、《化学工程》、《科学》、《北京大学自然科学季刊》、《北大理科报告》、《中央大学理科报告》等数十种科学期刊与综合性期刊中。

　　化学物质种类繁多，学术上的命名和统一的工作极为重要，也极为复杂，可以说比数学、物理名词的翻译、定名难得多。徐寿、徐建寅父子在江南制造局翻译馆开了一个好头。曾昭抡早在 20 世纪 30 年代初，就将《国际有机化学名词改良委员会报告书》和《日内瓦命名原案》译成中文向国内读者介绍，并发表了不少有关命名的文章，提出很多中肯的建议。

---

　　① 曾昭抡：《二十年来中国化学之进展》，《科学》1935 年第 19 卷第 10 期。

三　竭智疏财　建会编刊强学术

1925 年，中国留美学生庄长恭等人发起在美国成立"中华化学会"，曾昭抡等 5 人为委员，学会聘曾昭抡为杂志总编辑。他回国后，《科学》编辑部扩大为 14 人，包括社长任鸿隽、编辑部主任王琎，都是资深化学家，中央研究院院长蔡元培也是编辑之一。他们还要延揽小弟曾昭抡参加，可见其学术水平和实干精神，已受到中国科学共同体最高层的推重。

继而中国化学会 1932 年 8 月 4 日在南京成立，比中国物理学会和中国数学会都早几年。本来，国立编译馆自然组主任陈可忠建议教育部召开全国化学讨论会，讨论化学译名、国防化学、化学课程标准三大问题，有 18 省市的化学家响应，包括曾昭抡、王箴、王琎、戈福祥、吴承洛、李方训、邵家麟、倪则埙、张江树、陈可忠、陈裕光、黄新彦、戴安邦、胡安恺等 45 人参会。"咸期各以所长，贡献国家而日臻自强之域。"8 月 1 日开会，就发起组织中国化学会，"以联络国内外化学专家共图化学在中国之发达"。8 月 4 日在灵谷寺午餐时推举三人起草组织大纲等文件，晚，国立编译馆在中央饭店宴请讨论会全体成员，与会者公举王琎为临时主席，宣告开会意义，李运华为临时书记。是时，由胡安恺（湖南衡山县人，密西根大学毕业。庄长恭等 33 人在美国发起成立"中华化学会"时，胡安恺即参与拟订章程。这时是浙大教授）提议，中国化学会就此宣告成立，全场随之一派欢呼，赞成通过。① 此次会上，曾昭抡同陈可忠、陈裕光、丁嗣贤、王琎、姚万年、郑贞文、吴承洛，黄新彦、李运华、戈福祥共 11 人当选为理事，再由理事推举陈裕光、吴承洛、王琎三人为常务理事，分任会长、书记、会计。通过了刊行《中国化学会会志》及设立基金委员会、国防化学委员会等 4 个委员

---

① 曾昭抡：《中国化学会会务进展概况》，《科学》1936 年第 20 卷第 10 期。

会的决定。会志"内容包括高深研究、用西文发表,以便与国外交换"。曾昭抡众望所归,被推为会志总编辑,郑贞文为总经理。按理事会决定,曾昭抡聘请了黄子卿、高崇熙、韩祖康、康辛元等人担任会志编辑。内中韩祖康、康辛元两位也是湖南人。曾昭抡以后又连续被选为16届理事会的理事或常务理事,其中还曾担任过5届理事长。

曾昭抡创办了中国化学会第一个学术刊物"Journal of the Chinese Chemical Society"(《中国化学会会志》,于1933年创刊,今《化学学报》前身),是我国第一个外文版化学学术期刊,用英、法、德文发表我国化学研究成果,促进化学研究和加强中外学术交流。他任总编辑长达20年之久,自己省吃俭用,任凭衣鞋破烂,钱几乎全部都用到刊物上。"他一生没有子女,……为此而花钱,就像父母为孩子交学费那样心甘情愿。"

曾昭抡还担任过《科学》、《化学工程》编委,《化学》(《化学通报》前身)的"中国化学撮要"专栏主编(与张克忠共同负责)和美国《化学文摘》(Chemical Abstracts)特邀撰稿人。由于他多年的不懈努力,使"中国化学撮要"栏被誉为《化学》的最精彩部分,专门刊载国内科学动态,化学著作论文摘要、评介、目录等,有20余个分栏,每期篇幅多时约30至60页,条目多达数百项,绝大多数为曾昭抡编写,开我国科学文摘工作之先河。"中国化学撮要"不但利于国内交流,尤其使中国化学研究成果及时地被美国《化学文摘》收录,向世界同行报道。1937又专辟"化学译要"专栏,由中国化学会日本分会负责将各国化学报告摘要翻译过来。1930年2月在美国成立中国化学工程学会,曾昭抡作为早期成员和吴承洛、刘树杞、顾毓珍、丁嗣贤等筹划发行会刊《化学工程》。

曾昭抡为《科学》杂志"有机化学百年进步号"专刊写了"有机化学百年进步概况";为中国化学会10周年纪念专刊写了"中国之化学研究"和"中国有机化学的研究";为中国科学社20周年纪念刊写了"20年来中国化学之进展"以及"最近有机化学之进展"、"最近生物化学之进展"和"关于促进中国化学发展的几点意见"等指导性、综述性、评论性文章。他以亲身经历记下的宝贵资料，以中国化学界领导层的宽广视角，留给科学史家极有价值的素材。

1930年，他遵中国建设协会的委托，发表《化学家应有之修养》[1]，提出几条守则：1. 需爱真理，2. 需有道德，3. 需具耐性与毅力，4. 学识须精而博，5. 需有涵养。这也是他终生信奉和身体力行的准则。

1932年8月，曾昭抡作为国立编译馆特聘专家，受托翻译《化学战争通论》和著述《炸药制备实验法》两部专著。前者为德国化学战专家韩斯联所著，"为西文书籍中关于此方面最有价值者之一"。全书700余页，1933年9月曾昭抡写的《译者序》说："我国受东邻之侵略，……国人乃深知非自强无以图存，……乃励志多译关于军事科学之专门书籍，……正在继续进行之中，而日军已迫北平城下……乃南走首都（南京），费时三月而后成之。"

曾昭抡对于其他学科组织、兄弟学术团体的活动同样热心，经常在联合学术年会，以及日常工作中，加强联系，互相帮助，以利于整个科学共同体的发展，繁荣民族中国科技事业。抗战中期，他撰写的《中国学术的进展》[2]，就是一篇着眼于全局的文章。这样一个大问题，他举重若轻，胸有成竹，如数家珍，娓娓道来。先简单回顾古代成就；接着是从西洋输入学术，元初、明末、清初；鸦片战争、太平天国，江南制造局，译书、留学，但"1870年代的机会，我们未充分利用，真是十分可惜"。甲午战争的失败，学日本，"那么在自然科学方面，是更不幸的……我们将那些（日本）转贩过来的东西，当作至宝，真是大错特错了。"（按：这话发人深省）"直到五四，思想革命，抗战之前的十年，成绩显著：1. 大专学校的充实，2. 研究机关的设立，3. 专门学会的成立，4. 科学名词的编订。""研究机关及大学之有研究原著发表，始于1929年左右……

① 曾昭抡：《化学家应有之修养》，《中国建设》1930年第2卷第1期。
② 曾昭抡：《中国学术的进展》，《东方杂志》1941年第38卷第1期。

成就实在惊人……超过过去几千年。"日寇的侵略，"我们已在蒸蒸
日上的科学工作，受到空前的浩劫……现在已在大后方慢慢地重整
旗鼓……"文章写在抗战中期，当然不能泄自己的气，有些话稍有
夸张。但文中某些观点比一般科技史书籍的叙述，确有其独到之处。
这里挂一漏万，未能全面反映该文的价值，读者可找原文品味。

四　科学考察　政军社情擅时评

曾昭抡注重理论研究与实际应用结合，出于抗战建国的目的尤
重推进科学考察。从 30 年代到 40 年代，他先后考察过日本化学研
究及化工生产，绥远前线蒙伪军使用毒气情况。

1938 年 2 月中旬，当战火延烧近长沙，"长沙临时大学"开始
迁往昆明。人员有一路徒步前往。参加者共 240 人，包括曾昭抡、
闻一多、黄钰生、李继侗、袁复礼等 11 名教师。他坚持社会调查，
考察风土人情，天天写日记。经过 68 天行程 1671 公里，穿越湘、
黔、滇三省的跋涉，完成中国教育史上的一次壮举。

1938 年 11 月在重庆举行中华自然科学社年会，"为尽科学团体
报国之责任，应从事边境科学考察工作"，议决对西康省（今四川西
部）作一次全面的考察，不料"报名者寥寥无几"，已到不惑之年
的曾昭抡挺身而出，经过认真准备，获得西康省府资助 7000 元，教
育部资助 3000 元。曾昭抡任团长，团员有朱炳海、谢息南、王庭
芳、尹钦尚、朱健人、杨衔晋、严忠、冯鸿臣、陈篯熙等社友，从
1939 年 7 月至 10 月，进行徒步考察。分地理气象、农林畜牧、药
物、工程 4 个组，3 个月行程 3220 公里，其艰难程度和考察成果空
前。曾昭抡、陈篯熙为工程组，从昆明至重庆、成都、雅安、康定、
九龙、木里、丽江、鹤庆、邓川、大理、再返昆明。曾昭抡回忆：
"我们越过海拔四千八百多米的高峰，穿过几十里长的大森林，走过
几十里远的大草原，经过一百多里没有人烟的境域。……黑夜骑马，
涉水渡河，蛮家借宿，林间打野，……我们曾经好几天没有吃过米

饭，好些天缺乏医药……成为问题的，不是苦和乐，更不是干净和肮脏，而是死和活。"各组综合写成 15 万字的考察报告，内容包括地形、气象、森林，畜牧、植物、矿产、水利、民族、社会、交通、工程等各方面，印出后分送有关机关作为西康省（今川藏交汇区域）建设的重要参考。此外还有测绘的地形图路线图 51 幅，晒出 10 份分送有关机关，所拍 200 余幅照片也设法找刊物发表。限于经费，更多的考察资料无法付印，他以《西康日记》自 1939 年 11 月—1941 年 2 月，在香港《大公报》连载，创下了中国报纸长篇连载的新纪录。妻妹俞大缜反映，连香港的小姐太太都爱读。

他乐意与新闻界、文学界的朋友和读者交流自己的独特体会。作为科学家，他注重从社会学、人类学的视角观察；也注重从政治学、历史学的视角报道。他举丁文江、范长江、马可·波罗、斯文赫定（探险家）等人作品例子，讨论文风、技巧，还有风景描写、穿插故事等写法问题。[①]

在未能得到中英庚款董事会原来承诺资助的情况下，1941 年 7 月，他任团长，自出大部经费，为来自化学、地理、地质、生物、社会、物理、政治等系 10 名学生团员筹集 3 个月伙食，组成"国立西南联大川康科学考察团"，从昆明出发，中途西昌行辕资助了 6900 元，徒步考察神秘的大凉山彝族区域腹地。分为甲、乙、丙三组，曾昭抡和裴立群为甲组，走的是最艰难也是此行主要的考察路线。两人对地理、矿产、民族、文化等做了详细的考察。他白天考察记录，夜晚在油灯下整理，写考察日记，画图，从未间断。历时 101 天，步行一千余公里。《大凉山夷区考察记》1945 年 4 月由重庆求真社刊行，分 7 编 112 节 20 余万字。曾昭抡写日记终生不辍，有的已经公开出版，如《峨边历险记》、《东行日记》、《西康日记》、《缅边日记》、《乐山公路行纪》、《渝兰途中见闻》等。

抗日战争特殊的环境促使中国科学界离开正常的科研环境，把研究的视野转向广阔的大自然。这不仅是战时大后方经济建设的急

---

① 曾昭抡：《谈游记文学》，《读书通讯》1941 年第 27 期。

需，也是科研转轨的时代要求。它使战时因设备仪器药品奇缺的艰难状况得到一定的弥补，也开创了科学家走出书斋实验室，将理论与实际结合为抗日建国服务的良好风尚。而这当中，一向热心于科学考察的曾昭抡更是满怀激情，身体力行，编导演出了一幕幕艰苦深入、令人惊异的科学探险举动，为抗日救国立下了功勋。

其中《峨边历险记》记述了 1938 年 10 月曾昭抡同辛树帜（湘籍教育家、农学家）、刘慎谔和俞大纲在四川峨边县原始森林中几乎失踪的历险故事。曾昭抡这些考察报告或游记的共同特点，均是按旅行时间节点和沿途所到地点的顺序而记述的，科学地反映了那个时代这些地区的自然环境、人文景观、经济生活、民族风情等多方面情况，观察细致，描述详尽，文笔生动，读来印象深刻，是战时西南地区自然风貌和社会面貌的真实写照，表现了作者忧国忧民的情怀和希望改变落后中国的愿望，具有不可忽视的思想价值、科学价值和文学价值。

曾昭抡还是一位新闻评论家，其报刊作品以军事评论、国际评论、国防科学为主，涉及政治，经济、民族、文化等方面。他的抗战军事评论至少在 200 篇以上。为国人认识反法西斯战争全局，坚定抗战信心提供了有指导性、预见性的精神武器。曾昭抡在麻省理工学院求学之时，美国大学为第一次世界大战的研发成果，尤以化学战为先，常规如炸药、违规如毒气，该校化学化工系有多人，包括其博士论文导师 S.P. 莫利肯在内，均曾参与。有些内容列入教材，以供下次大战知识储备，曾昭抡为强国强军而学，防备日本法西斯动用化学武器残害中国军民，回国后曾积极授课、编书、宣传和上战场施救。

西南联大时期，曾昭抡十分关注大战中新武器、新战术等问题，所著《火箭炮与飞炸弹》一书，在诺曼底登陆后 3 个月后出版，及时介绍了德军袭击伦敦的 V-2 导弹。又如 1945 年 1 月，他发表了《一年来世界战局之演进》、《法兰西的教训》、《苏联与远东战争》

等 12 篇文章，其《世界最大的航空母舰》①介绍排水量 45000 吨的
"中途岛号"、"珊瑚海号"等 3 艘航母陆续下水，每艘"可以容纳
3000 人，有小规模的机器厂、电厂、铁厂与铜厂，航母上可以修理
飞机……（有）邮局、医院……仿佛就像一座附有飞机场的浮行城
市一般。"驶向战场，对手（日本）有"世界上最大的主力舰（战斗
舰），也是 45000 吨的排水量"。

美国在日本投掷原子弹，曾昭抡意识到世界进入核能时代，发
表《从原子弹说起》："素来不讲究科学的中国，这次也为原子弹的
惊人功效所震眩……连苏联进军东三省后进展如此神速的奇迹，也
为原子弹所掩盖。""原子弹在美国之所以能发明，实乃半世纪来世
界上许多第一流科学家潜心研究原子构造所得到的实用结果之一。"
而"划时代的新发明与新发现，向来是从高深的学理研究演化出来。
纯粹科学之极端重要，在原子弹上即得到具体证明。""科学对于近
代文化的影响，虽然如此宏大，但是各国政府对于发展科学所予协
助……以中国而论，更是微乎其微，无足称道。要想急起直追，此
刻正是时候。要不然，恐怕机会就要错过了。"②

五　赴美寻搜　原子武器研制法

1945 年秋，蒋介石令军政部长陈诚和俞大维秘密筹划派人去美
国学习制造原子弹，约见吴大猷、华罗庚、曾昭抡商议。吴大猷选
了李政道和朱光亚，华罗庚选了孙本旺和徐贤修，曾昭抡选了王瑞
䮸和唐敖庆。不料赴美后，发现美国将原子科技列为绝密，坚持核
垄断国策。他们考察和学习原子弹技术遭拒，只得改为一般的访问
或留学。王瑞䮸后来留在美国，当选美国艺术与科学院院士和（台
湾）中央研究院院士；唐敖庆则成了中国科学院院士，量子化学学

① 曾昭抡：《世界最大的航空母舰》，《民主周刊·增刊》1945 年第 2 期。
② 曾昭抡：《从原子弹说起》，（昆明）《正义报》1949 年 9 月 9 日。

科的带头人。

有关美国（与英国、加拿大等）研制原子弹的最初情报，由军政部次长、兵工署长俞大维从中美联合参谋本部就任中国战区参谋长的美国将军魏德迈处获得，蒋介石便有了自行制造原子弹的最初想法，并授意军政部长陈诚和次长俞大维具体研究。原子弹轰炸日本不久，1945 年 8 月至 9 月间，俞大维自然首先找妹婿曾昭抡试探。因为曾昭抡对军事化学、形势发展一直关注，暑假期间恰好在重庆与在中央大学任教的夫人俞大纲团聚，当时曾昭抡胞妹曾昭楣与陈诚妻弟谭季甫正好在重庆筹备结婚，曾昭抡与陈诚有几次接触。这些公私关系的结合及其才干，使曾昭抡成为最早被中国高层所属望的研制原子弹的关键人物。他的《从原子弹说起》一文，隐晦地透露对此事的看法。同年 11 月发表的《原子能的世界》①，可说是从核能的发现史及核能开发原理的角度喻示预研的途径。

俞大维为三个化学学术社团年会题词

---

①　曾昭抡：《原子能的世界》，《时代精神》1945 年第 13 卷第 1 至 2 期。

　　俞大维、曾昭抡取得共识，搞原子弹，中国的技术条件远远不够，短期无法解决实施问题；而先搞相应的理论研究，以及考察实际工程，则是应较快着手的。这就有前述曾昭抡推荐吴大猷、华罗庚两人参加，并选送其所知的俊才速去培养之事。吴大猷后来撰文说："1945 年，曾昭抡先生忽然来找我，说军政部长陈诚先生、次长俞大维先生，想约我和华罗庚谈谈为军政部计划些科学工作事。我和曾虽是同事十年多，华亦六七年，但都无深交。陈、俞二先生，更从未晤面。我所习的物理，亦与实用无关。但想想去谈谈亦无碍。于是和华去渝，先后见俞、陈二先生。[①] 赴美考察确定之后，曾昭抡、吴大猷、华罗庚分别挑选了前述几人，1945 年秋末在西南联大由吴大猷授以量子力学等现代物理课程。此时，中国获得美国的一个有关原子弹的报告（《史密斯报告》），虽然略去了核心机密，却有相当价值。交唐敖庆、王瑞骃等人翻译，吴大猷校订，由曾昭抡交回俞大维处。1945 年 11 月，曾昭抡去北平接收。""他是当时北大、清华教授们最早赶回北京的一位。即在临时大学化学系开了一门工业化学的课程……"上课一个学期，同时办理出国之事。

　　他们获得军政部资助，于 1946 年秋赴美。曾昭抡先行联系考察事宜，吴大猷先到英国再到美国。9 月 16 日，唐、王、李、孙由华罗庚带领抵达旧金山与曾昭抡会合。曾昭抡说，美方对原子弹保密很严，考察之事暂难进行，宜各自先进入美国大学学习。不久，华罗庚、吴大猷分别到普林斯顿高等研究院、密西根大学任客座教授。朱光亚、李政道分别到密西根大学、芝加哥大学研究生院。唐敖庆到哥伦比亚大学化学研究院，王瑞骃到密苏里州圣路易的华盛顿大学。孙本旺进纽约大学柯朗数学研究所，徐贤修转布朗大学，第二次世界大战时美国军方委托这两家数学研究所搞过很多军事项目的数学研究，大多列为机密项目。

　　曾昭抡个人仍尽力克服困难坚持考察之事。得军政部的介绍，先在加利福尼亚大学的原子研究机构见习，那里有粒子加速器，还

---

　　① 吴大猷：《回忆》，中国友谊出版公司 1984 年版。

让参观放射化学试验，后来就对他戒备起来。11 月，经发明回旋加速器的劳伦斯博士介绍，曾昭抡来到伊利诺伊大学，起初能做试验和听课，但实验室有限不容易排上队，便尽可能收集最新资料关在宿舍里研读。过了半年，美方知道曾昭抡的政治倾向亲共，就不让他再接触机密研究了。他联系哈佛大学或哥伦比亚大学也未能如愿。这时夫人俞大纲由费慰梅（美国著名汉学家、"中国通"费正清博士的夫人）邀请到美国进修，曾昭抡夫妇便一起前往美国东部，到过不少地方。曾昭抡、吴大猷、华罗庚 3 人合写过两次报告给兵工署俞大维，说明在美学习情况和所知原子能研究的进展。其中他们估计，国内若搞一台起码的粒子加速器，其费用约为 100 万美元，后续的研究费用也得保证。兵工署回信说，因经费困难暂时不搞，曾昭抡很失落，决定单独提前离美。俞大维已调任交通部长，与兵工署这条线也就断了。①

此时，李约瑟以英国文化委员会名义邀请曾昭抡到英国，他于 1947 年 9 月 2 日乘"玛丽皇后号"轮船前往。1947 年 12 月，他从伦敦飞往巴黎，然后再去日内瓦。在西欧短暂逗留后乘船返上海，到香港停留时，民主同盟领导周新民等人（听从中共情报工作负责人潘汉年代表中央做出的安排）劝他暂在香港住下。曾昭抡将美国考察期间所获学术资料分析整理，并汲取了当时最新研究成果，写成专著《原子与原子能》，1950 年 3 月由三联书店出版。该书共 8 章，约 18 万字，列出参考文献 45 种，主要是 1946—1948 年间发表的。《自序》中说："本书目的，在于从更低的基础出发，尽可能深入浅出……"曾昭抡还与梁家通合著《原子学说的进展与现况》一书，更有理论深度，1953 年 3 月由三联书店出版，研制原子弹是庞大的系统工程，作为中国化学家，当时还只能纸上谈兵于一隅。

此时香港报刊有一篇《记曾昭抡先生谈原子弹》，报道曾昭抡出席香港华南学术工作者分会请他"专讲原子能"的座谈会："……在美国这一段时间，他对原子能的研究，颇有收获。"他介绍的是钚

---

① 戴美政：《曾昭抡评传·赴美考察原子弹》，云南人民出版社 2010 年版。

弹（因浓缩铀难制备，钚弹较容易着手），反应堆"外表略似发电厂之锅炉。""原子弹内部的钚分成几部分互隔相当距离，外边或有石墨等物包围住，此外或许还有一个可以放出中子的物质，被严密地封锁起来。等到需要它炸的时候，本来相隔开的各部分，利用一种机械，届时就可碰在一起，同时这个被封锁的中子也被解放出来，即刻撞在钚上，产生猛烈的连锁反应，即引起爆炸。""如果再经研究应该还可利用发电。"一位先生提问中国可否制造原子弹？"中国还谈不到，研究原子能必须具有很完备的理化实验室，还要一批原子学专家，还有一个主要的问题是经济条件。"一个原子弹需要多少铀？"普通是200磅以下。""自从1943年初至1944年夏，美国制成2个……一共花去了20亿美元。"① 曾昭抡透漏的内容和发表的文字肯定做了很多保留，但在当时已算得是比较具体的描述。

新中国"两弹一星"的功臣中，两位湘籍后起之秀周光召院士担任理论与计算，陈能宽院士负责爆轰试验，解决了曾昭抡谈话中的关键问题。曾昭抡带领赴美学习回国的朱光亚，长期主持核武器研制和试验工作；唐敖庆开辟了量子化学学科；孙本旺由钱学森部署，在长沙国防科技大学开创了第一个系统工程系。

六　荣辱跌宕　鞠躬尽瘁科教业

20世纪20年代和40年代，曾昭抡两次出国求知，为推进中国的现代化，实现民族复兴的大业，竭智尽力。据尚不完全的统计，他有论著17部、译著3部，科考旅行记12部，发表论文、评论、专稿、游记、科普文章等近600篇，科技新闻1000余条、科学文摘数万条，编辑或主编多种科技、综合性报刊或专栏。他站在科技潮流的前列，同时追求政治上的进步。在他的观念中，科技本身天然地是革命进步的，所以科技与进步的政治两者应当是统一和谐的。

---

① 一真：《记曾昭抡先生谈原子弹》，《光明报》1948年第1卷第3期。

而旧中国反动的政治经济制度是妨碍甚至摧残科技发展的，国民党政权的腐败使他不抱希望，而将中国的未来寄希望于中国共产党。他参加了民盟组织，投身进步的政治活动。在香港与中共和民主党派朋友们的思想交流，以及投身迎接新中国诞生的实际工作，担任香港《文汇报》"科学与生活"专刊主编，使他的思想认识和工作能力提高到新的水平。

1948 年 3 月 27 日，曾昭抡当选为中央研究院院士。总数 81 位院士中，化学专业的有 4 人（庄长恭、曾昭抡、吴学周、吴宪），吴学周是物理化学家，吴宪是生物化学家、营养学家；纯粹化学化工专家仅曾昭抡与庄长恭，而应用化工专家侯德榜被列入工程组院士。曾昭抡和张孝骞是仅有的两位湘籍自然科学院士，分属数理组（共28 人）和生物组（25 人）。这几个数据足以反映他在全国化学同行，以及湘籍科技专家群体中的主导地位。曾氏家族后裔，还有他的妻兄俞大绂（曾广珊之子，农学家）当选院士，这在全国各大家族中也罕有其匹。另外，他的表兄陈寅恪、妻妹夫（俞大綵的丈夫）傅斯年，也各占有 1 席。①

1949 年中华人民共和国建立后，曾昭抡任北京大学教务长兼化学系主任。他组织制订了新的教学计划，在德、智、体方面向学生提出了新的要求，使古老的北京大学焕发了青春。

1950 年 8 月 18 日至 24 日，中华全国自然科学工作者代表大会在北京召开，毛泽东主席接见了会议代表，周恩来总理在会上讲了话。曾昭抡在闭幕式上做了大会总结报告。在这次会议上，成立了统一的中华全国自然科学专门学会联合会（"科联"）和中华全国科学技术普及协会（"科普"）。李四光当选为科联主席，侯德榜、曾昭抡、吴有训、陈康白当选为副主席。

1951 年曾昭抡任教育部副部长兼高教司司长。1953 年新成立高等教育部后，他便任高教部副部长直到 1957 年。曾昭抡主管全国理工科大学和综合性大学的教学和科研工作，在 3 年内跑遍了大半个

---

① 《中研院评议会选出院士》，《教育通讯月刊》1948 年第 5 卷第 4 期。

中国的高等学校，深入了解学校的教学质量、科研情况以及教师和学生的意见、要求等，然后提出解决办法。曾昭抡很重视高等学校人才的选拔和培养，他兼任全国高等学校招生委员会副主任，每年都认真组织审查高考试题，并亲自撰写有关高考的指导性文章。1957年3月召开全国政协二届三次会议时，他的发言中指出："高等学校既是国家培养专门人才的机构，同时又是科学研究的机构，教学和科学研究是紧密结合在一起的。"一要保证科研经费；二要保证教师的业务时间。切实解决好仪器设备、图书资料等问题。

1955年，他当选为中国科学院学部委员（院士），兼任中国科学院化学研究所第一任所长和全国高分子化学委员会主任。为化学研究所的创建和发展，奠定了基础，做出了贡献。曾昭抡为全国化学界做的另一件大事，是担任化学名词审查小组召集人，领导制定出《化学物质命名原则》，审定了《化学名词草案》。

曾昭抡和千家驹、华罗庚、童第周、钱伟长等经过调查和座谈，向国务院科学规划委员会写了一份《对于有关我国科学体制问题的几点意见》的报告，就关于保护科学家，关于科学院、高等院校和业务部门的研究机关之间的分工协作，关于社会学，关于科学研究的领导和关于培养新生力量等五个方面的问题，提出了许多宝贵的建设性意见。《光明日报》在1957年6月9日发表了这份报告。曾昭抡主持起草的这份报告，与后来我国制定的《科研工作四十条》、《高教工作六十条》等的基本精神是一致的。为了帮助党整风，当时民盟中央副主席章伯钧、史良召集民盟中一些知名学者、教授开了一次汇报会，参加会议的曾昭抡、费孝通、钱伟长、黄药眠、陶大镛、吴景超等，在会上谈了个人所接触到的情况以及对形势的一些看法，结果是被"引蛇出洞"。这两件事成了大罪，除华罗庚、童第周幸免（科学院领导张劲夫等保护），其余全被划为大右派，这"六教授"更成为全国的重点批判和讨伐对象。其实，"在曾先生身上确有那种本是书生的气质，……甚至感到他似乎在生活和处事方面很幼稚。……所有大字报的内容都是苍白的。绝大部分写大字报的人既未见过曾先生，也不知曾先生为何许人，更不知他有什么言论。""1958年3月，实际上是以'充军'的方式，把他发配到当时被认为是最革命的'大熔炉'——武汉大学，目的是要改造这位赫赫有名的'大右派分子'。"曾昭抡在武汉大学除了上讲台、进实验室外，其余时间大多是在图书馆里度过的。每天去得最早、走得最晚。

曾昭抡与武汉大学师生

在曾昭抡的领导下，武汉大学化学系建立了元素有机化学教研室，成为我国最早开展元素有机化学教学和研究的单位之一，他主编了200多万字的讲义，亲自担任化学文献、元素有机化学等专业课程的教学，并先后建立了有机硅、有机氟、有机硼和元素有机高分子等科研组。

1961年他患了癌症后，在北京治疗的3年里，他看了数百篇科技文献，撰写了100多万字的著作，自学了日语，还培养了一位青年助手编写讲义，接替他开的课程。他用通信方式继续带研究生，每年回学校两次，每次3个月左右，指导教学和科研工作。组织撰写了《元素有机化学》丛书，第一册《通论》由他亲自撰著，共24万多字。这是我国第一部元素有机化学方面的成功著作。1964年写思想汇报："我虽年老有病，但精神未衰，自信在党的领导下，还能继续为人民服务 10 年、20 年，以至更长的时间，争取为国家做出更多的贡献。"

人世几回伤往事。曾昭抡坚持让大妹曾昭燏（1909—1964）到中央大学学习，又资助其留学费用，成为中国第一代女考古学家、新中国文博事业的奠基人之一，曾任南京博物院院长，为我国的考古事业、文物保护事业做出了巨大贡献。曾昭燏终身未婚："我早就嫁给博物院了。"三哥昭抡和自己深知的一些师友被打成右派分子，成为敌人了，她想不通，自己也开始遭到非议。"四清"运动中曾昭燏得了神经衰弱症（按今天的医学知识，该是抑郁症）。1964 年 12 月 22 日，刚出医院的曾昭燏于南京郊外灵谷寺宝塔上一跃而下，结束了她勤勉谦和的一生。①

"文化大革命"开始，1966 年 8 月 24 日，夫人俞大絪在北大被抄家并被罚跪侮辱，当夜服安眠药自杀。很多年前，她的大姐俞大绚死于难产，哥哥俞大纶赴美留学前夕因晒衣失足坠楼而亡，其母曾广珊被告知这两宗噩耗时说："你们太残忍，你们做得太过了！何必一定要告诉我呢？！……如你们不告诉我，我对她存在的观念，至少还有一线希望。"②

无人讲述曾昭抡听到爱妻死去的心情。他在武汉大学被作为"大右派"、"反动学术权威"揪斗。当癌细胞开始转移、病魔严重威胁着身体时，他得不到必要的治疗，还被隔离审查和批斗。"1967 年 12 月 8 日他去世时，……甚至没有人收尸，我们这些学生，当时已没有人身自由，也未能向先生最后诀别。每当回想起这件事，内心里总是感到无限的疚憾"。③

1981 年 3 月 3 日，经中共中央批准，教育部在北京八宝山革命公墓举行了追悼会，为曾昭抡平反、恢复名誉。邓小平等党和国家领导人送了花圈，教育部长蒋南翔主祭，方毅、刘澜涛、杨秀峰等出席大会。武汉大学于 1985 年特设置"纪念曾昭抡化学奖金"，以

---

① 梁丽君：《慷慨悲歌之士》，《文史天地》2011 年第 9 期。
② 《记俞曾广珊》，《茶话》1947 年第 15 期。
③ 刘道玉：《缅怀曾昭抡先生的教益与启示》，《化学通报》1999 年第 11 期。

奖励在校取得优异成绩的大学生和研究生。

〰〰〰〰〰〰〰〰〰〰〰〰〰〰〰〰〰〰〰〰

　　纵观曾昭抡的一生，其最大特点是以天下科教事业为己任的使命感。这也是自古以来湖湘优秀学人普遍的心理特征，即格物致知要达到"修齐治平"的目的。在旧社会，他作为学者时刻关注国家兴亡，做了一系列关乎全国化学发展的大事，并推及整个科教事业。由于对国民党反动派彻底失望，他参加民主同盟，成为李公朴、闻一多等人的亲密战友。俞大维派他出国考察，其私心也有将他从革命运动中支开，免遭李、闻之祸的意思。共产党欢迎他的进步态度，安排他经香港到达解放区，作为民主人士参与筹备新政协会议，并委以重任。所以他的从政是在新中国，当的是人民政府的官。

　　据他的秘书回忆："（他）不打官腔、不摆官架子，作风严谨求实、一丝不苟，……从不迟到早退，办事效率极高，经办的公文，一般都能当天处理完毕，从不积压。他尊重中共的领导，遇有重大问题，都及时请示。上级交办的任务，他都认真负责，积极完成。对一些难题，他不畏难推托，尽自己所能，想方设法妥善解决。在肩负繁重的行政工作的同时，他仍抓紧化学专业知识的钻研，并努力做好20多项兼职工作。"[1] 身为高教部副部长，他是1952年全国高校院系调整的"总工程师"，在全盘学苏联的大势下，他以全局眼光提出建议，抵制不合国情的生搬硬套；1956年冬至1957年春率团赴苏取经时，发现"（苏联高等教育）基本上沿袭了帝俄时的体制和一些做法，并没有充分体现出社会主义的优越性，许多做法也不能算是先进经验"。[2] 建议再去东德等国，以便比较，可惜因故未能成行。当时中国唯他这样深谙世界科学教育发展潮流的专家，才能识别并敢于指出这些问题。

---

① 周其湘：《曾昭抡与新中国高等教育事业》，《百年潮》2008年第5期。
② 同上。

参考文献

1. ［清］丁取忠：《白芙堂算学丛书》，长沙荷池精舍同治至光绪间版。

2. 许康：《丁取忠与白芙堂算学丛书》，《中国科学技术史料》1993 年第 9 期。

3. 许康：《近代最早赴欧的数学家黄宗宪身世述略》，《中国科技史料》1990 年第 11 卷第 2 期。

4. 许康：《一篇算草蔚成家》，《中国科技史料》1988 年第 6 卷第 9 期。

5.《湖南省志·人物志》，湖南人民出版社 1992 年版。

6. 邹永敷：《邹氏地学源流记》，亚新舆地学社 1946 年版。

7. 钱基博、李肖聃：《近百年湖南学风·湘学略》，岳麓书社 1985 年版。

8. ［清］邹代钧撰：《西征纪程》，载王锡祺辑《小方壶斋舆地丛钞：十二帙第 59 册》，上海著易堂 1891 年版。

9. ［清］邹代钧：《中俄界记二编》，湖北武昌亚新地学社 1911 年版。

10. 宾敏陔：《艺庐言论集初集》，宾氏自印于 1935 年。

11. 宾敏陔：《艺庐言论集次编》，宾氏自印于 1936 年。

12. 衡东县志办公室编：《李待琛博士》，衡东县志办公室 1991 年印行。

13. 李待琛：《枪炮构造及理论》，兵工专门学校 1938 年版。

14. 周凤九：《湖南公路桥梁概况》，《工程》1934 年第 9 卷第 4 期。

15. 刘以成：《对我国初期公路发展和技术提高做出重大贡献的周凤九》，载《中国科学技术专家传略·工程技术编·交通卷》，中国铁道出版社 1995 年版。

16. 顾民枢：《任理卿——毕生致力于纺织教育和纺织科技事业》，载《中国科学技术专家传略·工学编·纺织卷》，中国纺织出版社 1996 年版。

17. 刘隽湘：《医学科学家汤飞凡》，人民卫生出版社 1999 年版。

18. 汤飞凡、张晓楼、李一飞等：《沙眼病原研究：Ⅰ．沙眼包涵体的研究》，《微生物学报》1956 年第 4 卷第 1 期。

19.《刘敦桢全集》（第 1—10 卷），中国建筑工业出版社 2007 年版。

20. 刘叙杰：《我国建筑教育和建筑历史研究的开拓者——刘敦桢》，载《中国科学技术专家传略·工学编·土木建筑卷卷 1》，中国科学技术出版社 1994 年版。

21. 欧阳翥：《关于"叉形细胞"之新发现》，《科学》1934 年第 18 卷第 2 期。

22. 欧阳翥：《中国人种优秀之科学根据（一）》，《新民族》1938 年第 2 卷第 10 期。

23. 李刚：《欧阳翥教授之死》，《书屋》2004 年第 8 期。

24. 戴美政：《曾昭抡评传》，云南人民出版社 2010 年版。

25. 王治浩：《曾昭抡——我国近代教育的改革者和化学研究的开拓者》，载《中国科学技术专家传略——理学编·化学卷 1》，中国科学技术出版社 1993 年版。